启微

PASSAGE TO POWER: K'ang-hsi and His Heir Apparent, 1661-1722 by Silas H. L. Wu

Copyright © 1979 by the President and Fellows of Harvard College

Published by arrangement with Harvard University Press

Through Bardon-Chinese Media Agency

Simplified Chinese translation copyright © (2021)

by Social Sciences Academic Press (China)

ALL RIGHTS RESERVED

[美] 吴秀良（Silas H. L. Wu） 著

Passage to Power

通 往

权 × 力

康熙和他的继承人

张震久
吴伯娅
董建中
——译

之 路

K'ang-hsi and
His Heir Apparent,
1661-1722

社会科学文献出版社
SOCIAL SCIENCES ACADEMIC PRESS (CHINA)

前　言

　　本书讲述的是一对父子之间的冲突。父亲是清朝的康熙皇帝，他 1661～1722 年在位，儿子是他的太子——胤礽，这一冲突即为继承皇位而发生的凶残的权力斗争。在清朝统治的初期，个人的历史与更宏大的王朝历史以及康熙宫廷历史交织在一起。笔者把这一对父子间的悲剧视为满洲人占领中原之后相关事件的转折点；这一对父子之间权力斗争的政治运作和文化环境就是上演此悲剧的舞台。

　　笔者选择以父亲的视角写作这一个故事。康熙是心理复杂、自我矛盾的人物，因此这一悲剧就成了令人极感兴趣的研究题目。康熙既是清朝的专制君主，一举一动影响着全国臣民的福祉，以及整个中国历史的进程，但是他似乎又是一个善变的人，内心充斥着莫名的恐惧。他既是清朝最具权力之人，又常常显得极为胆怯，不愿轻易使用他的权力；他能够断然废黜太子并将其终身囚禁，但也只是在这个儿子二十年的罪行被揭露之后。

　　为了揭示这两个主角的动机以及所处社会和政治文化环境的特色，笔者利用了清朝运作所积累而成的大量证据——包括政治、文化、行政组织以及通信体系，也利用了所能见到的清廷史料。笔者极倚赖私人文献，在现代心理学研究者看来，这对于重构历史人物的人格是很重要的资料。这些文献包括信件、日记和极其重要的"奏折"。奏折制度是由康熙所发明，最初是为了搜集皇太子在康熙南巡期间诸多淫乱不法的行为，此后扩大了应用范围,作为他与地方官员秘密通信的工具,奏折似乎是一种机密的信件,但远不止于此:这些奏折的内容无比丰富,远远超过信件、日记以及自撰年谱等材料的总和。这些奏折和皇帝的谕旨(口头所发出的命令,以及《起居注》中所记载的谕旨)构成了官方编年体记录,如实录等两种资料来源(更多关于史料的讨论,见本书的"参考文献")。本书所引证的文献很丰富,然而,关于康熙本人孩童时期的成长状况,清朝官方所能够提供的信息极其缺乏,因此笔者对他孩童时代的重建,主要是依据康熙本人的回忆。

本书虽是笔者个人研究的产物,但反映的是清史领域中数位学者的智慧。石约翰(John E. Shrecker)、伍思德(Alexander Woodside)极为细致地通读了本书的全部初稿,提供了宝贵的建议。笔者最初构思本书时,是受了费正清(John King Fairbank)的鼓励,他对于本书前三章提出了至关重要的意见。史景迁(Jonathan D. Spence)阅读了最终的定稿,并在整体架构方面提供了如何写好本书的看法。

笔者与奥利弗·霍姆斯(Olive Holmes)讨论如何使历史的写作,既能让普通读者也能让专业学者都感到有趣。在此过程中,笔者受益匪浅。科妮莉亚·乐文(Cornelia Levine)对初稿做了润色和修饰。安娜·劳拉·罗索(Anna Laura Rosow)解决了定稿文本中某些文字不通畅的问题。

本研究得到了美国学术团体协会(1970)、社会科学研究委员会(1974),以及富布赖特杰出学者基金(1977)的慷慨资助,笔者得以前往中国台湾和日本进行研究。波士顿学院和哈佛大学费正清东亚研究中心给予了笔者进一步研究的经费支持。笔者也特别感谢台北"故宫博物院"的负责人和档案专家们，他们向笔者开放了全部的康熙和雍正朝档案。笔者也要感谢哈佛－燕京图书馆的全体工作人员对笔者研究所提供的种种方便。

最后，要感谢我的妻子和孩子们在本书研究与写作的许多年间所给予的耐心与理解，这使我能圆满完成本书。我谨将本书献给他们。

几点说明

语言 起初满文只用于口语，满人的书面通信用的是蒙古语。万历二十七年（1599），女真人创立满文，利用的是蒙古文字头。到了天聪六年（1632），满文得以完善，与汉文一同在朝廷内部使用；蒙古文主要是在与蒙古人打交道时使用。到了康熙朝（1661~1722）中期，① 汉化已十分明显，朝廷内部的通信联系压倒性地使用汉文，很少有满人能自如地使用满语书面语。尽管皇室和满族官员有时使用满文，但汉文已是奏章和谕旨主要的使用文字。重要的朝廷编纂物（比如实录、起居注、会典），都是用汉文书写完成，然后再译成满文和蒙古文。到了18世纪末，满人基本上说汉语，写汉字。也因为这个原因，本研究所引用的材料中，少见满文，多为汉文。

名字 我也依照中国人的习惯，使用皇帝的年号来指代皇帝本人，这好像是他的名字一样（文中有时也用康熙皇帝）。汉人名字的拼写是依据威氏拼音法（Wade-Giles system），名在姓之后，中间没有连接号［Li Kuang-ti（李光地）、T'ang Pin（汤斌）］。一些满人名字的拼写依据威氏拼音法，音节间有连接号［Fu-ch'ün（福全）、Te-ko-le（德克勒）］；有些人名，尤其是《清代名人传略》中的一些满人著名人物，音节间没有用连字号［Songgotu（索额图）、Mingju（明珠）］。有些满人名字的拼写用的是官方编年体史书《大清实录》中的

---

① 关于朝代年代的表述，基本依原书，不做改动。下同。——译者注

名字，汉字与原始文献中的不同（如在奏章中是"陶和气"，实录中是"托合齐"）。满人的名字常常看起来很像汉人的姓名，他们同时代的人就把它当作传统的汉人姓名看待。尽管从书中的拼法上，可以很清楚地看出某人是满人，例如 Hsü-yüan-meng（徐元梦），书中有时会写成"Yüan-meng"，好像这已是他的名字，或是写作"Mr. Hsü"（徐）。实际上满人只使用名字，他们有氏族的姓（clan names），但没有一家的姓（family names），从名字上看不出亲属关系（例如，索尼的儿子有噶布喇、索额图、心裕、法保）。

日期 在注释中使用中国纪年主要是为了便于查找文献，正文中使用的是儒略历也就是公历，偶尔也注上中国纪年，因为它们能揭示额外的信息。因为中国纪年使用的是皇帝年号，从中读者会很清楚地知道一件事发生在康熙朝的具体时间。例如康熙三十二年六月二十八日在文中写作 KH32/6/28，这处于康熙朝的中期。①

年龄 中国人用"岁"表示年龄，这与西方的年差不多一样。然而，这一词的使用会误导人，对中国人来说，一出生就是一岁，每过农历新年就长一岁。如果一个小孩在除夕出生，第二天他就两岁了；而依西方人的算法，他才两天大。本书中给出的年龄近似于西方人的年龄，通常比"岁数"小一岁。

---

① 译本为了便于读者阅读，采用的是中国纪年加注公元纪年的方式。——译者注

目　录

序　幕 ·· 1

第一部分　笃遵孝道

1　祖母 ·· 15
2　第一位皇后 ··· 26

第二部分　殷切期望

3　继承人 ·· 37
4　南方文人 ··· 48
5　冲突的迹象 ·· 65
6　代理国务 ··· 73

第三部分　冥顽不化

7　不祥之兆 ··· 85
8　南方的诱惑 ·· 104
9　觊觎皇权者 ·· 132
10　废黜太子 ··· 140

第四部分　迟疑不决

11　胤禩党 ·· 153
12　储君复立 ·· 165
13　终身监禁 ·· 183
14　新的竞争者 ······································· 195

第五部分　临终决断

15　新皇帝 ··· 223

尾　声 ·· 230

附　录 ·· 232
参考文献 ·· 238
索　引 ·· 257
译后记 ·· 286

序　幕

康熙四十七年九月初四日（1708年10月17日），康熙皇帝在内蒙古的狩猎御营中，采取了一次震惊整个东亚的异乎寻常的行动。他下令锁拿三十五岁的皇太子胤礽，并当着满汉王公大臣的面，痛斥胤礽"不仁不孝"。他声称，胤礽于前夜潜入御营，图谋行刺。随即宣布废黜太子，将其押回北京，终身监禁。

康熙为了向天下臣民证实他做出这一决断的英明，出人意料地公布了胤礽诸般恶劣行径，如"肆恶虐众""暴戾淫乱"，甚至蓄谋暗杀皇上，篡夺皇位。怒不可遏的康熙相信，胤礽确实已经神经错乱癫狂了。

当康熙将废黜太子一事昭告天下之后，却又为若干他无法解释的现象所困扰，而且夜间常做怪梦，因此他相信，这一切都是鬼魅作祟，胤礽已经被邪物缠身，所以言行失常。于是，在镇服了所谓附在胤礽身上的妖魔之后，他又于翌年春季复立胤礽为太子。可是四年之后，即五十一年，康熙不得不再次宣布废黜胤礽——这次乃是永久废黜，因为他认为，胤礽患了"疯疾"，绝不适合继承这个世界上最大国家的统治权。

废黜胤礽，不过是三千年来中国历代王朝中屡见不鲜的皇位之争案例中一个高潮而已。在此之前，一系列令人瞠目的父子对垒，形成了他们之间长达二十年的紧张关系。在此之后，为争夺虚悬的储位，诸皇子之间又爆发了一连串更加激烈的斗争。康熙六十一年十一月十三日（1722年12月20日），储位角逐因康熙逝世而戛然中止，代之而起的则是一场在刚登基的雍正与其兄弟（主要以胤禩为首的党羽）之间的斗争。这场斗争持续了一段时间，直至雍正最终清除了所有图谋倾覆其统治权的兄弟为止。大约在雍正八年（1730）之前，这种皇室兄弟间的党争，一直是雍正朝（1723~1735）的头等大事。

这一段人间悲剧，不仅对当时的朝政和满汉社会的各个方面都产生了强烈影响，而且给之后中国历史的独裁政治开了先河。确实，倘若当初胤礽继承了皇位，那么，整个东亚的历史就可能会朝着全然不同的方向发展。

毋庸置疑，我们对历史的研究不能基于假设，而应当依据史实。人们之所以对本书所叙述的这段历史故事感兴趣，一方面是因为它阐释了人的经历，另一方面则在于它在世界史上所具有的特定意义。它使我们对于帝国政治特质多有了解。人们日益认识清楚了，政治文化和帝制中国的行为在中国政治遗产中发挥着主要的作用，其对此后的中国具有实质的影响。因此，我们对于东亚最大国家的最旷日持久和最复杂的皇位继承斗争的研究，无疑会深化我们对于现当代中国政治的理解。

本书所叙述的故事，乃是更大故事的一部分——后者不但涉及满汉两个民族的相遇，更涉及两种文化之间的相遇。这个更大的故事生动地表明了在军事上占优势的满洲人，在吸取文化程度上占优势的汉族传统时的利弊，同时也揭示了属于同一传统的满洲统治阶层内部的紧张关系——他们同意吸收汉族文化的某些成分，却不能容忍汉族文化的其他成分。

应当从何谈起呢？清朝入主中原，这是中国历史上的重大事件。本书所涉及的故事就发生在这一事件之后，因此，我们最好以此背景来展开本书所述父子之间冲突的故事。

正如西方具有高度文明的地中海地区一样，中国也曾多次或部分或全部被北方的游牧民族所统治。蒙古人最先统治了整个中原，建立了元朝，其统治从1260年延续到1368年。满人是第二个，也是最后一个成功统治整个中原的少数民族。他们声称是"受天命"统治了整个中原，并创建了清朝（1644~1911）。尽管他们人口极少（仅占全国总人口的2%），却远比蒙古人更为成功地控制了汉人。历史学家们认为，这是清初统治者"以汉制汉"政策的成功。早在入关前后，满人便承袭了汉民族的道德标准、政治理念及其政治体系，在政府中启用汉族文人学士。在清廷统治机构最终成型之前，这一汉化过程持续了近一个世纪。在这一过程中，康熙朝（1661~1722）是一个关键阶段，譬如康熙册立太子，就是从明代承袭过来的。他与太子之间的冲突，也就发生在满人为建立正统王朝和有效的政治机构而全面吸收汉族文化的漫长过程中。

康熙的祖先属于东北地区的女真族。他们在谋求中国的皇权之前，早已受到汉族的影响。后金国的创始人努尔哈赤（1559~1626），年轻时就与汉人频繁接触，因而对汉人的生活和思维方式颇为熟悉。① 他在短期内便征服了敌对部落，建立起半集权的官僚体制。他生前创建了一种基于原始氏族结构的社会组织，即八旗制。这是一种军政合一的制度，一种带有浓厚的奴隶制色彩的封建集权结构。

努尔哈赤的继承者们加速了集权的进程。在清太宗〔皇

---

① 萧一山：《清代通史》修订版，第5册，1962~1963，第12页；另参见莫东寅《满族史论丛》，1958，第83页。

太极（1592～1643），1627～1643年在位]① 当政时，汉族政治制度的某些成分已经被初步移植过来。之后，顺治朝（1644～1661）更承袭了全套的汉族制度。在顺治的叔父多尔衮摄政期间，这种承袭尚具有选择性。而当顺治七年（1650）多尔衮死后顺治亲政时，他便全面照搬明代制度，包括再次设立宦官机构，这一机构在明代后半期曾控制了明廷的中央政权，多尔衮摄政时曾将宦官机构予以废止。顺治死后，满洲统治阶层对他的毫无选择的汉化政策表现出强烈不满。

当玄烨被其弥留之际的父亲顺治指定为继承人时，年仅七岁，于是由以满洲的实权人物鳌拜为首的四大臣辅政。辅政大臣有计划地清除了政治机构中的汉族成分，甚至所有的官衔名称也改用满语。许多满洲贵族坚持消除汉族的影响，不愿在朝中见到汉族的文人学士。

康熙七年（1668），玄烨也就是康熙皇帝达到亲政②年龄之后，他清除了鳌拜集团，并很快意识到政权极不稳固，统一大业尚未完成。因为此时台湾尚在忠于明室的将领手中；从东南到西南的许多省份仍在被称为"三藩"的汉族军阀的统治之下；在长江下游三角洲地区（该地区包括一些重要城市，

---

① 太宗的名字是皇太极。使用 Abahai（阿巴亥）指称他，源于郝爱礼（Erich Hauser）翻译《（皇清）开国方略》(1926)，后来具有影响力的传记著作《清代名人传略》(*Eminent Chinese of the Ch'ing Dynasty, 1644 - 1912*, Washington, 1943 - 1944) 的编者恒慕义（Arthur Hummel）又加以采用，现在已被西方作为皇太极的名字广泛使用。然而，笔者未找到以此指称他的任何汉文或满文的原始文献。笔者所找到的唯一叫阿巴亥的人是多尔衮（皇太极的同父异母兄弟）的母亲，见冈田英弘《清太宗继位考实》，《故宫文献》第3卷第2期，1972年，第32页。

② 康熙是六年（1667）亲政，两年后清除鳌拜。——译者注

特别是扬州、杭州、苏州），反清斗争依然激烈，而且存在演变为大规模反抗的可能性（南方人对顺治期间清廷所实行的杀戮记忆犹新）。① 正是在这一背景下，康熙制定了大规模承袭汉制的政策，以完成其未竟的统一大业，并为满人统治中国的政体打下坚实的基础。

满人统一全国和康熙的政策，是我们了解康熙父子之争的重要依据。不过，为了理解这个故事所独具的特色，我们需要熟悉17世纪末18世纪初中国的社会和政治文化。

在这个问题上，由于南北文化的差异而形成的对峙是不容忽视的。如果说中国北方的长城象征着游牧民族所带来的威胁，那么，连接北京与南方的大运河，则折射出北京的清廷为了维系对南方的政治控制所遇到的难题。这一难题在于他们应当如何利用南方的人力和物力，而又不至于被它那几乎不可抗拒的魅力所诱惑。②

早在6世纪八九十年代，中国的南方就形成了独特的文化。在几个世纪的政治分裂（220~589）中，由于北方游牧民族的南下而被迫南迁的汉人，在南方得以形成一种比北方更为安逸、优雅、奢侈的生活方式。历代治乱兴衰，都不曾改变这种文化特色。

---

① 满人的暴行和汉人的抵抗，见《江南闻见录》，1967。直到康熙五十一年，康熙仍怀疑南方人的动机，见他给浙江巡抚王度昭奏折的批语："南方人心风俗，尔自然知道。"康熙五十一年二月王度昭奏折，见《故宫文献》第1卷第1期，1969年，第66页。

② 从经济上看，仅苏州府一地所提供的年税收就与整个浙江省相当。并且"在过去中国帝制统治的六百年间即从元到清，中国文化的潮流总是由南波及于北"。对于所谓苏州文化的更多讨论，见宫崎市定『アジア史研究』卷4、京都、1964年、332、469~470頁。

扬州是南方文化的缩影。① 它是大运河、长江和淮河汇合处的战略要地,② 是全国贸易的枢纽。清初开发南方物力的政策,使一个新的经济阶层在17世纪末18世纪初兴起。这个阶层赋予扬州地区更大的经济意义。内务府把贩运食盐的垄断权交给当地的富商,而富商则向政府缴纳盐税。这些商人如同皇帝私人官僚机构的经济杠杆,被称为"内务府商人"。他们中间许多人或是颇有势力的汉军八旗官员的亲属,或是大权在握的满洲大臣们的"门下"。这些商人贵族挥霍无度,使南方形成了极度奢侈的生活环境。他们之中,有人挥金如土,一天可以花去上万两白银;有人如狂如痴,仅仅为了取乐而在金山顶上,从宝塔上往下抛撒金箔;有人甚至把一些木雕的裸体女人置于内厅前,用机器操纵,以取悦宾客。他们竞相夸奇斗富,花样之多难以尽述。③

不过,并非所有的新贵都俗不可耐。一些附庸风雅的盐商也用财富资助当地的学者和诗人,养成了热衷于藏书和鉴赏艺术品的嗜好。许多南方的著名学者以及康熙朝在职和退职的官员,都曾到过扬州游览,以体验南方的生活方式,其中一些人还与有钱有势的盐商保持着密切关系。这两类不同的人,即粗俗者与文雅者,由于对女色的兴趣而趋于同流。

---

① 参见 Arthur F. Wright, "Sui Yang-ti: Personality and Stereotype," in Arthur F. Wright, ed., *Confucian Persuasion*, Stanford, 1960, pp. 47 - 76。
② 原文如此。淮河未流经扬州。——编者注
③ 参见 Ho, Ping-ti, "The Salt Merchants of Yang-chou: A Study of Commercial Capitalism in Eighteenth-Century China," *Harvard Journal of Asiatic Studies*, Vol. 18, 1954, pp. 130 - 168。何炳棣的文章本质上讲是研究18世纪时盐商的生活方式的,但他的描述同样适用于17世纪下半叶。证据见本书第八章关于安三等富裕盐商的描述。

谚语云"扬州脚,苏州头",扬州妇女以文雅、缠足而著称,苏州妇女则以发式精美而闻名。当地的文人、来访的官僚,以及富有的盐商竞相在扬州纳妾蓄妓。明朝末年,镇守边界战略要地山海关的汉将吴三桂(1612～1678),之所以迎清军入关,原因之一就在于报复李自成,因为李劫持了吴的爱妾陈圆圆,后者是红极一时的名妓。另一位江南名妓李香君,由于对侯方域(著名诗人,南明政客)忠贞不渝,成了孔尚任的著名悲剧《桃花扇》中的女主人公。在康熙恩准《桃花扇》首次在宫中上演后,该剧成了当时宫廷中人人必看的剧目。① 其他的学者官员们也以纳妾为荣,并为有扬州妾滕而自吹自擂。②

康熙对南方文化的喜爱,促成了清廷赞赏南方生活方式的风气。身居要津的满洲大臣,如大学士明珠,就聘用了南方的文人学士做家庭教师,他还购买南方的青少年作他的家仆,因为这些人灵敏、俊秀、可爱。③ 另一些大臣则开始收藏珍稀书籍,搜集宋明画卷,他们还激发了满洲统治阶层对南方戏剧和苏州烹饪的爱好。南方的文人纷纷被召请为皇室效力,与满洲大臣为争宠展开了角逐(这正是为祸于康熙朝前半期的激烈党争的起因)。

康熙二十三年(1684),康熙首次南巡。江南的自然美景给他留下了深刻的印象,他因此决定在北京西郊开辟一处皇家

---

① 此剧的政治意蕴,涉及孔尚任的突然解职,见陈万鼐《论孔尚任"因事罢官"疑案》,《故宫文献》第 1 卷第 2 期,1969 年。
② 《扬州府志》(1733)卷 60,第 2～3 页。
③ 《客舍偶闻》,收录于"振绮堂丛书",无出版日期,第 15 页;昭梿:《啸亭杂录》(1880)卷 5,第 23 页。

别墅，以经常唤起对南方的美好记忆。① 皇家别墅的设计完全模仿江南园林，康熙的多半岁月就是在这里度过的，北京城内的宫殿仅用于举行仪式而已。② 体魄健康、严于律己的康熙能不被南方文化中的淫逸部分所诱惑，但这并不是随员们都能做到的。在他们多次随驾沿运河南巡时，有些人就被南方的声色魅力所迷惑。

正如文化差异往往造成南北间紧绷的局面一样，在满洲统治阶层内部，也因这种差异而出现了社会和政治方面的紧张气氛。这最终迫使满洲统治者试图把汉族的政治结构移植于八旗制。汉族的君主专制体系，基于儒家的"天无二日，土无二王"的思想，皇帝持有绝对的权力。而八旗制则是一种集权的封建体制，这个体制中的封建领主（八旗贵族）把家臣视为个人的奴仆（起码在名义上是如此），并强迫他们忠于自己。在某种情况下，甚至当家臣（特别是包衣，即奴隶）入朝充任高官之后，他的主子依然保有控制此人社会生活的权力。主子有权体罚家臣，许多人在任意指控的罪名下被拷打致死。家臣仅仅因为酗酒而被折磨致死后，主子便可以占有他的妻子。③

这种八旗内部要求家臣忠于主子的制度，显然又与皇帝要求全国臣民必须绝对效忠他个人的要求相抵触。在清初的几十年中，皇权稳步增强，八旗贵族的世袭权力逐渐被削弱。但家

---

① 该苑囿（畅春园）建成于康熙二十五年，仿江南山水营建，作为在郊外避暑听政的离宫。
② 这一说法并不准确，康熙在此居住的时间远达不到"多半"。——编者注
③ 萧奭:《永宪录》，1959，第137～138页。此条根据邸抄，系曾在刑部任职的某无名氏所呈奏折的内容，很可信。

臣效忠主子同时又必须忠于皇帝,这一对矛盾在满洲统治集团中所产生的紧张局势继续存在。① 总的说来,康熙比其继承人能宽容这种效忠的双重性。在他当政期间,也因之产生了严重的政治后果。直到雍正执政之后,这种效忠的双重性才被消除。②

清代初期,八旗制内部的奴隶制与汉族的奴婢制互相渗透,使整个蓄奴制度盘根错节。尽管买卖奴婢是合法的,仍有许多人自愿"投充"为奴;一些汉人为了得到经济保障而放弃自由,归附于满洲贵族,或把儿女卖给属于汉人或满人显贵的戏班。此外,在八旗奴隶制内还存在另一个奴隶制——大部分旗人仅是名义上的奴隶,而包衣则是满洲王公和皇帝本人的真正奴隶,这些包衣或是战争中的俘虏,包括蒙古人、汉人和朝鲜人,或是死罪罪犯的亲属,或是因穷困以及与家庭失散而自愿投充为奴者。

在皇帝的支配下,包衣构成了皇帝私人官僚机构内务府的基础。他们与太监、宫女一起负责照管皇帝个人的衣、食、住、行及安全。内务府可委派他们到京外任职,譬如任江南织造,也可直接在朝廷各部院任职。③

包衣之下是辛者库(向内管领领取给养的奴隶),他们构

---

① 对于早期满族权力结构演进的分析,见 Silas H. L. Wu(吴秀良),*Communication and Imperial Control in China: Evolution of the Palace Memorial System, 1693 - 1735*, Cambridge, Mass: Harvard University Press, 1970, pp. 2 - 3, 7 - 8。

② 参见细谷良夫《清代八旗制度之演变》,《故宫文献》第 3 卷第 3 期,1971 年。

③ 包衣制度,见郑天挺《清史探微》,1936,第 59~80 页。特别提及包衣,见《清世祖实录》卷 82,第 20 页;卷 83,第 6~9 页;卷 108,第 7 页;昭梿《啸亭杂录》卷 5,第 16~17 页。

成了内务府中社会地位最低的阶层。在内管领管辖下的奴隶，或是关外时期罪犯的后裔，或是被判罪的满汉高官的亲属，可以说，他们是一群被剥夺了"公民权"的人。他们在内务府从事各种最卑下的工作。这类人改变社会地位的一个方法，就是力图使自己的女儿被选为宫女，并进而成为妃嫔。康熙第八子胤禩的母亲即出身于辛者库（当胤禩投入储位之争时，出身与才干的冲突竟成为一个重要的因素）。①

南北文化的对立，以及社会阶层的差异，是对康熙朝朋党之争起催化作用的两个重要因素。不过，为了便于理解这场涉及康熙与太子两位主人公的种种矛盾的行为，我们还必须通过外在的影响，去把握这两位主人公的内在倾向。当我们用今天众所周知的两代人之间的矛盾去观察历史时，我们必须考虑到变态心理学，即康熙对儿子的爱怜和容忍是如何的反常，胤礽的情绪紊乱和权力欲又是如何使他发狂。在这个问题上，超自然的灵学，也以鬼魅和怪梦的形式起了一定的作用。固然，问题并不在于我们是否应当相信这些东西，而是这些东西对主人公们的情感和行为所产生的影响是不可忽视的。

这便把我们引向了人尽皆知的动机问题。目前仍缺乏对中国历史人物的心理研究，因而本书不可能提出一套完整的中国心理学理论。但是，我们需要依据一定的理论体系对这段历史进行叙述和分析。基于这一设想，笔者随之提出一些与人的动

---

① 辛者库的官方解释，见光绪《钦定大清会典事例》卷1219，第1页。他们比一般的内务府包衣的社会地位下，见《清圣祖实录》卷62，第9~10页；卷236，第12页。胤禩的母亲在官方材料中被称为"辛者库贱妇"（《清圣祖实录》卷239，第9页），或"本辛者库罪籍"（《清皇室四谱》卷2，第14页）。参见《上谕内阁》雍正三年九月三十日，第8页。

机有关的事实，以便使我们能够理解康熙父子关系的特点和内容。这便是社会科学家们常说的价值观。①

在西方，分析人的行为的价值观已经司空见惯，然而在中国的学术界，我们则刚刚看到它的端倪。在皇权继承方面，起决定性作用的因素无疑是权力。不过，历史上的政治人物对权力所持的态度，又是不相同的。一个常见的现象是，有些人大权在握但并不重视它，正如哈罗德·拉斯韦尔所说："在政治舞台上所扮演的角色，对不同的人具有不同的意义。"② 有人"不爱江山爱美人"，自愿放弃王权；也有人玩世不恭，全神贯注于艺术追求（例如8世纪的唐明皇和12世纪的宋徽宗）。与之形成鲜明对照的是，也有一些统治者把持权力不放，以致激起暗杀行动；还有一些权欲熏心而手中无权的人，则试图发动政变。在中国历代王朝180个继承皇权的事例中，就有118个涉及暴力和谋杀。③

无疑，大多数皇权继承危机还包含着其他因素。康熙朝的

---

① 少有学者将现代心理概念和研究方法运用于帝制中国的历史研究。史景迁通过聚焦康熙一生几个大问题呈现出后者的自我形象（Jonathan D. Spence, *Emperor of China: Self-portrait of K'ang-hsi*, NewYork: Alfred A. Knopf, 1974）。当代人类学家对于孝道的讨论，见 Francis L. K. Hsü（许烺光）, *Americans and Chinese*, New York: Doubleday, 1970, pp. 76 – 78, 304 – 305。也参见 Francis I. Schwartz（史华慈）, "On Filial Piety and Revolution: China," *Journal of Interdisciplinary History*, Vol. 3, No. 3, 1973, pp. 569 – 580。

② Harold D. Lasswell, *Power and Personality*, New York: Viking, 1963, p. 20. 参见 Silas H. L. Wu, "Value Demands and Value Fulfillment: An Approach to the Study of the Ch'ing Emperor-Official Relationship," *Ch'ing-shih wen-t'i*（*Bulletin of the Society for Ch'ing Studies*）, Vol. 1, No. 8, 1968, pp. 27 – 37。

③ Dison Hsüeh-feng Poe（浦薛凤）, "Imperial Succession and Attendant Crisis in Dynastic China," *Tsing Hua Journal of Chinese Studies*（New Series）, Vol. 8, Nos. 1 and 2, 1970, pp. 84 – 153.

继承危机就包含着一些自相矛盾的现象。例如，康熙年富力强时，并不看重皇权，甚至一度考虑退位，让胤礽接班。然而到了晚年，他却把持皇权不放，直到老迈龙钟也不松手。他在最后十年中对皇权的控制，酿成了皇子间激烈的斗争，甚至给他招来暗杀的威胁。

要解释这种矛盾现象以及本书中许多使西方读者迷惑不解的部分，关键就是"孝"。在康熙心目中，这个字代表着强烈情感上的义务，而不单单出自儒家的说教。当康熙称许某人"孝"，或抨击某人"不孝"时，他并不是在做无关痛痒的评论，而是发自内心最深处最严厉的判断。同样，当他自己对某人，譬如对他的祖母孝庄①太皇太后怀有极其诚挚和敬爱之情时，他也把这种深情归纳为"孝"。他的感情是如此深切，以致影响到他的潜意识，当他与儿子的紧张关系变得难以承受时，这一点就越发清楚了。因此，我们必须从康熙早年，即他对祖母的"孝"在其心中生根之日开始，来探索他的内在倾向。

如同音乐家演奏手风琴一样，笔者已经把本书所涉及史事的文化及社会政治诸方面的广阔背景拉开，随后便要以人的动机为中心，把它压缩回来。这一手法将在本书中反复使用，以便使这场父子之争的悲剧及与其相关的政治历史和谐地逐幕展开。

---

① 谥号是死后加封的，文中有时也用谥号指代本人，译文依原文，不做改动。下同。——译者注

第一部分　笃遵孝道　　　　　　　　> > >

1　祖母

康熙二年二月十一日（1663 年 3 月 20 日），春分降临皇都北京。这一天结束了春季的前半期，是举国同庆的日子。

在一般情况下，皇帝和皇室成员将在这个时节与民同乐。但是康熙二年却是个例外，一片悲伤焦虑的气氛笼罩着皇宫。

连日来，年仅九岁的康熙的清瘦身影在两宫之间穿梭。他二十三岁的母亲病情严重，四十九岁的祖母忧心如焚，她非常疼爱自己的儿媳，康熙就这样在母后和太皇太后两宫中度过了那些日日夜夜。

这个少年皇帝，中等个子，身材单薄，宽阔的前额下两道短粗的浓眉稍往下坠，他的鼻子高高地凸起，嘴和下颌显露出坚定的个性，那硕大的双耳尤其引人注目。他脸上有麻点（人们解释说，这是一种吉相。中国人还认为，大耳高额是聪慧的象征），面部表情给人以一种生气勃勃、富于睿智和少年老成的印象，但是现在，这张原本健康的面庞却因寝食不安而憔悴下来。①

三个月来，他的母亲孝康太后一直患病，而且日见恶化。

---

① 《清圣祖实录》卷 8，第 9~10 页。康熙年轻时的一幅画像，见《清代帝后像》第 1 册。关于康熙的穿着，伊兹勃兰特·伊台斯（E. Ysbrants Ides）写道："他上身穿普通的黑缎马甲，石青色外套，边饰貂皮毛，脖颈上有珊瑚朝珠，下垂至胸。头戴暖帽，面为紫貂皮，上有一红丝绸结，后面下垂一些孔雀羽毛。他的头发辫为一根，垂于脑后。身上没有金银珠宝。穿着靴子，是天鹅绒做的。"见 E. Ysbrants Ides, *Three Years Travels from Moscow Overland to China*, London: W. Freeman, 1706, pp. 72-73。

14　这个少年皇帝竭尽全力照看她,"朝夕虔侍,亲尝汤药,目不交睫,衣不解带"。当母亲的病情恶化时,他"忧悴弗胜,寝膳俱忘……圣容清减",而且拒绝辅臣近侍要他节劳稍休的请求。

在这寝膳俱忘的日子里,康熙仍数次到慈宁宫向祖母太皇太后孝庄请安,以安慰敬爱的祖母。在太皇太后面前,他"强敛戚容",言行自若,然而,"退輙涕泗交颐"。①

康熙的母亲在春分之夜逝世。对康熙来说,这一天具有不同寻常的意义。顺治八年(1651),为了在春分献祭,他已故的父皇顺治诏令在北京东郊建造日坛,以期促进天地和谐,为国家和皇室造福。② 而今就在这样一个特殊的节日里,上天却夺走了他母亲的生命,这是何等讽刺!康熙因此"擗踊哀号……哭无停声",悲痛欲绝,竟至"水浆不御"。

康熙的举止一方面表明了他那富有特色的"孝",③ 另一方面也说明,他之所以悲痛欲绝,是因为遭受到某种严重刺激。

殉葬,这是汉人早已放弃的一种不人道的陋习,而在满族封建社会中却依然存在。正是那些固守陋习的顽固分子所造成的社会压力,加速了(即使并非直接原因)孝康的辞世。对那些受宠于当今皇帝或想表示对皇帝矢志不渝的妃嫔来说,以

---

① 《清圣祖实录》卷8,第9b~10页。
② 光绪《钦定大清会典事例》卷416,第2页。
③ 康熙对于尊亲(祖母、嫡母及兄长),行孝始终如一,私人材料验证了官方关于康熙早年行孝的记述,参见 Joachim Bouvet(白晋),*Histoire de l'empereur de la Chine*, The Hague, 1699。第85页:"老祖母太皇太后……生前身后,都是他行孝的真正对象。"引文据 Jodocus Crull trans., *The History of Cang-Hy: The Present Emperor of China*, London, 1699。

身殉主被认为是她们理所当然的行动。① 当时，尽管有人坚请孝康留身抚育幼主，但是，要求她为顺治殉葬的压力却很大。② 据官方《实录》载，康熙的年轻母亲系病逝，这虽然可能属实，然而她在顺治二十七个月的服丧期过后刚刚两个半月就死去，这一事实不禁使人怀疑她是非正常死亡。③ 因为孝康出身于汉族名门，她的存在势将危及顽固不化的满洲贵族。

康熙知道母亲可能并非善终，加之他自幼很少得到母爱，因而可以揣测，他哀痛母亲的逝世，更多的是出自愤怒，而不是纯粹出自强烈的感情。正如他日后回顾与父母的关系时所哀叹："父母膝下，未得一日承欢。"④

但是，康熙对祖母孝庄的异乎寻常的感情是无可置疑的。

---

① 依据满族习俗，当满族贵族死时，他的一个妾室必须殉葬。不情愿者由"众人"勒死。努尔哈赤去世时，他的大福晋及另两个福晋自尽陪葬。此种做法在天聪八年（1634）后有轻微改变，法令宣布贵族死时，只有他的嫡福晋必须殉葬，其他的福晋各随所愿。崇德八年（1643）皇太极（康熙的祖父）去世后，他的一个妃子被迫自尽（这一习俗，见莫东寅《满族史论丛》，第143页）。顺治去世时，后宫一女子在同一天自尽，因为她"感恩遇之素深，克尽哀痛，遂尔薨逝"。她具有垂范性的孝行得到认可——被追封为妃（《清圣祖实录》卷1，第20～21页）。直到康熙六十一年（1722），康熙死时，孝恭太后即雍正的母亲，"决意从殉"。据说是在雍正再三谏阻下，说若太后身逝，他则"无所瞻依"，这样太后才"勉慰其心，遂违予志"。后来，不到两年，她去世了（因哮喘），史料强烈地暗示，她曾拒绝治疗。见《清世宗实录》卷7，第21页；《大义觉迷录》（1730）卷1，第19～20页。殉葬，见郑天挺《清史探微》，第46～47页；Pierre Joseph d'Orléans, *History of the Two Tartar Conquerors of China*, trans. and ed. by the Earl of Ellesmere, London: Hakluyt Society, 1854（1939年在中国重印），p. 45。
② 孝庄的情况，见《清圣祖实录》卷132，第8页。
③ 顺治死于天花，见《清世祖实录》卷59，第18页；《清皇室四谱》卷1，第6页。康熙母亲之死，见《清圣祖实录》卷8，第13页。
④ 《清圣祖实录》卷290，第12～13页。

不仅她在世时如此，就是孝庄于康熙二十六年十二月（1688）去世后，这种异乎寻常的感情，始终是一股左右康熙在皇室和朝廷中言行的力量。① 这种特殊的感情纽带，竟使一个九岁的孩子产生了如此非凡的自制力，其根源又在哪里？

太皇太后孝庄是成吉思汗一个兄弟的后裔，② 清天命九年（1624）成了皇太极也就是后来的清太宗（1627～1643年在位）的福晋，当时的嫡福晋是她的姑母孝端。孝端于明万历四十二年（1614）与皇太极结婚，但没有生儿子。清太宗皇太极崇德三年（1638），孝庄生下福临（1638～1661）。六岁时，福临便成为清朝的皇帝，年号顺治（1644～1661年在位）。福临即位后，孝庄成为皇太后。顺治在位的前七年，他的叔父多尔衮摄政。③ 但是，在老皇太后孝端于顺治六年去世后，孝庄便成为唯一的皇太后，并完全控制了皇室。孝庄的坚强性格使得她在很大程度上驾驭了自己的儿子，然而她的武断又有时使母子关系很紧张。选皇后是造成母子不和的症结所在。可能受多尔衮的影响，孝庄命年轻的皇帝与她的侄女，即其兄吴克善的女儿结婚，并立后者为皇后。顺治十分厌恶这个女人，在顺治十年他15岁时，不惜违抗母命，用废除皇后封

---

① 康熙对祖母无限感恩："忆自弱龄，早失怙恃，趋承祖母膝下，三十余年鞠养教诲，以至有成。"见《清圣祖实录》卷132，第1～8页，及该书其他地方。

② 孝庄，见 Eminent Chinese of the Ch'ing Dynasty, 1644–1912, p. 300–301。顺治朝时她与耶稣会士的关系，见 Rachel Attwater, Adam Schall: A Jesuit at the Court of China, 1592–1666, Milwaukee: Bruce Publishing Company, 1963, p. 104。

③ 多尔衮，见 Eminent Chinese of the Ch'ing Dynasty, 1644–1912, p. 215；《清史》，1961，第3539页。他与孝庄的关系，见陈捷先《多尔衮称"皇父摄政王"之研究》，《故宫文献》第1卷第2期，1970年。

号来贬责她。尽管有这样的分歧,孝庄仍然再次说服顺治结婚。这一次是她的侄孙女,即孝惠皇后。顺治与新皇后之间也毫无感情,两年后,即顺治十三年,他迷恋上新妃子董鄂氏。① 这个女人原来是顺治的同父异母幼弟博穆博果尔的妻子,据一位耶稣会教士目击者所述,她先成为顺治的情人,这使无可奈何的博穆博果尔因"羞愤交加"而自杀。一个月后,她便因官方《实录》所称的"美德"而被选入后宫。董鄂妃为顺治生了一个儿子。倘若此子没有夭折的话,顺治无疑会让他成为继承者(他死后,顺治追赠他皇子能享有的最高爵位,以表达非同一般的感情)。当董鄂妃于顺治十七年逝世时,顺治命三十名宫女和她生前喜欢的太监殉葬,以陪伴她的灵魂到另一个世界。直到顺治于次年二十四岁时死去,他对后宫中的任何一个妃嫔都不曾有过什么感情。康熙的母亲(1640~1663)只不过是个妃子,玄烨成为皇帝后,她才被尊为孝康皇太后。不能与父母同享天伦之乐的孩提时代,没有给康熙留下什么愉快的回忆。他出世时母亲十五岁,父亲十七岁。年轻的妃嫔没有足够的乳汁哺育婴儿,这使得乳母成为养育皇家子女必不可缺的一员。② 顺治十八年,清廷正式下诏将这一惯例制度化。按照规定,每逢需要乳母时,大太监便通知内务府包

---

① 董鄂氏,见 Eminent Chinese of the Ch'ing Dynasty, 1644 – 1912, p. 257; Pierre Joseph d'Orléans, History of the Two Tartar Conquerors of China, pp. 42 – 43;《清列朝后妃传稿》卷 1,第 69、147、148、159 页;《清皇室四谱》卷 1,第 6b 页。
② 传统中国早婚的习俗一直延续到 20 世纪。20 世纪 30 年代,中国北方男孩的平均结婚年龄是 14 岁。见 Sidney D. Gamble, Ting Hsien: A North China Rural Community, New York: Institute of Pacific Relations, 1954, p. 385。乳母的制度,见光绪《钦定大清会典事例》卷 1219,第 2b 页。

衣旗人的首领和监督，命令从他们的妻子里物色合适的人选。一旦选中，内务府将以不超过 80 两白银的佣金雇用另一个乳母喂养皇家乳母自己的婴儿。

康熙之所以长期不能与父母欢聚，还有另外一个原因。17 世纪的中国与世界上其他地域一样，许多儿童因流行性天花而夭折。在中国，依照自古传下来的办法，孩子要接种疫苗，以求免疫。具体做法是，用天花病人的脓液或用脓疮痂制成的粉末吹进男孩的左鼻孔、女孩的右鼻孔。倘若反应正常（即开始发烧，继而出轻微的水痘），那么孩子便按天花患者予以照顾，以尽量减少由于诊断错误和伤风而引起的并发症。并发症是造成天花病儿童死亡的主要原因。雍正四年（1726），侨居北京的法国耶稣会教士殷弘绪，在信中详述了这种办法。[①] 显然，他对此有深刻的印象，因为西方在七十年后的 1796 年才由爱德华·詹纳（Edward Jenner）发现了有效的预防天花接痘法。

不过，并非所有接种疫苗的人都有正常的反应。康熙接种后的反应属不正常之例，因此他很容易受流行性天花的侵袭。唯一可行的办法是使他避免与病源接触。因而他被隔离在北京

[①] 殷弘绪（P. D'Entrecolles）写道，"鼻孔就像人们播种的田沟"，他也认为这种办法是中国自创，不是受吸烟的影响，而后者不久前才引入中国。他说开始是发热，而后有脓疱出现，"如果第三天后不见脓疱，孩子十有八九有救，若第二天就有疱，则有一半可能情况凶险，若是发热第一天就出疱，则没人敢说能救得了他们"。*Lettres édifiantes et curieuses concernant I Asie, I Afrique et l'Amerique*，Ⅲ，Paris，1843，pp. 535–538. 中国关于接种预防天花疫苗的书介绍说：出疱的最佳时间是发热后的八到九天，不积极接种的小孩感染天花后更为脆弱。它们将"痘疮之毒"归为孩子的父母："乃受胎之际，父母交媾，男生欲火之凝而结成。"见张逊玉《种痘新书》第 3 卷，1912，第 22~23 页。

西郊的一座寺庙中。① 在那里，他度过了与父母分离的孤独时光。尽管如此，他还是没有逃脱天花的侵袭，脸上留下了麻点。这些麻点不仅表明他不会再染天花，也表明他在寺庙得到了天赋神佑，得到了痘疹娘娘或诸如此类的神明的佑护。满洲人认为，这是康熙染天花而痊愈的原因。

在隔离期间，康熙主要由两名乳母照顾。他当政后，这两人均出人头地。② 其中之一是汉族妇女曹夫人，是曹寅（著名的《红楼梦》作者曹雪芹的祖父）的母亲。曹寅是内务府包衣，后来成为在南方正式官僚体制之外、康熙个人情报网中的一名心腹人员。康熙提及曹夫人时颇带感情地说："此吾家老妇也。"另一位乳母是满洲人，即噶礼之母（后来噶礼因腐败而臭名远播，但是康熙仍委任他许多要职，包括担任两江总督）。

在此期间，康熙还得到祖母孝庄的悉心照料。他的父亲对他素不亲近，孝庄的关怀在他一生中的关键时刻代替了他所需要的父母之爱。正如康熙日后所述，他的祖母从他幼年起就不遗余力地培育他，对他严加管教，以保证他的身心健康成长。他追忆说："朕自幼龄学步，能言时即奉圣祖母慈训，凡饮食动履言语皆有矩度。虽平居独处亦教以罔敢越轶，少不然即加督过，赖是以克有成。"③

祖母对他的教诲之一，是使他掌握待人处世的语言艺术，

---

① 《清圣祖实录》卷290，第12b页；《八旗满洲氏族通谱》卷43，第61～62页。该寺庙是福佑寺。（福佑寺位于紫禁城西华门外，今天北长街北口路东。不是在"西郊"——译者注）
② 见《永宪录》，第304、390页。第三位是瓜尔佳氏，康熙可能感激她在自己幼年时的照顾，康熙三十八年（1699）她去世时赐予名号。见《清圣祖实录》卷194，第11b页。
③ 《康熙御制文集》五集，卷40，第1～5页。

在他不得不与脾气暴躁的皇父顺治谈话时，这是特别有用的。据说，顺治有一次大发雷霆，竟用刀把一个御座砍得残缺不全，他所信任的一个佛教师父描述说："圣上脾气暴烈，左右近侍常遭鞭笞。"①

顺治十六年（1659），可能在顺治患病期间，孝庄带着康熙和他的两个同父异母兄弟福全（兄）、常宁（弟）向他们的皇父请安。当时，顺治自然想到了继承人问题，所以，他问起三个男孩的志向。三岁的常宁太小，回答不了。六岁的福全表示："愿为贤王。"五岁的康熙则答道："待长而效法皇父，黾勉尽力。"据官方《实录》所载，顺治听罢龙颜大悦，遂决定以康熙为继承人。②

非官方的史料表明，在拜见皇父之前，康熙的祖母已事先教给他说这些取悦顺治的话。③ 由于祖母喜欢康熙的母亲，因

---

① *Eminent Chinese of the Ch'ing Dynasty*, 1644 – 1912, p. 257; Rachel Attwater, *Adam Schall: A Jesuit at the Court of China*, 1592 – 1666, p. 104.
② 《清圣祖实录》卷1，第3b~4页。
③ 《清圣祖实录》卷1，第3b~4页（可以将此与祖母向康熙问同样的问题时他的回答做比较，见《清圣祖实录》卷244，第2b页）。同一故事康熙年间辗转相传，最后传到了苏格兰医生约翰·贝尔（John Bell）那里，当时他作为俄国使团一员，1719至1722年间（康熙五十八年至六十一年）在北京。四十多年后的1763年他发表他的经历，说这一故事"源自我能得到的最可信来源"。他是这样说的："顺治死时很年轻，他让二子康熙继位。将死前，他召见长子，问他是否愿意继任执掌国家。但是，由于年轻及谦逊，长子不愿接受，并乞求父亲原谅。接着召入康熙，问他同样的问题。由于他受过很好的教育，轻快作答，愿意听从父命，担当国家重任。这一回答令顺治大悦，命他做继承人；乃父死时，宣布他为皇帝。"见John Bell, *A Journey from St. Petersburg to Pekin*, 1719 – 1722, ed. by J. L. Stevenson, Edinburgh: Edinburgh University Press, 1965, pp. 175, 178 – 179。这一记述必然有不准确的地方，因为贝尔听到这个故事，已是它发生六十年之后了。尽管如此，贝尔证实了根本性的一点，即康熙"受过很好的教育"。

此在他出世之前，祖母便在顺治心目中塑造了未来皇帝的形象。据传，有一天康熙的母亲到孝庄宫中问安，孝庄仿佛见到有几条龙盘旋在这个年轻女人的外衣上，为之惊讶不已。于是问她的儿媳这是怎么回事，康熙的母亲回答说已有孕在身。孝庄说当她怀顺治时，同样出现过这种非凡的景象。她向儿媳预言说，异日生子，"必膺大福"。这四个字的意思是"必当皇帝"。① 尽管这类传说不足凭信，但它表明孝庄从一开始就对康熙有好感。

顺治十八年正月初七日（1661年2月5日），就在顺治患天花辞世前，他颁诏立七岁的玄烨为皇太子。② 玄烨遂成为康熙皇帝，由他父亲临死前委任的四位满洲大臣辅政。随后，清廷很快由四大臣中最有势力的鳌拜所控制。③

继承帝位后，康熙这个少年天子面临着严峻的挑战。在康熙朝前六年，这些挑战主要来自满洲贵族，尤其是鳌拜及其党羽。他们反对日益增长的汉族影响，这种影响被认为在清朝皇室政权之中有可能会取代满洲人的传统，甚至于危及满洲贵族的权益。如前所述，作为汉族名门一员的康熙母亲的早逝，或许就是这股反动势力作祟的结果。他们可能以遵循满族传统为名，迫使她为顺治殉葬。而终止了当朝皇太后的生命，一方面

---

① 《清圣祖实录》卷1，第2页。这些可能是《清圣祖实录》中仅见的传奇式记述，它们必然是关于预示新统治者出生的异征。
② 顺治之死有着奇异的说法，但他的确死于天花。见 Pierre Joseph d'Orléans, *History of the Two Tartar Conquerors of China*, p. 44. 对官方满文记述顺治临死指定康熙为太子的评价，见陈捷先《清朝皇帝的满文本纪》，《故宫文献》第3卷第2期，1972年，第18页。
③ 鳌拜，见 *Eminent Chinese of the Ch'ing Dynasty, 1644-1912*, p. 599; Robert B. Oxnam（安熙龙）, *Ruling from Horseback: Manchu Politics in the Oboi Regency, 1661-1669*, Chicago: University of Chicago Press, 1975.

是为了防止汉人家族左右政治,另一方面也是对喜欢汉人儿媳的太皇太后的一个打击。

面对这些挑战,祖母的娴熟指导给了康熙很大帮助。孝庄清醒地认识到,为了在权力之争中永远立于不败之地,必须启用忠于皇帝的人,也需要时日去训练她的孙子如何承担统治全中国的重任。在鳌拜控制朝政的艰难岁月里,她教给康熙许多她所理解的治国之道。孝庄向少年天子逐渐灌输的价值观念和理想,为我们理解康熙成年后的作为提供了重要线索。

孝庄教给康熙的最重要的治国之道是维持现状。顺治十八年,康熙登基不久,据说孝庄曾问他作为皇帝有何抱负,他回答说:"臣无他欲,惟愿天下治安,生民乐业,共享太平之福而已。"孝庄听罢大悦。康熙日后所采取的政策,正是他早年抱负的全面实践。①

康熙六十一年(1722),皇帝于临终时,在给子嗣们的家训中这样描述孝庄的教诲所起的作用:

> 八龄缵承大统,圣祖母作书训诫冲子曰:"自古称为君难。苍生至众,天子以一身君临其上,生养抚育无不引领而望。必深思得众则得国之道,使四海之内咸登康阜,绵历数于无疆。"②

---

① 《清圣祖实录》卷244,第2b页。康熙在他登极近五十年之后的康熙四十九年(1710)年依然记着这一说法,这清楚地表明,从他幼年开始,"和"就是他政治哲学的首要价值。关于康熙价值体系的更多讨论,见 Silas H. L. Wu, *Communication and Imperial Control in China: Evolution of the Palace Memorial System, 1693–1735*, p. 111–112.

② 《康熙御制文集》二集,卷40,第1页。

在中国文化中，人们需要表现出一种对父母或父母代理人感恩的行动，这被称为"孝"，其特点是无条件地服从和履行无限度的义务。在这方面，康熙称得上是笃遵孝道。正如法国耶稣会教士白晋在17世纪90年代所述，康熙"凡事听命于祖母"。或许白晋夸大了康熙的其他美德，然而，说他对祖母有着不寻常的感情，这已被康熙自己的私人信件及中文史料所证实。①

不过，在某种情况下，康熙对教给他维持现状的祖母无条件服从，却又违反了"生一事不如少一事"的信条。康熙在早年接受太皇太后为他选后一事，便导致了其祖母与满洲反对者的第一场重大斗争。

---

① Joachim Bouvet, *Histoire de l'empereur de la Chine*, pp. 85–88. 康熙自己的证言，见《庭训格言》，第 8b~9、23b、53b~54 页。

2　第一位皇后

康熙四年九月初八日（1665年10月16日），康熙举行"大婚"礼。① 当时他十一岁。被选为皇后的姑娘与他同龄，是内大臣噶布喇②的女儿、辅政大臣索尼的孙女。

礼仪的程序几乎完全按照汉族的传统，其间也杂有满洲的旧习，最明显的是，纳彩（送礼品到新娘家，是订婚仪式步骤之一）的重要礼品是马匹和马鞍。婚礼前，由钦天监的官员择一吉日，皇帝派以内务府大臣和礼部大臣为首的一行人，其中包括三位公主、三位辅政大臣的福晋以及内侍、侍卫，把礼品送到新娘家。计有十四鞍辔齐全的骏马、十副盔甲、一百匹锦缎及二百匹其他精美布料。

新娘的父亲噶布喇及祖父索尼率家中男性成员，索尼的福晋率女性成员迎礼。全家人分列庭院两侧，向北三跪九叩（皇帝的宝座朝南），感谢皇上的恩宠。

九月初七日，即"大婚"礼前一天，皇帝派遣满洲大臣祭告天地、太庙、社稷。同日行大征礼（即送聘礼）。聘礼包括两千两黄金、一万两白银、一个金茶罐、两个银茶罐、一对银箱、一千匹锦缎、二十副马鞍、二十副军用骆驼鞍及四十匹骏马。这一礼仪同样以女方亲属向北三跪九叩感谢皇恩结束。

---

① 《清圣祖实录》对此仪式的描述过于简化，时间上有错乱。可以比较《清圣祖实录》（卷324，第17～19b页）与光绪朝《大清会典》（卷49，第7～10页）。

② 噶布喇，见《八旗满洲氏族通谱》，第92页；*Eminent Chinese of the Ch'ing Dynasty, 1644–1912*, p.664。

九月初八日举行"大婚"礼。康熙进入太和殿,观看册立孝诚皇后的封册和金印。接着,他把这两件皇后的象征物交给钦派使臣,使臣手捧册宝,众侍从尾随其后,来到后邸。皇后接到这两件象征物,行了跪叩礼之后,即乘轿到皇宫。轿前由四位大臣的福晋带领,轿后有七位大臣的福晋跟随,她们全都骑马而行(妇女骑马是满洲传统的一个显著特点)。两侧由侍卫和内侍护送。皇后的随从们被恩准在通向中宫的御道上行走(由于皇后居住在中宫,因而中宫成为皇后的同义词。皇帝的其他妃嫔住在中宫两侧的宫室中)。

此时,康熙身着大婚礼服,先到太皇太后和皇太后(其嫡母孝惠)宫中行礼谢恩,接着到太和殿赐皇后亲属(此时皇后仍留在中宫)及诸王百官筵宴。与此同时,皇太后率诸大臣和辅政大臣的夫人们到太皇太后宫中,那里设宴招待皇后的母亲及其母系亲属。下午六时许,"大婚"礼以汉族传统的合卺宴结束,高官显贵的福晋们均应邀参加。此宴结束后,皇帝和皇后便留在中宫。

次日,皇帝谕礼部援引汉族先例为太皇太后和皇太后上徽号,以感谢她们"遴选贤淑,作配朕躬"。同一天,皇后到太皇太后宫及皇太后宫行朝见礼。第三天,皇帝御太和殿,诸王百官上表朝贺,以"大婚"礼成颁诏天下。诏书阐明了确立皇后、共承宗庙、助隆孝养、绵延本支的意义。[①]

由于年少的康熙情愿接受祖母为他选择的皇后,"大婚"礼便成为他笃遵孝道的一种表现。[②] 康熙唯祖母之命是从,这

---

① 《清圣祖实录》卷16,第18~19b页。
② 《清圣祖实录》卷16,第19页。

加剧了独揽朝政的鳌拜与太皇太后之间的斗争。为便于了解两者间的这场争端，笔者有必要对皇后的地位与皇位继承程序之间的关系做一个说明。在满族日益汉化的过程中，皇位继承的程序已成为一个极大的难题。

依照满洲的传统，统治者的继承人是由有权势的诸王从原统治者众多的儿子中选择，以嫡福晋（即统治者的嫡妻）所生的儿子优先。这种继承程序所具有的灵活性，导致了竞争者的钩心斗角。按明朝的制度，唯有皇后的儿子，即当朝皇帝的嫡妻所生的儿子才能册立为太子，长子享有优先权；只有当皇后没有儿子时，妃嫔所生的儿子才有当太子的可能。在后一种情况下，母亲的地位及其儿子的排行将决定继承制中的资格顺序，譬如，皇贵妃（仅次于皇后的妃嫔）的长子将享有优先权。无疑，这种制度往往会把争权的焦点从立太子转到选皇后。

清王朝的奠基人努尔哈赤当政时，等级制中已呈现汉族制度的某些影响。由于大福晋相继亡故和被废黜，他一生先后立了四个大福晋。最初，他立第一位大福晋长子褚英为继承人，后来褚英因犯叛逆罪被处死。当努尔哈赤于天命十一年（1626）辞世时，他没有指定继承人。他的儿子皇太极（其母乌拉那拉①是努尔哈赤所宠爱的大福晋）经过激烈的斗争而成为太宗皇帝，这表明了满族继承制的不稳定性。太宗对妻妾们采用了汉族的等级称号，包括封他唯一的大福晋为皇后。这位皇后，即孝端，没有给他生儿子。皇太极故后，又经过一番角逐，作为妥协，年仅六岁的福临被立为顺治皇帝。其母孝庄，

---

① 皇太极生母应为叶赫那拉氏。——编者注

只是在顺治即位后才被尊为皇太后。从顺治朝开始，满人完全采用了明代的皇储继承制度，因而皇后的地位与皇位的合法继承人紧密相连。①

不过，在清代的制度中，也有一些与明代制度不尽相同的部分。明皇室有时选平民之女为后，而依照清皇室的传统，皇后必须出身于"名门望族"。②当康熙于四年（1665）选后时，出身于辅政大臣遏必隆、索尼两个家族的姑娘就都参加了选秀。鳌拜显然赞成选遏必隆之女为后（此女于康熙十六年成为孝昭皇后），因为遏必隆是鳌拜派强有力的支持者。而康熙的祖母看中了索尼之子噶布喇的女儿。尽管官方《实录》并未点明遏必隆之女是另一位皇后竞选者，但我们有足够的依据去证实这一判断。③

由于索尼家族对皇室有大功，康熙的祖母从索尼家选后是完全有道理的。在努尔哈赤和皇太极当政时，索尼家族曾屡建战功。索尼对顺治忠贞不贰，他曾任内大臣兼议政大臣总管内务府事。在辅政期间，他不满鳌拜独揽朝政，忠实地支持康熙

---

① 皇太极继位的新近研究有冈田英弘《清太宗继位考实》，《故宫文献》第3卷第2期，1972年。早期对于顺治朝之前的继位危机研究包括：赵光贤《清初诸王争国记》，《辅仁学志》第12卷第1~2期，1944年（赵认为康熙采用汉人预立太子的做法，采用汉人设立继承人的制度，是对这一早期经验的一种回应）；李光涛《清太宗夺位考》，《明清史论集》，1970，第437~439页。

② 《清圣祖实录》卷48，第15页。这一情况也可以从康熙的话中看出，他说胤礽的母亲乃"贱妇"出身，是内务府辛者库包衣。

③ 遏必隆早就与皇家有关系，他的母亲是努尔哈赤的姐妹或是堂（表）姐妹（实为努尔哈赤第四女——译者注）。官方材料说遏必隆的一个女儿还在年幼时就被康熙纳为妃；康熙于十六年（1677），在她重病后，封她为皇后（在孝诚皇后死了三年之后）；她第二年去世，谥孝昭。因此她可能与孝诚皇后同岁，也可能更年轻（十或十一岁）。遏必隆，见 *Eminent Chinese of the Ch'ing Dynasty, 1644-1912*, p. 219~221；孝昭，见《清列朝后妃传稿》，第174页，以及《清皇室四谱》卷2，第10页。

的祖母孝庄,以确保康熙的皇权。

康熙为有出身于索尼家族的皇后而自豪。尽管两人结婚时不过十一岁,稍稍年长的皇后却显得成熟得多。或许她既是年轻的皇后,又充当了姐姐(或母亲)的角色。康熙对她一直怀有不寻常的感情。

对鳌拜来说,康熙的"大婚"礼意味着他的失败和蒙羞受辱。他不满太皇太后对康熙无与伦比的影响力。康熙每天亲自到太皇太后居所请安,如离开紫禁城,则遣大臣或使者转致问候。一次,康熙行幸南苑,这是位于京城南郊的皇家狩猎场所,他命鳌拜代其向祖母问安,鳌拜不遵旨,仅说:"皇上自奏。"① 当转派遏必隆时,同样遭到拒绝。诸如此类的个人怨愤绝非屑仇琐恨,在康熙朝后期,许多严重影响朝政的家庭纠纷的根源,都可追溯到康熙朝初期因选皇后带来的这些争权邀宠的冲突。

鳌拜在政治领域中形成的威胁,是年轻的皇帝所面临的第一项挑战。除了学会隐忍之外,康熙及祖母需要在朝中争取支持者,培植更强大的势力,以摆脱鳌拜的控制。有几个朝臣站在皇帝及其祖母一边,康熙对他们的支持深为感激,日后这些人在制定朝中政策时起了主要作用。

这些大臣中有三人在与鳌拜的权力斗争中功劳卓著。第一位是索额图(1636~1703),他是辅政大臣索尼的儿子、孝诚皇后的叔父。第二位是明珠(1635~1708),满人,他的家族因婚姻关系与皇室紧密相连,他的姑奶奶是康熙祖父皇太极的

---

① 《清圣祖实录》卷29,第9b~10页。

母亲,他自己又跟康熙的叔祖父阿济格①的女儿结婚。第三位是熊赐履(1635~1709),他是来自中国南方的汉族名儒。②

正是由于这三位忠臣的齐心协力,康熙及其祖母顶住了鳌拜的威胁,并最终于康熙八年把他铲除。索额图在任吏部右侍郎时,请求皇上允其充任侍卫,这显然是为了保护年轻的皇帝。实际上,索额图是康熙的主要谋臣策士,正是他建议用计谋擒拿鳌拜,囚死禁所。鳌拜死后,索额图马上被任命为内国史院大学士。③ 明珠是干练的官僚、精明的军事战略家。在鳌拜专权时期,他初露头角,日后权势大增,甚至超过了索额图。熊赐履坦率直言,曾对鳌拜的篡权行为表示谴责,他作为康熙在南方文人学士中寻求忠诚的主要代表,④ 帮助年轻的皇帝对付鳌拜。鳌拜曾废止顺治在朝中所确立的若干汉族制度,而当鳌拜仍然大权在握时,熊赐履便率先说服康熙,全力以赴恢复这些制度。康熙日后提及,作为辅导圣躬的教师,熊赐履是第一个向他讲解儒学的人。⑤

康熙八年(1669)对年届十五岁的皇帝来说,具有特殊的意义。鳌拜被剪除,康熙终于掌握了两年前辅政大臣正式转

---

① *Eminent Chinese of the Ch'ing Dynasty*, 1644–1912, pp. 577–579.《永宪录》的编纂者指出,明珠的妹妹"为贵妃,生皇长子"(第191页)。皇帝家谱《清皇室四谱》却不支持这一说法。明珠和胤禔的母亲都来自纳喇氏。参见《清史》,第3469、3931页。
② 索额图、明珠、熊赐履的传记,见 *Eminent Chinese of the Ch'ing Dynasty*, 1644–1912, pp. 563, 577, 308。
③ 《啸亭杂录》卷1,第4b页;《清圣祖实录》卷31,第6b~7页;《清史》,第68页。
④ 《清圣祖实录》卷22,第11b~17页;《清史》,第3892页。
⑤ 《清史》,第3892页;吴秀良:《南书房之建置及其前期之发展》,《思与言》第5卷第6期,1968年,第6~7页。

交给他的全部皇权。几个月后，皇后生下第一个皇子，取名承祜，意为得到天佑，这是一个听来亲切的"小名"。① 康熙及其所宠爱的皇后显然把这一年视为吉利的一年，因为它不仅意味着一场严峻考验的结束，而且宣告皇室后继有人。从此，随着阅历和体魄的增长，康熙开始治理国务，主持朝政。

然而，幸福的希望很快破灭。康熙十年，承祜夭折。在以后的三年中，妃嫔们所生的六个儿子竟死了四个。尽管康熙为之痛心，但在公开场合，他所表现出来的则是对祖母的关心，而非个人内心深切的悲哀。当他去太皇太后居处问安时，"笑语如常"。② 承祜死后，太皇太后及皇太后身体不适，康熙深为焦虑，自己的健康状况也大受影响。③

康熙十三年五月初三日（1674年6月6日），皇后生下第二子胤礽，并于同日病逝。④ 这时，一场危险的内战已经爆发。

早在康熙十二年（1673），清廷就感到了吴三桂⑤率三藩谋反（1673~1681）的威胁。吴本是明朝的总兵，他于顺治元年（1644）降清，并迎康熙的父亲顺治进入北京，入主中原。顺治封他为王，使他成为中国西南地区拥有自治权的三藩

---

① 承祜，见《清皇室四谱》卷3，第12页；他的死，见《清圣祖实录》卷38，第9页。
② 《清圣祖实录》卷38，第9~10页。这种自我控制对于现代西方人来说似乎不可能，但是我们要记得汉人（以及满人）小孩在培养的过程中就被教育要控制情感的表达。
③ 病情，见《清圣祖实录》卷39，第28b页；卷40，第7b~9页。康熙的悲痛，见《清圣祖实录》卷42，第4b、8~9页。
④ 《清皇室四谱》卷3，第18~19页。
⑤ 吴三桂及其反叛，见 Eminent Chinese of the Ch'ing Dynasty, 1644 – 1912, p. 678; Lawrence D. Kessler, K'ang-hsi and the Consolidation of Ch'ing Rule, 1661 – 1684, Chicago: The University of Chicago Press, 1976, pp. 74 – 90.

之一。康熙十二年七月，吴故作姿态，疏请撤藩，归老辽东。这一请求实际上隐含着双重威胁：如果他的请求被否定，他将擅兵如故；如果被批准，则借口谋反。朝中对此意见不一，索额图主张安抚，明珠则主张针锋相对。太皇太后建议康熙听取明珠的意见，康熙遂允吴三桂告老还乡。① 康熙十二年十一月二十一日（1673 年 12 月 28 日），吴三桂起兵反清，自号周王。

一个月之后，有人试图在京城刺杀康熙。这次暗杀的为首者杨起隆自称"朱三太子"。随之而起的叛乱被平息，而杨却逃逸。康熙十三年三月，镇守东南沿海福建的藩王也举起叛旗。此外，距大陆约150公里，与福建隔海相望的台湾仍在忠于明室的将领手中，他们威胁要反清复明。不久，福建的叛军进逼长江，准备夺取南京。南京是明朝的南都，具有重要的政治和战略意义。康熙大为惊恐，一时乱了方寸。②

五月，皇后在焦急中临产。按照儒家的说法，当此关键时刻，如不能生一男性继承人，将被视为最大的不孝［仅仅在半个月前，即四月十六日（5 月 21 日），康熙宠爱的荣妃生了一个男孩，出生后便死了］。皇后自然急切地希望生一个健康的男孩。

五月初三日（6 月 6 日）上午十时许，皇后实现了她最后尽孝的愿望，为康熙生了一个男孩。婴儿取乳名保成（保证成功），③ 这反映了皇室寄厚望于这个孩子。当天下午四时许，

---

① 《清圣祖实录》卷 42，第 19 页；卷 43，第 3～4 页；卷 44，第 12b 页。
② 这是他自己的证言，见《庭训格言》，第 11、17～19 页；Pierre Joseph d'Orléans, *History of the Two Tartar Conquerors of China*, pp. 57。
③ 《清皇室四谱》卷 3，第 12b 页。

皇后遽逝。这个男孩的及时出生使康熙大喜过望，但他的欢快心情却因皇后暴卒而烟消云散。

康熙悲痛不已。他沿袭明代的传统，辍朝五日。一个月后追悼皇后时，他在皇后的梓宫前洒酒祭奠，表达痛悼之情。他表彰孝诚皇后对太皇太后和皇太后"克尽诚孝"，"宽仁待下"，"佐朕内治，尤极敬勤"。①

可以理解，康熙对这个新生儿的感情是矛盾的。一方面，他责怪这个婴儿导致了皇后的死亡，日后他曾斥责胤礽"生而克母"为第一大"不孝"；另一方面，他自己似乎在某些方面又与这个孩子有共同之处，因为他本人也是儿时丧母。此外，康熙或许把对皇后的感情转到了胤礽身上。② 尽管他的感情是那样的错综复杂，但是他对这个孩子是趋于娇惯和纵容的。

---

① 《清圣祖实录》卷47，第20a～b页；《清史》，第3295页。
② 《清圣祖实录》卷234，第4～13页。

第二部分　殷切期望　　　　　＞＞＞

3 继承人

康熙十四年十二月十三日（1676年1月27日），康熙册立年仅十八个月大的胤礽为皇太子。① 从政治上讲，此举颇具意义。在宣布立皇太子之前的十个月内，朝廷的军队在南部和西部与叛军交战时接连受挫，蒙古的一个王公②也在北部举旗造反。为了应付这一挑战，康熙接受了熊赐履等汉族大臣们的意见，全面采取汉族的制度，加快满族政权的汉化进程，③立太子便是康熙沿袭明朝制度的一个重要举措。

康熙到北京北郊的昌平拜谒了明崇祯帝陵，并派遣使臣到明代其他皇陵洒酒祭奠。这是他为争取汉族民心而做出的第一个虔诚的姿态。最为重要的是，他特地到孝陵向他已故父皇的神灵禀告严峻的政治形势。④ 他知道，如果他失掉清朝的江山，那将是最大的不孝。由于军事形势的恶化，册立太子被提到康熙及其祖母的议事日程上来。

立太子具有双重目的——稳定政治局势，确立合法的继承制。建储敕令宣称，立太子的主旨在于"以重万年之统，以系四海之心"。⑤

---

① 《清圣祖实录》卷58，第19b~21页；卷56，第1b~2页；《清史》，第72~73页。
② 指察哈尔部的布尔尼。——译者注
③ 吴秀良：《南书房之建置及其前期之发展》，《思与言》第5卷第6期，1968年，第6~7页。另参见 Lawrence D. Kessler, *K'ang-hsi and the Consolidation of Ch'ing Rule, 1661-1684*，第四、六章。
④ 《清史》，第72~73页。
⑤ 《清圣祖实录》卷56，第1b~2页；卷58，第21页。

康熙制订了教育太子以及他本人经筵日讲的详细计划，恢复了辅导太子的詹事府。康熙的日讲内容是儒家经典。日讲官既是授课人，又是"起居注官"，负责记录皇帝的日常言行。（正当制订皇室教育计划之际，朝廷军队在东南方连遭惨败，这使立太子成为燃眉之急。广东的叛军节节取胜，忠于明室的将军郑成功之子郑经率领的部队在福建沿海建立了稳固的基地，重新夺取了厦门附近的重镇漳州）[1]

除了政治上的因素之外，康熙立太子也是一种对祖母的孝行。正如建储敕令所述，立胤礽为太子系"恪遵懿旨"。[2]

康熙册立太子，或许还有感情上的因素。古人说"爱屋及乌"，这恰如其分地说明了康熙把对皇后的感情转移到孩子身上的心理过程。康熙四十七年（1708），他自己证实："允礽皇后所生，朕煦妪爱惜。"[3]

建储仪式于康熙十四年十二月十三日（1676年1月27日）举行，康熙时年二十一岁。[4]

黎明时分，满洲诸王大臣及亲贵聚于太和殿前的宽阔庭院中，这是皇帝在重大场合接见朝觐者的地方。此时的北京天气寒冷，人们却露天盘膝坐在毛皮垫上，恭候皇帝驾临。在御座前放置了一张桌子，大学士和礼部尚书把御仗、宝册和金印放在桌上，御座两侧各有一扇带有图案的

---

[1] 《清史》，第73页。
[2] 《清圣祖实录》卷58，第13a~b页。
[3] 《清圣祖实录》卷234，第13页。
[4] 《清圣祖实录》卷59，第5a~b页。这一典礼程序遵循明朝，只做了轻微的改动。关于相同意义的礼仪，直到雍正朝时清朝的统治还参照《大明会典》（1505）。见《清史》，第3496页。建储仪式，见康熙《大清会典》卷43，第21b~25页。

鬃漆屏风。①

年轻的康熙进入太和殿后，认真查看了册宝，而后落座。史料对此朝会盛典有确切的描述。如同苏格兰医生约翰·贝尔在另一场合所目击的那样，康熙穿"一件宽大的黑色羔皮马褂，皮毛朝外"，里面穿一件"黄缎束腰长袍，上面绣着五爪金龙"（五爪龙是皇帝的象征，皇室所专用）。"他头戴黑色狐皮贴边的小圆帽"，帽上仅镶一颗梨状珍珠，珍珠下面饰有红丝流苏。皇帝入座后，乐声四起，鞭炮齐鸣，洋溢着一派欢腾气氛。然后，随着礼仪官高呼"跪！一叩首！再叩首！三叩首！"众人向皇帝行三跪九叩礼。

立太子庆典以向钦派使臣宣读建储制敕开始："康熙十四年十二月十三日，朕已决定立皇后所生二皇子胤礽作为继承朕皇位的皇太子。因此朕郑重受命诸大臣随御仗庆礼。"② 首辅大学士将御仗交给使臣，满洲诸王被引进太和殿，皇帝陛下的御案上设有茶水招待，之后，皇帝回到自己宫中。

至此，全部庆典均沿袭明朝的形式。不过，由于太子年幼，一些程序又做了更改。钦派使臣到达胤礽和已故皇后居住的景仁宫后，先把御仗、册宝放于宫前铺着黄缎的桌子上。太子太小，完成不了必要的礼仪，于是授权其乳母抱着他跪在桌前接受册宝，在御仗前行三跪九叩礼，向皇帝谢恩。之后，她抱着太子，跟随手捧册宝的太监退下。皇帝使臣把御仗送到宫

---

① 这一描述，见 John Bell, *A Journey from St. Petersburg to Pekin, 1719 - 1722*, p. 135。

② 贝尔对此套做法的描述是："司仪……命所有人下跪，叩头九次。每叩三次，起立，然后再跪……司仪站立，口喊鞑靼话 morgu 和 boss；第一个意思是下跪，后一个是站起。"见 John Bell, *A Journey from St. Petersburg to Pekin, 1719 - 1722*, p. 134。

中，向皇帝禀告庆典告成。

随后，皇帝率满洲诸王大臣到太皇太后和皇太后宫行礼谢恩。

次日，皇帝再御太和殿，接受大臣的朝贺，并就建储事颁诏天下，通过驿站，晓示全国臣民。诏书中还包括三十三项皇帝赐予百姓的恩典，诸如蠲免赋税、特赦死囚等。①

册立太子的重要性为大量史料所阐明，然而遗憾的是，康熙在抚育这个孩子方面所起的作用却鲜有记载。无疑，康熙对这个孩子有着不同寻常的感情，他肯定关心胤礽的成长，只是由于当时政治形势严酷，在胤礽孩提时代，父子间的接触可能很少。为了消弭内战，康熙需要全神贯注于他必须去处理的军国要务（白晋神父在《康熙皇帝传》中写道，"皇帝夜以继日地与大臣们磋商"②）。皇帝后来回顾了那几年令人心劳神疲的紧张岁月。③叛乱在他心灵深处留下了不可磨灭的影响，他在《庭训格言》中屡次提及这些事。确实，除了与祖母的关系及在培养太子方面所碰到的问题外，康熙谈论最多的就是这件事（看来，三件似乎互不相关的事在康熙心中交织在一起了——内战、太皇太后、太子胤礽）。

既然康熙不能给孩子以足够的关注，那么，又是何人影响了孩提时代的胤礽呢？胤礽的母亲在生他时即已去世，此后由一个乳母照顾他，④因而他与乳母及其丈夫凌普关系密切（乳

---

① 《清圣祖实录》卷58，第19~21页。
② Joachim Bouvet, *Histoire de l'empereur de la Chine*, p. 17.
③ 《庭训格言》，第11b、17~19页。三藩之乱给康熙带来精神和身体上的压力。有时过于紧张，他病倒了数月。《清圣祖实录》卷82，第20b~21页；卷87，第4b~5页。
④ 《清圣祖实录》卷234，第3页。

母的名字不见记载)。当然不能指望乳母具有母亲一样的权威,可以理解,她对胤礽是纵容的,因为乳母与未来皇帝之间的等级鸿沟比一般主仆之间的更大。在满族的封建等级制中,她不过是一个内务府包衣,是除辛者库外地位最低下的人。因而,在乳母和孩子之间,就势必存在一种颠倒的权威关系,这便宠坏了小家伙,使之放纵、自私、肆无忌惮。日后的皇太子正是这么一个人。

乳母的丈夫不但无助于改变胤礽的乖戾性格,反而以自己反面的榜样作用,促使胤礽变本加厉。康熙日后斥责凌普"更为贪婪,致使包衣下人,无不怨恨"。① 成年后的胤礽对金钱贪得无厌,与凌普毫无二致。

在胤礽幼年,舅公索额图无疑是另一位与之关系密切的人。因为根据满族习俗,孩子与母系亲属的关系往往比父系亲属更密切。索额图为人残忍,专横跋扈。胤礽后来肆恶虐众,这自然使人联想到索额图的恶毒行为。②

皇室中对胤礽有影响的两个女性,其一是太皇太后,但她年事已高,疾病缠身,③ 又致力于协助康熙平叛,因此可能对

---

① 《清圣祖实录》卷234,第3页。
② 胤礽年轻和成年时依附索额图,表明他幼年时必定与索额图关系密切(参见《清史》,第3932页)。索额图在朝中极遭人忌恨,几乎被人行刺(参见《啸亭杂录》卷5,第23页)。尽管与同僚交恶,索额图却与耶稣会士友善,经常在康熙面前为他们说好话,见 P. J. B. Du Halde(杜赫德),*The General History of China*, trans. by R. Brookes, London, 1741(译自法文版 *Description geographique, historique, chronologique, politique, et physique de P'empire de la Chine*, Paris, 1735), pp. 495 – 497。康熙十九年(1680)索额图被解除了外朝的实职;不过,康熙又重新任命他在内廷担任内大臣(《清圣祖实录》卷90,第18页)。
③ 康熙二十四年后她的健康开始出现问题。见《清史》,第3492页。

胤礽影响甚微。另一位则是皇太后孝惠。

皇太后孝惠一直在朝中不受欢迎。康熙晚年曾提到令人不解之事，① 暗示了对她早年纵容诸皇子的不满。而与之对照的是，康熙为回报祖母在他幼年时对他的培育，每日向祖母请安，称颂不已。当有人批评他很少到孝惠太后宫请安时，他却予以驳斥（他强调说，尽孝与否不在于请安的次数，而在于是否真挚纯诚）。在另一次提及孝惠太后时，康熙说他的长子胤禔"指称皇太后懿旨……肆行杀人"。② 此外，还有一件传至18世纪的有关孝惠和臭名昭著的张凤阳的逸事。张原是杰书王府中的包衣，后来成为皇太后的心腹，并在康熙朝前半期对朝廷施加了恶劣影响。人们认为他的权势即来自太后本人。张的影响一度甚至超过了索额图和明珠，正如广为流传的民谣所说：

要做官，问索三；
要讲情，问老明；
其任之暂与长，问张凤阳。③

一次张竟然胆大包天，搜查了亲王杰书的亲戚董鄂公的府

---

① 《庭训格言》，第23页。
② 胤禔和孝惠的关系，见《清圣祖实录》卷237，第14页。康熙称胤禔是"一个肆意叛逆的人……"（《庭训格言》，第37页）
③ 张凤阳，见《啸亭杂录》卷5，第17页。康熙二十五年（1686），康熙下令严厉惩处亲王杰书的包衣，此人公开辱骂顺天府丞，这个人可能就是张凤阳（《清圣祖实录》卷123，第22页。实录记载的辱骂顺天府丞的人是"旗人史书"——译者注）。总之，张凤阳的所作所为是满族王公许多包衣的典型（参见《清圣祖实录》卷82，第20b~21页）。

第，杰书向康熙请旨之后，才得以使用他的封建权势，将张鞭挞处死。刚刚把张处死，便接到了孝惠太后的赦免令，不过为时已晚（在北京，对张的惩处使人心大快）。① 这件逸事无疑被戏剧化了，但它起码表明了孝惠太后干预朝政到何等程度。

孝惠的品格可以从更早的一件事中推断出来。她被顺治立为皇后不久，顺治便公开指责她对顺治的母亲孝庄太后"不孝"，② 并剥夺了其皇后特权（为期两个月），以示惩罚。她要么是不能生育，要么是被顺治嫌弃，因此她从来没生过孩子。她竭力与宫中的乳母保持密切联系，③ 因而她对胤礽及其他皇子的影响可能相当大，而且，在很大程度上都是负面不良的影响。

童年时代的胤礽可能感到太子的特殊地位对他是个负担，因为他的父亲有时偏爱其他的儿子以及他们的母亲。在这方面，胤礽或许怕重演父亲童年时代的经历。那时，由于顺治宠爱董鄂妃，康熙感到自身受到威胁。我们不妨看一看胤礽童年时代，即二十五年（1686）他十二岁之前，康熙与其他妃嫔们的关系，以及胤礽与他那十个生于康熙二十五年前的异母兄弟间的关系。他们都是他潜在的对手。孝诚皇后逝世后，在所有的妃嫔中，康熙最宠爱的是德妃，她为康熙生的孩子最多，在康熙十七年至二十七年间，共生了三男三女。康熙曾说，她生的第一个儿子胤禛（未来的雍正皇帝）是唯一的"朕亲抚育"的孩子。这或许就是胤礽特别敌视四弟的

---

① 《啸亭杂录》卷5，第17页。《圣祖仁皇帝起居注》康熙二十四年二月初十日，见《史料丛编》二集，第9页。
② 《清史》，第3493页。
③ 她和宫女的联系，见《永宪录》，304页；《啸亭杂录》卷5，第25页。

缘由。① 胤禛生于康熙十七年，这表明康熙可能于十六年，也就是胤礽被立为太子的第二年、皇后辞世的第三年，开始与胤禛的母亲发生关系。② 德妃，姓乌雅氏，原是一宫女，她的父亲威武为护军参领。不经婚娶而与任何宫女发生关系是皇帝的特权。③ 她十五岁生下胤禛后，才进为德嫔，在众妃嫔中地位最低。

胤礽之所以敌视其他的兄弟，可能也是因为感到他们对他有类似的威胁。兄弟中最年长的胤禔，是另一位受宠妃子的孩子。兄弟之间在童年时的敌意，将导致胤禔在日后成为胤礽的主要敌人。

在其余的八个兄弟中，唯一与胤礽和睦相处的是皇三子胤祉（后来也曾表现出不孝的行为）。皇五子胤祺是个例外，尽管他养于皇太后宫中，但性情和善。皇六子胤祚五岁夭折。皇七子胤祐天生残疾，与兄弟们都很友好。皇八子胤禩、皇九子胤禟、皇十子胤䄉在日后争夺继承权的斗争中结成了反对胤礽的最强有力的集团。另外三个皇子，皇十一子胤禌于十一岁夭折。皇十二子胤祹和皇十三子胤祥在康熙二十五年（1686）时刚刚一岁，不可能在胤礽的童年时代与他有多少接触。

---

① 康熙的儿女，见《清皇室四谱》卷3。他个人对胤禛亲加抚育，见《清圣祖实录》卷235，第24b~25页。胤禔由噶禄（内务府总管）的福晋抚养，胤祉由绰尔济（内大臣）的福晋抚养；胤禩由雅齐布的福晋抚养。见《清圣祖实录》卷235，第2b页。关于胤礽与胤禛的敌对行为，见《大义觉迷录》卷1，第21b~22b页；《啸亭杂录》卷1，第8页。

② 德妃，见《清皇室四谱》卷2，第12页。

③ 满族选秀女的做法，见光绪《钦定大清会典事例》卷1114，第11b页；《啸亭杂录》卷2，第51b页；单士元《关于清宫之秀女和宫女》，《故宫博物院院刊》，1935年。候选人是从十三岁（约12周岁）到十八岁（约17周岁）的人中选出。如果宫女生下了皇子，十多岁就可以升为妃嫔。

胤礽成年后周围的朋友们皆为品德低下之辈，包括太监、内务府中地位低下的人员，如御膳房和御茶房的包衣，以及贴身侍卫等。可以推断，胤礽在童年时接受的好影响微乎其微。

康熙二十年，康熙皇帝终于平定了长达八年之久的"三藩之乱"，当时他二十八岁，太子七岁。两年后，他收复明室抗清的最后堡垒台湾，统一了全中国。尽管在太平岁月，康熙仍感到北部边界受到漠西蒙古以及他们可能与沙俄勾结入侵的威胁，但平叛后政局的稳定使他得以考虑治国安邦的长期计划，其中就包括教育皇太子。

在胤礽的孩提时代，康熙对他无暇顾及。当他进入青少年时期后，康熙加强了对他的教育。不过，在胤礽这一时期的生活中，父子间的交往却罕有记载。至于康熙起用了一些什么人教育太子，更无从稽考。譬如，我们知道康熙授命德高望重的南方文人大学士张英辅导太子，[①]但是从逻辑上讲，太子的师傅不会只有一个，我们不知道这时太子其他师傅的名字。我们还知道在康熙二十三年（1684），十岁的胤礽读完了四书（《论语》《孟子》《中庸》《大学》），但不知道他所学其他科目的详细情况。后来康熙谈到胤礽在文化学习及武功（比如箭术，胤礽九岁时在一次狩猎训练中射中了一只老虎）方面的成绩，并称赞他熟练使用三种官方语言（满语、汉语、蒙语）的能力，但胤礽的骑射和语言师傅是谁，却不为人知。

---

① 《清圣祖实录》卷 234，第 11 页；*Eminent Chinese of the Ch'ing Dynasty, 1644 - 1912*, p. 924；《清史》，第 3908 页。南书房初设时，张英可能是作为胤礽的老师入值。

人们只知道太子跟着皇帝的耶稣会教士顾问们学习过数学和医学。①

二十三年，康熙获悉胤礽读完《四书》时赋诗一首，表达了他为年轻的皇子，也更为他自己教育这个孩子的观念感到自豪：

先圣有庭训，所闻在诗礼。
虽然国与家，为学无二理。
昨者来江东，相距三千里。
迢遥蓟北云，念之不能已。
凌晨发邮筒，开缄字满纸。
语语皆天真，读书毕四子。
龄年识进修，兹意良足喜。
还宜日就将，无令有间止。
大禹惜寸阴，今当重分晷。
披卷慕古人，即事探奥旨。
久久悦汝心，自得刍荛美。②

此后若干年，康熙还自豪地提及胤礽的少年有为，他说："其骑射言词文学，无不及人之处。"③太子在十几岁时（约在康熙二十八年）写过两行难得的对联，足以证明他无愧于父

---

① 高士奇：《扈从东巡日录》，收录于《小方壶斋舆地丛钞》（1877）第4册，第245页；《清圣祖实录》卷234，第11页；《清史》，第3555页；Pierre Joseph d'Orléans, *History of the Two Tartar Conquerors of China*, pp. 69–70。
② 《康熙御制文集》初集，卷40，第8b~9页。
③ 《清圣祖实录》卷234，第11b页。

亲的称赞:

> 楼中饮兴因明月,
> 江上诗情为晚霞。①

值得注意的是,"饮兴"不能仅仅看作胤礽从唐诗中借用的隐喻,记录这两句诗的王士禛,后来被康熙免职,就因为他陪着胤礽酗酒。也许康熙只顾陶醉于儿子的文学造诣,也似乎没有察觉到,太子可能已因心灵受挫而苦恼。

---

① 王士禛:《居易录》卷31,第1b~2页。这一条可能写于1689年,为他曾经的老师徐乾学饯行,这时徐乾学被解职,要离开京城回南方老家。参见《清史》,第3916页;《啸亭杂录》卷6,第46b页。也见 Eminent Chinese of the Ch'ing Dynasty, 1644–1912, p.832。

4 南方文人

康熙热心于招纳文人学士,这使他有得有失。一方面,与南方文人的密切关系有助于他获取广博的中国传统学问,塑造信奉儒学并深受汉族臣民拥戴的杰出君主形象。然而,有才者未必有德,被康熙召入宫中当皇家私人教师和任高官的一些汉族文人学士,结党营私,他们的腐朽行为不仅严重败坏了官僚政治,而且使皇帝教育太子的努力归于徒劳。剖析一下这些文人中的那些臭名昭著之辈的面目,读者就会更加了解他们对太子的恶劣影响,并清楚地看到,随着胤礽进入青年时期,父子对立日趋加剧。①

康熙朝初叶,熊赐履是对康熙影响最大的士人。如前所述,在鳌拜垮台后,熊赐履在全面恢复汉族制度中是一位杰出人物。但此后不久,他成了索额图忌恨的对象。这可能是由于熊身居要津,深受皇帝恩宠之故。康熙十五年(1676),熊赐履(时任大学士)票拟错误,为文过饰非,他改写草签,试图诿过于一位内阁同僚。索额图抓住这一机会促成了革除他大学士的官职,并且使他被遣返江南故里。②(十二年

---

① 胤礽与熊赐履的关系,见李光地《榕村语录续集》卷14,第17b页;与高士奇的关系,见高士奇《蓬山密记》,收录于邓实编《古学汇刊》第1集第23册,1912,第4b页;涉身政治,见 Eminent Chinese of the Ch'ing Dynasty, 1644–1912, p.413(高士奇传),308(熊赐履传),311(徐乾学传)。
② 熊赐履的去职,见《清圣祖实录》卷62,第6页。索额图在熊赐履事件中的作用,见李光地《榕村语录续集》卷14,第15~16b页。李指出,尽管熊"说索额图陷害他",但"他两个人不知何时相好。问可用人,索必以熊对,熊必以索对"。在熊赐履于康熙二十七年恢复官位后,他再次被任命为太子老师。索额图和熊赐履的关系表明了宫廷政治的错综复杂。

后，康熙二十七年，熊赐履又被召回北京，再次对康熙产生了相当大的影响）

熊赐履离开康熙的顾问团，给其他汉族文人提供了控制内廷的机会。康熙十六年，即熊赐履被罢官一年后，康熙任命他的部分私人家庭教师，以及文学侍从担任新设的南书房行走。① 对康熙来说，设南书房是出于政治和个人目的而把官僚政治纳入儒家思想体系的一项措施。

南书房于康熙十七年早期才成为正式的机构，然而追根寻源，则可以回溯到鳌拜倒台后的那几年。那时，朝中开始结党相争，索额图不但跟熊赐履争权，更与其满洲同僚明珠展开权力斗争。三藩之乱时，康熙否定了索额图安抚吴三桂的政策，采纳了明珠及太皇太后的与吴正面对抗的主张，这件事大大削弱了索额图对康熙的影响。康熙十九年，他被解除大学士职务，从此在朝中势力大减。②

不过，在康熙十七年时，索额图的权势仍然相当大，因而他得以在康熙直接控制的南书房中安插了一名亲信。此人便是高士奇。高是最初被任命为南书房行走的两个汉人之一。他随后步步高升，得到特殊的恩宠。这不但说明了皇帝的个人需要，也揭示了朝政的内幕。

---

① 南书房初期历史的概述，见吴秀良《南书房之建置及其前期之发展》，《思与言》第 5 卷第 6 期，1968 年。
② *Eminent Chinese of the Ch'ing Dynasty, 1644–1912*, p. 664. 索额图被解职，是用委婉之辞，他"以病求罢"，康熙同意他在"内大臣处上朝"（《清圣祖实录》卷 91，第 18 页）。明珠在三藩之乱中的作用，见《满汉名臣传》卷 14，第 4～16、19、45b～52 页；《清圣祖实录》卷 244，第 21 页；《方望溪全集》，1936，第 344 页；《啸亭杂录》卷 5，第 9 页。

高士奇生于北方的直隶（北京所在的省份），① 在南方杭州长大，因此他应试时便以杭州为籍贯。当时的考试分为三级：地方考试（童试）、省里考试（乡试）、京师考试（会试与殿试）。一般说来，只有通过殿试成为进士之后，才可做官。高自幼家贫，无力深造，只通过了初级考试，成为生员。这在地方上虽也有声望，但不够当官的资格。

不过，他好学能文。康熙二年（1663），十八岁的高士奇不安于贫贱，北上京城寻找出路。他在人们经常进行宗教和社会活动的报国寺内以卖字为生。

高士奇的书法造诣引起了索额图属下一个包衣的注意，此人替主子管家，颇有权力。他先是让高士奇记账，兼带处理一些日常文字书写。后来由于索额图的赏识，高士奇当上了幕宾。这样，由于与索额图的关系，高得以通过"杂途"即不通过最高级的考试进入官僚阶层。他先入国子监求学，康熙十年结业后充书写序班供奉内廷。这一职务无足轻重，一般说来，很难得到擢升的机会。但是四年后的康熙十四年，高转到詹事府任职。如前所述，这是负责教育太子的机构，尽管当时太子还是个不到两岁的婴儿。由于工于书法，又有索额图的庇护，高士奇很快在内廷得到赏识。

康熙十五年（1676）熊赐履被罢官后，康熙失掉了一个

---

① 高士奇的传记，见 *Eminent Chinese of the Ch'ing Dynasty, 1644 – 1912*, p. 413。笔者的描述主要建立在由汪景祺所写的 18 世纪初的一条史料之上，见《读书堂西征随笔》，收录于《掌故丛编》，第 130 页。关于高士奇与索额图、明珠、徐乾学等人间的复杂党争关系，见《方望溪全集》，第 337～339 页；郭琇《郭华野先生疏稿》卷 1，第 3～7b 页；*Eminent Chinese of the Ch'ing Dynasty, 1644 – 1912*, p. 710。（严格来说，当时的京师并不属于直隶。——编者注）

可靠的讲官和文学侍从。同时，由于三藩之乱，战火正炽，严酷的时局促使他一方面采取明代册立太子的制度，另一方面学习儒家的治国之道，把自己塑造为一个尊儒的君主。因而，他需要有才华的文人学士当教师，指导书法，编辑修润他的文学著述和诏书等。

明皇室的儒学教育制度被原封不动地照搬过来。这种制度有两种教学形式。第一种是与皇帝讨论儒家经典（经筵），每年在春秋各举行一次，春季的经筵在农历二月，秋季在八月。第二种形式是"日讲"，虽名为日讲，但并非每天讲课，一般是隔日上课；①春季经筵后的日讲持续到夏至，这类似今天说的第一学期，暑期过后便举行秋季经筵，之后继续日讲直到冬至，来年春天，周而复始。

在明代，这种制度实际上不过是个形式而已，皇帝并不打算跟讲官进行什么认真的学术讨论；康熙以南书房补充了经筵的不足，这一设置较有实效。高士奇（1645~1703）和张英（1638~1708）最先被指定在南书房供职，②并享有在紫禁城居住的特权。张英的职责是帮助皇帝学习儒家经典；此前，他当侍讲学士时就曾担任此职，并且卓有成绩。所不同的是，他现在是专职讲授此课。高士奇工于书法，专门负责抄写工作。

高士奇侍奉康熙甚殷，颇受恩宠，在将近十五年的时间里，他一直是康熙最信任的朝臣。四十二年（1703），康熙曾

---

① 康熙时期的经筵制度，见《清圣祖实录》卷35，第7、9b页；光绪《钦定大清会典事例》卷1047，第20页。"三藩之乱"爆发之时，即康熙十二年，康熙下令日讲，以进一步增加关于儒家经典的了解。《清圣祖实录》卷41，第9页。
② 《清圣祖实录》卷70，第6页；《满汉名臣传》卷26，第34页。

说明他为何如此赏识高士奇：

> 朕初读书，内监授以四子本经，作时文，得士奇，始知学问门径。初见士奇得古人诗文，一览即知其时代，心以为异。未几，朕亦能之。士奇无战阵功，而朕待之厚，以其禆朕学问者大也。①

奇怪的是，康熙不曾提及辅助他学习儒学的老师张英。这很可能是因为高士奇谄媚邀宠的功夫使张英黯然失色。② 张英的同僚把他视为第一流的学者，他为人谦虚诚实，尽管接近皇上，却不愿施加个人影响。而高士奇恰恰相反，机敏伶俐，是富于心计、缺乏诚信之人。他利用一切机会接近皇上，使皇上被他的举止及书法方面的卖弄所吸引。

与高士奇同时代的人曾描绘他是何等的工于心计，为了维护皇上的自尊心，他是如何及时而灵巧地给皇上以暗示。譬如，在平息"三藩之乱"后不久，康熙于二十三年（1684）第一次巡幸江南，旨在制造宣传声势，树立一个对儒学造诣甚深的君主形象。在巡幸过程中，康熙及其随员游览了镇江金山的龙山寺③，这是位于长江中的一处名胜。在这里，他准备以传统形式写一四字横幅，留赠方丈以作纪念，然而苦于没有灵

---

① 《清史》，第 3942 页。
② 据方苞记述，张英并不想在朝中取得"赫赫之名"，他为人谦逊，与同人友善，从不结党。见李桓编《国朝耆献类征初编》卷 9，第 32~34 页。张英所留下的康熙二十八年（1689）随皇帝第二次南巡的唯一记述是《南巡扈从纪略》，收录于《笃素堂文集》卷 13。
③ 应为金山寺，该寺又称"龙游寺"，原书作 Lung-shan Temple，可能是笔误。——编者注

感，想不出适当的词句。站在康熙周围准备为皇上的"非凡文才"而喝彩的高官之一便是高士奇，他暗自在手掌上写了四个字，利用近前研墨之便，悄悄出示给康熙，如同学生考试时作弊一样。皇帝迅速一瞥，便用朱笔写出"江天一览"四个大字。① 为向皇上表示敬意，此庙遂改名为江天寺。

另一件逸事同样足以说明高士奇的乖巧。康熙素为自己的骑术而自豪，然而在一次狩猎时因马失前蹄几乎被甩下来，使皇帝十分尴尬。次日，高士奇上朝时穿了一件溅满泥污的长袍。皇帝冷冷地问他出了什么事，因为穿这样的服装上朝会被认为是对皇上不敬而受到责罚。试想，高士奇怎么会如此愚昧，竟至犯这样的错误呢？只见他泰然自若地答道："臣适落马，堕积潴中，衣未及浣也。"皇上听罢大笑不已，说："汝辈南人，故懦弱乃尔。适朕马屡蹶，竟未坠骑。"康熙在高兴之余，就这样原谅了他的失礼行为。不言而喻，高士奇是在故作姿态。

此外，据私人笔记记载，高士奇的汉学造诣也是令人怀疑的。传说他大肆贿赂太监，让他们提供皇帝每天的读书计划，以便事先有所准备，回答皇上可能提出的问题。自然，皇帝对他的干练和博学印象极深。

从17世纪80年代初开始，康熙指定了一些朝臣在南书房供职，其中大多数是南方的文人学士。康熙二十四年（1685）户部侍郎王鸿绪，二十七年刑部尚书徐乾学被指派在南书房兼职，在朝中，获得这一任命是莫大的荣耀。这些身居要津的日

---

① 见《啸亭杂录》卷5，第14页。关于此事，官方记述很简单，只提到康熙的御制诗。见《清圣祖实录》卷117，第10页。

讲官利用进入内廷的特权，对外廷朝政施加影响。他们（张英除外，他对权势不感兴趣，也不介入朝中的派别之争）无不植党营私。高、徐、王三人即以徐为首结成了所谓的"南党"，其成员几乎完全是汉族文人。这一派在争夺权势的角逐中与"北党"相抗衡——后者以明珠为首，追随者是一些满族大臣。①

随着太子年龄的增长，索额图开始利用与太子的亲戚关系，争夺他曾失落到皇帝新宠们手中的权力。这种三方角逐很快殃及康熙培育太子的努力，此时康熙正开始对太子的品格问题感到不安。与此同时，即17世纪80年代，由于南北两党争宠，朝中风气败坏。不过，并非所有的大臣都愿意卷入党争。对康熙来说，所幸的是尚有少数忠臣在朝政中独立于党争之外。他们行使官僚政治中"科道"的职责，毫不犹豫地批评不正之风，或向皇帝陈言直谏。其中多数是北方人。

到康熙二十五年，太子已年满十二岁。在中国人看来，十

---

① 任命徐乾学、王鸿绪入值南书房，见《国朝耆献类征初编》卷57～59。他们的结党活动，见吴秀良《南书房之建置及其前期之发展》，《思与言》第5卷第6期，1968年，第11～12页；*Eminent Chinese of the Ch'ing Dynasty, 1644-1912*, pp. 311-312。徐乾学的阎姓门生，描述徐乾学的长相相当可笑，康熙二十八年其去职时，"年六十、体肥、面白、无须、近视，目仅一线，短项、首圆，如僧、如阉，一望知为伟人"。阎怀疑徐私下背叛了他，假意对其去职表示同情。见洪业《阎贞宪先生遗稿五种》，《史学年报》第2卷第5期，1938年。徐在朝中的腐败以及其家人在南方老家昆山鱼肉当地百姓的行径，被台北"故宫博物院"所藏档案证实。当地百姓的控状，通过两江总督上呈皇帝，但是皇帝只是将它们存放在宫中而已，见《徐乾学等被控状》，收录于《文献丛编》，第112～119页。据称是明珠将徐乾学拉下了台，而明珠曾遭徐乾学陷害。见《国朝耆献类征初编》卷8，第52b页；《清圣祖实录》卷146，第13页；《清史》，第3939页。

二岁已步入成年。这时，他的品格问题（其性质未见明确记录，但放纵显然是问题之一）在朝中已尽人皆知，引起了理学大臣的关注。他们认为，让太子走出内廷，或许对他的成长会有所裨益。于是他们援引明代教育太子的先例，请求皇上让胤礽出阁读书，接受讲官的正规教育。

康熙采纳了这一建议，遂命礼部查阅明代教育太子的先例。同时，他向大臣广为征求承担这一重任的候选人。二十五年三月二十日（1686年4月12日），在一片赞美声中，康熙颁诏遴选理学名臣汤斌任首席讲官，同时任命他为礼部尚书。诏谕指出：

> 江宁巡抚汤斌，在讲筵时素行勤慎，朕所稔知。及简任巡抚以来，洁己率属，实心任事，允宜拔擢大用，风示有位。特授为礼部尚书，管詹事府事。①

从表面上看，任命汤斌是给予一位名流学者的莫大荣誉。其实，在赞美的背后，埋伏着明珠及其同伙的恶毒意图。据朝中一位消息灵通人士说，这项任命是在明珠的一再催促下做出的。他策划了一个伪饰得十分巧妙的阴谋，以报复汤对他的不敬。

在此之前，明珠总要定期派出一个家仆到南方要挟地方官员行贿，贿赂到手则报之以政治上的恩惠。因此，所有的官员对这个家仆都毕恭毕敬，有求必应。可是，当这个家仆抵达汤斌任巡抚的江苏时，汤既不去拜访，也不馈赠银两。相反，却

---

① 《清圣祖实录》卷125，第8b页。

把他召到官府，仅让与其地位相当的仆役接待。明珠认为这是对他的有意冒犯而耿耿于怀。明珠有一个任尚书的汉族亲信余国柱，是南方人，因为汤斌拒绝向其代理人送礼，也把他得罪了。①

这便是明珠鼎力推荐汤斌出任太子讲官的背景。他对皇上说："汤某以理学为时所崇，辅教太子，非某不称。"② 明珠嘴上推荐，心里却期待着不可避免的师生冲突。明珠深知，太子缺乏管教且众人都希望得到他的关注，所以他不可能跟老师合作。出生于河南的汤斌是个典型的北方人，坦率直言，极端认真，如果师生发生冲突，不管皇帝支持哪一方，明珠自己都会从中捞到好处。

不出所料，汤斌上任伊始就交了厄运。当他告别江苏时，老百姓（大多是农民）沿街相送，要求他转致皇上，请求减轻过重的赋税。据说，他在回答中表示，过去屡次就此事上书皇上，都被朝廷驳回，这次将亲自把百姓的请求转告皇上。他又为在任职期间未能满足百姓的愿望而致歉说："爱民有心，救民无术。"③ 次年，这些话都遭余国柱歪曲，致使汤斌被康熙斥为谤讪。这样，甚至在汤斌尚未离开江苏时，他便无意中提供了将最终导致君臣关系破裂的把柄。

抵达京城后，汤斌举荐两名学者与他共同辅导太子。其中之一是颇负名望的理学家耿介，他也是出生于河南的北方人，

---

① 《方望溪全集》，第 338~339 页。明珠和余国柱的腐败行为，见《国朝耆献类征初编》卷 314，第 28b 页。雍正夸奖汤斌的正直和清名。见《上谕内阁》雍正六年九月初六日，第二条。
② 《方望溪全集》，第 388 页。
③ 《清史》，第 3908 页。

曾与汤斌一起在清初著名理学家孙奇逢（1584~1675）门下就读，① 同样是个光明磊落、刚直不阿的人。另一位是吏部尚书满人达哈他。康熙批准了这两个人选，遂授命他们辅导太子读书。

依照明代先例，皇太子出阁读书须举行一定的仪式。届时，太子先到奉先殿祭祖，然后到文华殿内的传心殿，在"大成至圣先师"的牌位前祭奠。②

开学第一天主要是礼仪活动。清晨，皇帝在保和殿召见群臣，太子向父皇行三跪九叩礼表示敬意，然后便到文华殿，由满汉讲官上一节短课，内容是《论语》《尚书》两部儒家经典（除儒学外，课程还包括满洲传统、满蒙语言）。全部朝臣均参加第一课，讲课形式华而不实。课后由太子设宴招待讲官和群臣。③

汤斌在家书中谈到他与太子的初次会见以及开学头两天的点滴印象：

> 二十四日④东宫出阁，讲四书一章。二十五日即赴皇太子宫，同郭（棻）⑤进讲。皇太子谦冲温和，降阶迎，自述诚心爱慕之意，复古坐讲之礼。上定东宫回讲之例，

---

① *Eminent Chinese of the Ch'ing Dynasty, 1644 - 1912*, p. 671.
② 明代时，太子在文华殿接受在朝官员祝贺，老师也在此授课。
③ 对于这一开始仪式的描述，见光绪朝《大清会典》卷44，第18~20页；可以与《大明会典》中的明朝先例做比较，见卷52，第8~11页。
④ 汤斌是在二十五年三月二十日被任命为管詹事府事，见《清圣祖实录》卷125，第8b页。
⑤ 郭棻是詹事府詹事之一。所有詹事成员，见《清圣祖实录》卷125，第8页。日讲是否一直是在太子宫殿进行，还不清楚。有次汤斌说，日讲是在外朝举行，见《汤子遗书》卷4，第76~77页。

讲书事事从实，非比前代具文。①

汤斌还谈到太子的书法成就，他说："自六岁学书，至今八载，未尝间断一日，字画端重，精楷在虞柳之间。"最后他又高度赞扬了康熙对太子的严格课督，指出："每早，上亲背书，背书罢，上御门听政，皇太子即出讲书。讲书毕，即至上前，问所讲大义。其讲书，即用上日讲原本，不烦更作。自古来帝王教太子之勤，未有如今日者也。"②

虽然我们很难断定汤斌对他的学生及皇帝的赞颂究竟是出自他最初的真实印象，还是对君主表示尊敬的俗套，不过，康熙确实参与其事并对胤礽的教育寄予希望，这是毋庸置疑的。

出阁读书前，太子已读过不少儒家经典。从五岁到九岁，他还学过满语，从九岁起又开始练习汉字书法。开学后不久的一天，康熙曾自豪地向宠臣们出示太子的书法练习册。据徐乾学记载："皇太子历年亲写所读书本及临摹楷法共大小八篋。"

除了汤斌的记述外，徐乾学也描述了康熙如何关注教育太子的整个计划及日常学习。他说：

> 侧闻皇上家法严正，威仪祗肃，禁钟初鸣，至尊御内殿，皇太子及诸皇子以次摄斋上殿背诵经书。皇上亲为讲解，讲毕方听政事。③

---

① 《汤子遗书》卷4，第76~77页。汤斌所说表明胤礽从"六岁"就已练习书法。
② 徐乾学：《澹园文集》卷12，第2b~4页。
③ 徐乾学：《澹园文集》卷35，第1~4页。参见《圣祖仁皇帝起居注》康熙二十四年二月三十日，收录于《史料丛编》二集，第22~23页。

自然，汤斌及其助手每天上午要给太子上课。据徐记载，午后太子练习箭术或做其他有益于身体健康的活动。晚上掌灯后，皇帝还要给皇子们继续上课，"昕夕不辍，喧寒靡间"。

康熙亲自教育太子是值得称道的，尽管这也可以解释为他对讲官们不尽信任。由于余国柱已经事先播散流言，所以康熙不久就对汤斌为太子选择教材的动机提出质疑。一天，汤斌以《大学》所说"财聚民散"为题进行讲解。康熙怀疑汤在影射他的统治可能垮台，于是命太子逼汤说明意图。康熙指出："此列国分疆时语也。若海内一统，民散将安之？试询之！"

康熙提出这一问题，显然是反驳汤斌，认为此话与时局无关。汤却丝毫不改变对这句话的解释，并进而引证了秦（前221～前207）、隋（589～618）两个短命朝代为例予以回答。这两个朝代的开国皇帝都是经过几百年的战乱之后统一天下的，但建国不久又迅速瓦解。汤斌断言："一统而民散，祸更烈于分国时。"康熙对这一公然的抗辩，居然不再进行追究。①

而后所发生的一系列事件，把汤斌抛进了党争的泥淖。这不仅使他的梦想和对学生所持的乐观态度化为乌有，并最终导致了他的去职。

次年，即康熙二十六年（1687），全国大旱不雨。儒家认为，旱灾是上天对人间帝王统治不满而发出的警告。一个虔诚的统治者应引咎自省，检查各项政策，命官员们指出政治弊

---

① 笔者对于汤斌不幸的描述是建立在李光地《榕村语录续集》（卷15，第2～4页，汤斌之死由于高士奇和他的同僚的陷害）及孟森《清代史》（台北，1960，第175～178页）的基础上。也见《清史》，第3940、4002页；《清圣祖实录》卷133，第24页；卷130，第11页；卷134，第18b页。另见《清圣祖实录》卷82，第20b～21页；卷83，第8～9页（包衣影响的证据）。

端。康熙因而下诏向官员们征求批评和建议。身居要职的大臣怕遭报复，均闭口不语。最后，一个官职甚微的灵台郎董汉臣打破沉寂。他大胆上书指斥时事，敦促皇帝"勤教太子"，"慎选朝臣"。尽管董汉臣使用了礼貌而含蓄的官场语言，但是以上两点显然是批评康熙忽视众所周知的太子品格问题，姑息明珠党的狂妄不法行为。董汉臣的上书最后交廷臣会议（由六部尚书和侍郎所组成）审议。

明珠不知廷臣会议如何处理董汉臣的上书，他得悉其内容后十分惶惧。廷臣会议前，汉人大学士、南方人王熙①安慰他说："市儿妄语。立斩之，事毕矣。"在与会者中，汤斌是唯一坚决反对王熙建议的人。他争辩说："汉臣应诏言事，无死法。大臣不言而小臣言之，吾辈当自省。"他又补充说："吾愧对汉臣。"

明珠党将这些话横加歪曲，并追论汤斌在江宁离任时抱怨赋税过重一事，以为诽谤，上报皇帝。康熙震怒，传旨诘问。在王朝政治中，与皇帝争论本身就构成犯罪，因而汤非常明智地故意含糊其词，用以自卫。他说："董汉臣以谕教为言，臣忝长官僚，勘违典礼，负疚实多。"康熙指责他含糊其词，命他做出明确解释。汤便从心理上予以开脱："前奉纶音，一时慌怖，罔知所措。"这一回答虽然同样含混，不过，康熙在严斥他欠光明磊落之后，还是宽恕了他。

汤斌的厄运远未结束。明珠及其心腹以攻击他的助手和他所举荐的人为手段，继续非难他。汤斌所大力举荐的德格勒是

---

① 王熙是顺天府人，不是南方人。——译者注

第一个牺牲品。① 他是一位忠诚的、不参与党派斗争的满洲大臣,对朝中可悲的政治形势颇为焦虑。在此之前,康熙命他据《易经》(一本用于占卜的书)进行卜筮,以判定为何久旱不雨。德格勒就占卜结果解释说,上天之所以震怒,是因为"小人居鼎铉"。在康熙的追问下,他指出把持朝政的小人就是明珠。康熙不但不予接受,反而斥责他的解释对明珠有欠公正。

明珠挟嫌报复。他先散布谣言说,德格勒在汤斌的唆使之下对他恶意诽谤,继而断言汤举荐的所有官员均不称职,尤以徐元梦为甚。康熙遂命对德格勒、徐元梦及其他十名官员进行特别考试,让他们赋诗一首,以见文学水平。徐元梦和德格勒均一败涂地。徐由于过度紧张,思路混乱,未能完稿;而德格勒则因中奸计而失败——考试刚刚开始,他便接到一条性质不明的谕旨,指斥他有某种不轨行为,因而他无心作诗,把大部分时间花在写辩护词上。后来两人的卷子都交由同辈官员评判,当然两人的诗句都不及格。汤斌是唯一为他们辩护的人,他争辩说,评价像德格勒这样的大臣,应该根据他的美德和博学,而不能以文学技巧为凭证。

一个月后,汤斌的同僚、满族讲官达哈他遭到攻讦。他被指控在辅导太子时有失礼行为。实际上,所谓的"失礼",可能是师生间的冲突,或许由于太子因受批评而不悦;或许老师对太子在课堂上心不在焉表示明显不满;又或许太子跟老师大发脾气并坚持惩处老师。不论原因如何,反正老师竟因认真负

---

① 《方望溪全集》,第344页。

责而遭到处罚——停发六个月的俸禄。①

汤斌的汉族同僚耿介不想坐以待毙,以老病为由请求去职。岂料这一要求也成为招致指责的理由,被明珠辈斥为投机取巧者。不过,康熙没有同意以革职来惩处他,而是让他以原任道员品级告老还乡河南。②

汤斌则被调任他职,不久辞世。随着汤的助手们告老、贬谪、降职,康熙仿效汉族教育太子的制度,以及其所做出的巨大努力终于以失败收场。

围绕汤斌发生的这一系列的事件,在康熙父子对立的发展过程中有何重大意义?诚如康熙日后回忆往事时所说,这些事件使他认识到胤礽的品格问题,特别是他对父皇的冷淡无情。③ 二十八年(1689),康熙命胤礽的讲官们向他详细讲解《论语》中关于"自重"和"尊严"的重要性;同年《钦定孝经衍义》颁行。此书是康熙的父亲顺治命儒臣博采群书,加以论断,纂修而成的。④ 这给康熙提供了教育太子的教材。但是康熙进一步还做了什么来挽救胤礽的品格问题?

二十六年底,汤斌去世不久,康熙祖母的病情突然恶化,这使他十分焦虑。⑤ 不过他也认识到,祖母的即将离世正可以作为教育太子的功课。

---

① 孟森:《清代史》,第 175~177 页。
② 《清史稿》,香港,无出版时间,第 1466 页。
③ 四十六年(1707),康熙承认他早已意识到了太子种种不堪的品性,从二十六年开始,"包容"他"二十年",见《清圣祖实录》卷 234,第 26 页。
④ 《清圣祖实录》卷 141,第 5a~b 页。
⑤ 康熙对祖母去世所尽孝道,见《清圣祖实录》卷 131 第 28 页至卷 132 第 1b 页。

至此，康熙一直委婉地用暗示和榜样去开导胤礽，此前他同样用暗示的方式试图使之懂得节俭朴实的重要性。17世纪80年代初，他对于在京西郊兴建的畅春园，就明令建造听政之正殿时不得有华丽的图案和浮靡的色彩；另外他还命人在用作太子书房的无逸殿四周种上庄稼，为了提醒胤礽关注农村百姓的疾苦。

现在，太皇太后的病笃给康熙提供了一个向太子示范什么是孝道的机会。他日夜守护孝庄（详述见本书第一章），为她进行斋戒。当其病情恶化时，康熙躬侍卧榻，废寝辍食，衣不解带。在太皇太后垂危之际，康熙为挽救她的生命，还采取了异乎寻常的举动，率领朝臣步祷南郊天坛。他亲制祭文，词义恳笃，要求上天"悯念笃诚，立垂昭鉴"，甚至表示"愿减臣龄，冀增太皇太后数年之寿"。在向苍天祝祷时，他说太皇太后对他的"罔极之恩，毕生难报"。"忆自弱龄，早失怙恃，趋承祖母膝下，三十余年，鞠养教诲，以至有成。设无祖母太皇太后，臣断不能致有今日成立。"①

当孝庄于二十六年十二月二十五日（1688年1月27日），也就是农历新年前六天逝世时，康熙悲痛欲绝，以至于打破了一些长期遵循的满族传统。首先，他"割辫"（为着父亲和祖父丧，将辫子割下来），据礼部谏割辫疏称："本朝后丧，皇帝例不割辫。"康熙如此做，显然违反了满洲皇室传统。其次，他拒绝在新年到来之前把祖母的遗体搬到宫外的灵堂（满人认为，在宫内停尸将导致皇帝早逝）。再次，他坚持治丧期为27个月，而此前汉族各朝的治丧期是27天（一天代替

---

① 《清圣祖实录》卷131，第29b页；卷132，第1b~2b页。

一个月）。最后，太皇太后死后三周，康熙仍一日三次在宫外灵堂哭拜梓宫，并坚持居住在乾清宫外一座简陋的帐篷中。时值寒冬，朔风凛冽，他不顾群臣劝阻，争论道："身为天子，岂不自爱。但人孰无祖父母、父母，为子孙皆当尽孝，何分贵贱？朕孝治天下，思以表率臣民、垂则后裔。"①

曾经是康熙悲伤懊恼时唯一支持者的祖母，与世长辞了。康熙对她尽礼尽哀，他满以为自己的示范和表率作用，将会使太子知道如何尽孝。

可是，儿子对父亲的启迪又反应如何？我们搜集到的零星资料说明，他的反应并不令其父皇欣慰。

---

① 《清圣祖实录》卷133，第7b~8页。

5 冲突的迹象

康熙二十六年(1687),在汤斌厄运当头时,胤礽十三岁。胤礽跨入青年门槛后所遇到的问题是与众不同的。一般的父子之间的冲突因儿子的命运而加剧了。压在太子心头的问题是,何时才能继承父亲的皇位;而对作为父亲的康熙来说,问题则是如何继承。

值此关键时刻,康熙无视明珠党的利益,日渐倾向于太子的支持者索额图(胤礽生母的叔父,前辅政大臣索尼的第三子)掌握权力。从中我们也可窥见康熙对太子所持的态度。二十六年底(1688年初),明珠及其三个主要心腹,即余国柱、李之芳和勒德洪都因受贿而被革去大学士(仅王熙一人留任)。明珠党的垮台是南党的徐乾学、高士奇与索额图相勾结所致,而这种结合只不过是为了对付共同敌人而已。此后不久,徐擢升为刑部尚书。已于二十五年升为领侍卫内大臣的索额图,则作为主要使臣衔命与俄国人就东北边界争端进行谈判(结果签订《尼布楚条约》)。这是一项十分重要的使命,因为当时漠西厄鲁特蒙古王公噶尔丹正在攻击臣服于清廷的漠北喀尔喀蒙古。索额图所负的使命就是阻挠噶尔丹与俄国结盟。[①]

康熙一如既往地将如此重大的使命委托给索额图,表明他

---

① 明珠的失势,见《清圣祖实录》卷133,第17~20页;《国朝耆献类征初编》卷8,第5~7页。关于噶尔丹,见 Mark Mancall, *Russia and China: Their Diplomatic Relations to 1728*, Cambridge, Mass.: Harvard University Press, 1971, pp. 146-149, 158。

依然赏识索额图早年在鳌拜擅权时对他的支持,同时这也与索额图和太子间的密切关系有关。正如康熙日后所证实的,他对索额图及太子采取了最大限度的姑息政策。但是胤礽的不孝逐渐成为继承皇位的障碍,他的行为正在使父子关系日趋紧张。

康熙二十九年(1690)胤礽十六岁时,父子之间发生了第一次严重冲突。当时,康熙正致力于向已故祖母尽最大的孝道:巩固国家统治。由于国家北部的广大边陲地区仍受到漠西蒙古的威胁,他在即位时所提出的唯愿天下治安的目标尚未实现。康熙认为,在他传位于太子之前,必须实现他向祖母许下的诺言,肃清可能危及国家的最后敌人。

事端始于康熙二十七年。这年漠西蒙古人在噶尔丹汗的率领下突然向喀尔喀人发动进攻。他们肆意掠夺,迫使喀尔喀人南逃,请求康熙予以保护。二十九年六月,康熙御驾亲征,打击噶尔丹。康熙后来说,他离开京城出师不久,即梦见太皇太后阻止他亲自出征,警告他"慎毋出兵,出恐无益!"①

尽管如此,康熙还是不顾祖母的警告,决定率军出征。他先接见了被赶出家园的喀尔喀人,向其首领表示抚慰,接着以展示军事力量的手段来威慑窥视清军动向的敌方密探。只见皇帝一声令下,五万大军立即行动。担任皇室顾问的耶稣会士张诚神父在他的日记中记述了这一壮观的场景:诸王将校及士兵均在头盔后系垂至胸甲后的绶带,以不同的颜色表示各自的所属,上面写有姓名、单位和职务;"激昂的军号声响起之后":

所有的队伍向皇帝所在的高地冲去。两翼的骑兵呈月

---

① 《清圣祖实录》卷235,第21~21b页。

牙形挺进，摆出包抄假想敌人的阵形。步兵向正前方疾进，冲在最前面的手持出鞘军刀，以藤牌护身。在步兵的中间，大炮滚滚向前。军阵中央是已跳下马来的重骑兵，他们骑马行军，下马作战。大军列队向前，秩序井然。接近皇帝，即奉命立定。在枪炮齐鸣三四次之后；骑兵也停了下来。他们整顿好由于快速前进而略有紊乱的队形后，在大帐篷前停留了片刻。①

这次演习不仅为威慑敌人，也旨在向喀尔喀人表明清军有足够的能力保护他们众多的战马和财产。

噶尔丹接到密探的报告后，并没有被吓倒，他不甘心降服。相反，据张诚记载，"这位难以驾驭的首领征收捐税，招募兵丁，气势汹汹地向大草原边界进逼。这一抗拒行动使康熙十分懊恼，以致生了重病"。

这是张诚对康熙突然生病的解释，然而皇帝并不这样看。他把生病和出师不利归咎于没有听从祖母的劝告（或许他还把随后与太子发生的令人沮丧的矛盾，视为因自己没有尽到孝道而受到的惩罚）。

康熙于七月底（8月初）抱疾，大臣们敦促他回北京治疗休养。② 皇帝大概以为病情严重，遂召见太子胤礽，由皇三子胤祉陪同觐见。其含意十分明显，万一突然病故，太子即可立

---

① 见 Gerbillon（张诚），"The Second Journey of P. P. Gerbillon and Pereyrain Tartary, in 1689," in Du Halde, *A Description of the Empire of China and Chinese Tartary*, II, pp. 301-333. 同样见 G. N. Wright, *China, In a Series of Views, Displaying the Scenery, Architecture, and Social Habit, of that Ancient Empire*, Vol. 1, London: Fisher Son & Co., 1843, pp. 57-59。
② 《清圣祖实录》卷147，第18b、20、22b~24页。

即继位。

七月二十四日，两位皇子骑马到行宫向皇帝请安。康熙期望太子起码会表示出忧虑关怀之情。对后者来说，行孝是他成为皇帝的先决条件。然而，康熙通过察言观色注意到，胤礽兄弟二人竟毫无忧戚之意，相反，辞色之间倒流露出"窃喜"之情。正如《实录》所载："上以允礽绝无忠爱君父之念，心甚不怿，令即先回京师。"白晋神父对这一重要事件的记述与《实录》吻合，同时他还剖析了太子这样做的原因，他说，胤礽以为，"他将很快继承君父的皇位！"①

康熙忍住了怒气。他由于间歇性发烧，直到十月才痊愈。此间，他所敬爱的舅父佟国纲阵亡，这也是他病情拖延的原因之一。国舅之死给康熙提供了另一次以榜样教导太子行孝的机会。

国舅的遗体运回北京后，尽管康熙身体违和，正以灼艾治疗，众大臣劝阻他不宜伤悼，但他仍坚持抱病参加繁缛的葬礼。② 然而，太子对康熙这一戏剧性的行孝表现却无动于衷。康熙也很快意识到，太子的不孝正受到横行于朝中政治斗争的怂恿。

皇帝的特权是以封号、恩典及任命为象征的。图谋篡权者往往以获取这些象征物作为攫取实权的手段。康熙三十三年（1694），太子在索额图的唆使下，试图扩张权力，从而爆发了另一场父子冲突。这位舅公一再敦促康熙及早让位给胤礽，以加强自己在朝中的地位。

---

① 《清圣祖实录》卷147，第18b、20、22b~24页；Joachim Bouvet, *Histoire de l'empereur de la Chine*, pp. 73-74。
② 他的表率行动，见《清圣祖实录》卷149，第8b~9页。

几年来，朝中的权力迭经交替。汤斌的受贬标志着明珠权势的顶峰，而康熙二十七年明珠因受贿罪丢官后，便从政治舞台上销声匿迹了。二十八年末，南党首领徐乾学也严重受挫，他和他的同党王鸿绪及高士奇都因被控贪污而遭罢官，返回了南方老家。① 虽然这些人被革职，但是康熙对朝中党争所采取的政策依然是保守的。他一方面不得不清除党派的首脑人物，但另一方面却从来不想彻底肃清这些人的追随者（他希望能够"杀一儆百"）。结果，这些首脑人物虽被革职，却仍然能通过他们原来的党羽继续影响朝政。

索额图在文职官僚中党徒不多，其追随者主要是满洲八旗中的将领。② 不过，他现在成为朝中人人畏惧、最有权势的人物，原因就在于太子全力支持他。因而，在谋求太子利益的同时，他也在加强自己的地位。

康熙日后追忆说，自胤礽被册立为太子，索额图便开始支持他。"一切礼仪，皆索额图所定，服用仪仗等物，逾越礼制，竟与朕所用相等。"康熙认为，太子的益趋"骄纵"，祸

---

① 徐乾学党的失势，见《满汉名臣传》卷3，第4~12b页（徐乾学）、第26~34页（高士奇）、第22~26页；熊赐履和太子间的关系，见李光地《榕村语录续集》卷24，第17a~b页；Louis Daniel Le Comte（李明），*Memoirs and Observation, Topographical, Physical, Mathematical, Mechanical, Natural, Civil and Ecclesiastical Made in a Late Journey through the Empire of China*, London, 1697, p. 33。

② 索额图军事上的追随者，见本书第七章。二十二年（1683），康熙公开说索额图"骄纵"，"并不悛改"，"在朝诸大臣无不惧之者"（《清圣祖实录》卷108，第6页）。索额图的兄弟常泰，借着与胤礽的关系擅权（《永宪录》，第359页）。（《永宪录》的记载是"索尼之嫡裔常泰与索额图同时，以辅旧东宫擅权揽赃获罪"。又说，常泰疑即"孝诚仁皇后外家之公爵因常海获罪，圣祖谕旨革退"的常海。——译者注）

根就在于此。所以他指斥索额图为"本朝第一罪人"。① 后来，祭祖仪式又使这一问题更为严重。

在中国，许多孝行体现在既定的礼仪中，祭祖即为一例。虽然满人早就以不同的方式祭祖，但直到顺治采用了汉人的礼仪后，才有了正式的祭祖仪式。农历三月的清明节是中国人祭祖的重要日子。全家人，甚至整个家族的人都要到祖坟祭祀，用"上供"和"扫墓"表达对已故长者的孝思。皇家清明节前夕要在建于顺治十四年（1657）的奉先殿举行祭祖仪式。只有皇帝一人有权进入大殿内祭祖，其他人不得入内。②

康熙三十三年（1694）清明节即将到来之际，太子已满二十岁，达到举行冠礼的年龄，康熙命礼部提出适宜的祭祖程序。在索额图看来，这是促使康熙及早让位给太子的大好时机。于是他授意礼部，疏请在祭祖时把太子提到与皇帝同等的地位。他试图以此来试探康熙对让胤礽尽快即位的建议做何反应。

在索额图的怂恿下，礼部疏请把太子的拜褥置于奉先殿内，但被皇帝驳回。礼部满尚书沙穆哈及侍郎席尔达、多奇（他们畏惧胤礽）遂奏请将皇帝的决定记于档案，他们显然预

---

① 《圣祖仁皇帝起居注》康熙五十二年二月初二日。康熙称索额图是"本朝第一罪人"，表明他强烈地感到他的儿子正攫取着帝王的特权，这种僭越造成胤礽"心性改移，行事悖乱"。见《清圣祖实录》卷277，第9页。

② 此节庆，见 The Reverend Justus Doolittle（卢公明），*Social Life of the Chinese*, Vol. 2, New York: Harper & Brothers, 1865（1966年台北重印），p. 44。明朝的此种仪式，见《大明会典》卷89；康熙所采用的仪式，见光绪《钦定大清会典事例》卷162，第19b~20b页；卷179，第10b页。

见到索额图会因他的建议遭否定而暴怒。皇帝对这一请求怒不可遏，下令把这些官员交吏部"严加议处"。吏部建议沙穆哈应革职交刑部审讯，侍郎席尔达和多奇均应革职（皇帝开恩，减轻了对他们的处分。沙穆哈革职，免交刑部；席尔达和多奇俱从宽免革职）。①

礼部官员们的所为说明了索额图和太子的权势之大。既然康熙本人不愿与这两人直接对抗，大臣们，特别是满族大臣又怎敢违拗他们的意志？大臣们对皇帝及太子都得俯首听命。因此，在皇帝改弦更张之前，朝臣们一直处在左右为难之中。

康熙之所以对索额图、太子党采取姑息态度，是因为他希望避免跟自己的儿子发生直接对抗。按照他的一贯作风，当一派势力太强时，他便会扶植一下其他派别。现在由于受到索额图的威胁，他自然要转向明珠党。奉先殿事件不久，明珠原来的亲信佛伦被任命为礼部尚书，同时保留川陕总督的职务。在明珠的侄子两江总督傅拉塔死后三个月，康熙还公开赞扬他"和而不流"，"不畏权势"，大臣们都明白"权势"所指何人。②

那一年，康熙为了在各党之间搞平衡，采取了另一项措施，即重新起用他原来的汉人顾问。他以修《明史》等重要史书为名，把三位著名的南方文人召回北京。徐乾学刚好在接旨前去世，只有王鸿绪、高士奇奉命来京。③

---

① 清朝规定，现任官员只有在被解职后才可以质审。这一事件，见《清圣祖实录》卷162，第19b页。
② 《清圣祖实录》卷162，第21b、27页；卷164，第19b页。
③ 《清圣祖实录》卷164，第11b页。

索额图全力以赴，促使康熙让位。康熙似乎也逐步屈从于这一压力。一年后，即康熙三十四年（1695），他为太子正式册妃。这标志着向可能出现的让位跨出了一步。因为，一旦胤礽登基，被册为妃的配偶即有资格成为当朝皇后。①

---

① 《清圣祖实录》卷164，第7b页；《清史》，第3555页。

6 代理国务

康熙父子之间关于服饰颜色及拜褥设于奉先殿门槛内外的争议,绝非无足轻重的小事。这反映了皇帝与太子间正在酝酿的一个重大问题,即皇位继承及其时间的选择。当时,可供胤礽选择的继位途径有两条,劝说君父让位,此其一,其二便是强夺皇位。而在康熙看来,问题还不在于皇权本身,而在于他自己和儿子双方的孝行问题,也就是说他是否已经实现了向祖母许下的"唯愿天下治安"的诺言。另外,胤礽是否够格承受皇位,而让位后是否会孝敬自己?康熙确实认真考虑让位的可能性,因而他决定让胤礽代他处理国政,以考察这个年轻人的治国能力。

倘若康熙像索额图那样专注于权力的话,他当然不会考虑索额图最初提出的让位建议。① 现在,康熙考虑到让位的可能,并打算从其他方面得到补偿。这可从他引为楷模的皇帝形象中看出来。

南宋(1127~1279)的高宗(1127~1162年在位)与其继承人孝宗(1162~1189年在位)之间的关系,便是康熙思慕的父子关系的典型。② 考察一下这一关系,就可明白作为清王朝的皇帝,康熙对自己的看法以及对继承人的期望。

宋朝的情况与清朝早期类似,宋朝感到自身安全的最大威胁

---

① 后来康熙斥责索额图"议论国事",含糊其词的说法表明了,在退位一事上,索额图曾批评康熙。见《清圣祖实录》卷211,第13b~14页。
② 宋孝宗,见《宋史》,第4537~5564页。

来自北方的游牧民族。不过，在宋高宗时，北方的游牧民族是满人的祖先女真族。他们在中国的北方建立了金朝。1126~1127年，女真人占领宋朝京城洛阳①，将徽宗皇帝（1101~1126年在位）及大部分朝臣掳走。徽宗的九皇子逃过长江，定临安（今杭州）为都城。他便是南宋的第一位皇帝高宗。他跟他那位只醉心于绘画而不善治理国家的君父不同，他稳固了南宋的疆土，并加强了南宋与金朝对抗的地位。在官方史书中他被誉为宋朝的"中兴之主"。高宗当政三十二年后，决定让位给太子（他无子嗣，太子是他过继的侄子）。但是太子先是拒绝继位，后因高宗执意坚持，才勉强遵命。高宗退位后，孝宗对他竭尽忠孝，从而成为皇帝尽孝的典型。②

康熙曾在四十七年（1708）说："（朕）尝慕宋孝宗之孝养高宗，语允礽曰，将以政事付汝，朕当择居水土佳处，时闻汝之令名，以优游养性。"③

这一段话足以证明康熙确实与太子谈到让位问题。不过，在把政权交给胤礽之前，康熙需要完成他的未竟事业，即彻底征服在厄鲁特部落首领噶尔丹统率下的漠西蒙古。

康熙二十九年，噶尔丹败在康熙的同父异母兄弟裕亲王福全手下后，一种不稳定的和平局面形成了。自然，康熙怀疑噶尔丹的求和诚意。为得到祖母的眷佑，他在三十三年至三十五年间数次拜谒祖母的陵寝。之后，他果然梦见祖母。祖母说，

---

① 应为开封。——译者注
② 宋高宗的退位，见《宋史》，第 4537~5564 页。宋徽宗的研究，见 Betty Tseng Ecke, Emperor Hui-tsung, The Artist: 1082 - 1136, Ph. D. dissertation, New York University, 1972。简明介绍，见 *Sung Newsletter*, No. 8, 1973, pp. 302 - 303。
③ 《清圣祖实录》卷 235，第 6 页。

此番出兵，一定可以大获全胜。康熙遂决定再次讨伐噶尔丹。①

清军分三路出击。中路为主力，由康熙率领，从北京直逼克鲁伦河，据报噶尔丹在那里安营扎寨；西路由大将军费扬古（他是顺治爱妃董鄂氏的兄弟）率领，从宁夏出击；东路由黑龙江将军萨布素任统帅，向西挺进。西路大军尤为重要，因为康熙的战略是用中路和东路大军逼使敌人西窜，而后三路大军夹击加以歼灭。

这给康熙提供了一个考察太子治国能力的大好机会：他命胤礽听理国政，②留守北京。为便于父子的共同统治，在呈递奏章和决策程序方面都做了一些改动。此前，不论康熙身居何处，所有的奏章必须送交他处理。现在，来自京城的奏章则全部交由太子审批，如事关重大，可先由朝臣审议。大将军费扬古的奏章也须分别送交皇帝和太子。③

康熙统率的担任主攻的部队是清朝素质最好的军队。他命其同父异母兄弟福全、常宁及几个皇子在其直接指挥下统领军队的主要力量。在征战期间，康熙在前方和京城平衡了索额图党和明珠党的势力。在前方，领侍卫内大臣索额图和内大臣明珠各督一军，同任皇帝的心腹顾问。在京城，太子则由明珠党的礼部尚书佛伦和户部尚书马齐共同协助。④

---

① 这是他在康熙四十七年（1708）的回忆，见《清圣祖实录》卷235，第21b页。
② "听理"一词，是说皇帝不在京城时，代替他处理政务及做他的副手或共治之人。见《清圣祖实录》卷235，第19页。
③ 《清圣祖实录》卷171，第24b页；卷173，第23b页；卷162，第17a～b页。
④ 佛伦、马齐与明珠的关系，见《郭华野先生疏稿》卷1，第3～7b、20～22页。

康熙认为，他离开孝惠太后，是向自己的儿子示范孝行的又一次机会。他经常派使臣向太后请安，赠送礼品，奏陈前方的战况。① 他特意通过太子向太后请安。一封标明康熙三十五年三月十九日（1696年4月20日）的信写道："恭请皇太后万安。朕躬甚安。诸皇子诸王以至臣工军士皆好。皇太子佳否？"②然而胤礽未能理解父亲的用心。他没有及时给父亲复函，任由时间流逝而竟连一封简短的问候书信也未写去。尽管康熙极力掩饰失望的心情，但是，在他给太子的信中这种情绪还是明显地流露出来了。例如，在标明康熙三十五年四月二十七日（1696年5月27日）的信中，康熙在谈到军事形势之后又说：

> 此数日间未见汝奏章并皇太后音问，朕怀不胜倦切。昨萨卜苏奏之便，又未见汝请安奏章，益增悬念。朕躬甚安，诸皇子俱佳。皇太子佳否？皇太后前奏章一封，付顾太监（问行）书一封，皆附之而往，为此特谕。小事俱经从前遣示外，余无他事，故不具。③

---

① 《康熙御制文集》初集，卷29，第5页。
② 《康熙御制文集》二集，卷19，第3b页。
③ 《康熙御制文集》二集，卷19，第6b～18页。比较胤礽和康熙的书写风格很有趣。胤礽的正式而简短，康熙的则是有个性而长篇。康熙三十五年三月胤礽所上皇帝的奏折包括对父亲的简短问候及向兄弟致意，接着就转到政事上了。与此不同，皇帝对此的回复饱含感情："朕体安。皇太子可好？诸阿哥均好，诸臣、官员以至兵丁皆好。惟有雨雪，不甚要紧，然竟不间断，为此朕有所忧虑。"潘淑碧：《康熙三十五年三月皇太子满文奏折》，收录于《故宫文献》第5卷第1期，1973年；也参见康熙三十五年五月胤礽的满文奏折，《宫中档康熙朝奏折》第8辑，第40件，第177页。（上面康熙朱批引用《康熙朝满文朱批奏折全译》译文，中国第一历史档案馆编译，中国社会科学出版社，1996，第72页。——译者注）

这些信件既是传达信息，也是树立榜样。

这次征战旗开得胜。① 敌人未经交锋便丢下了老弱、骆驼和军需品仓皇溃逃。西路大将军费扬古的军队由于粮草不济，疏请"缓军以待"。康熙命令他暂停待命。

三十五年五月十三日（1696年6月12日），康熙做出了一个重要的军事决策。他派遣小股精锐部队逼使噶尔丹继续向西遁逃（该部曾先与费扬古部会合），这样，在他做好充分准备之前，噶尔丹不致调头东窜。康熙计划于次年早春进行决战，全歼敌人。与此同时，他致书皇太后，奏陈在作战过程中见到的吉兆：水泉乏绝之地，倏尔清流喷涌；旱甚草枯之地，雨降而百草茂盛；清军在河中捕鱼，每每多获，而敌人捕之却一无所得。大约在这期间，康熙给胤礽写了一封充满深情的信，信中向胤礽索要旧衣服，而且强调一定要送旧的来，以便在想念太子时穿上。②

五天后即五月十八日（6月17日）③，捷报传来，费扬古在土拉河上游的昭莫多一战中取得决定性的胜利，歼灭了噶尔

---

① 康熙亲自指挥军队，见《清圣祖实录》卷173，第19~24b页。

② 《清圣祖实录》卷173，第19~20b页；《康熙三十五年五月十八日胤礽满文奏折》，《宫中档康熙朝奏折》第8辑，第49件，第231页。康熙在克鲁伦河地方找到水草，似乎纯属幸运。一位耶稣会士记载："克鲁伦河不深，沙底，几乎处处都可徒涉，水很好，大多宽是六十英尺；河两岸鞑靼地方有最丰美的草场。"见 P. J. B. Du Halde, *The General History of China*, Vol. 4, pp. 119 – 120。

③ 费扬古在昭莫多所取得的决定性胜利，见《清圣祖实录》卷173，第24~28页。昭莫多之战的私人记述，见殷化行《西征纪略》，第10~13页。殷化行是宁夏总兵官，在击败敌人上起着极重要的作用。该战役的整体描述，见张玉书《平定朔漠方略》。也见 P. J. B. Du Halde, *The General History of China*, Vol. 4, pp. 177 – 178；*Eminent Chinese of the Ch'ing Dynasty, 1644 – 1912*, pp. 265 – 268, 757 – 759。

丹精锐上千人。敌人在无法抵御的弓箭和火炮的攻击下伤亡惨重。噶尔丹那个剽悍善战的妻子和大部分孩子被杀。仅有不到百人的厄鲁特随从幸免被俘,跟随噶尔丹逃到哈密。清军在扎营于中拖陵(可能是现在的呼和浩特)的御幄庆功,举行了向皇帝献战俘的隆重仪式。康熙命一位精通歌咏和汉语的老年战俘即兴演唱。这位厄鲁特老人唱了一首动人的民歌,表达了一个被俘者万般无奈的心情。康熙为之大喜,并给太子写信,叙述了这一令人高兴的场景。他还奏陈太后,谈到了他为剿贼而远离太后的怅惘心情和早日回京侍奉太后的愿望。①

事情在顺利地发展。即使康熙依然因太子不孝而忧虑,但起码对太子的政治才干是满意的。这一点已由许多太子用满文书写的私人信函和康熙的答复所证明(信件保存在宫中档内,其中涉及多方面的问题)。②康熙班师回朝后,听说太子监国时兢兢业业,"举朝皆称皇太子之善",③更加喜悦。虽然很难说清这些溢美之词是不是出于太子的精心制造,不过有一点确定无疑,此时胤礽的威望几乎与康熙不相上下。

战功卓著的汉族将领、陕甘总督振武将军孙思克,曾在大将军费扬古麾下参加昭莫多之战。他个人的经历说明了太子的地位。三十五年八月十七日(1696年9月12日),孙思克进京朝觐,即将抵达京城时,康熙命几位将军出城十里相迎。索额图和马武(皇帝的侍卫)为其中成员,他们奉旨携带茶水

---

① 祝贺并写给皇太后的信,见《清圣祖实录》卷173,第28~29页;康熙写给胤礽的信,见《康熙御制文集》二集,卷29,第8b~11页;这位年老战俘,见萧一山《清代通史》,第831页。
② 见潘淑碧《康熙三十五年三月皇太子满文奏折》译文,收录于《故宫文献》第5卷第1期,1973年。
③ 康熙在四十七年的回忆,见《清圣祖实录》卷235,第25页。

招待孙思克。孙于次日进宫，受到康熙的接见。召见时太子坐于皇帝左侧，皇长子胤禔及其他皇子坐于御座之下，满洲诸王及文武官员则侍立一旁。

康熙赞扬了年迈的将军，并问能否让胤礽看一处他因负伤留下的疤痕。太子看罢惊讶不已。在离开京城之前，孙思克到太子宫中问安，太子赠他驷马安车一辆，说将军年迈，归途路遥，谨将君父赐他的马车相赠。① 孙离京时，太子又命领侍卫内大臣率三十名上三旗护军护送他出城十里。在此之前，官员们仅向皇帝请安或辞行，而现在却也要向太子履行同样的礼节。人们都明白，胤礽随时可能继承皇位。

然而当时朝中的政局却不允许皇位的交接。朋党纷争，贪赃枉法，官场风气已经严重败坏。作为皇帝耳目的言官又因"畏怯贵要"而缄口不语。正如康熙日后所披露，所谓"贵要"，显然就指索额图。②

三十六年（1697）初，康熙在离京出征前，宣布严饬不负责任的言官，重新起用了一些原先因直言不讳而被革职的人。他要这些人不顾情面，"自皇子诸王，及内外大臣官员，有所为贪虐不法……据实指参"。并说："即朕躬有失，亦宜进言。"可以料想，这一指令鼓励了反胤礽党上报人人皆知的太子的不良行为。然而，当时尽管有这些内部问题，可是征剿乃当务之急，康熙不能顾此失彼，而不久他又被赫赫战果所陶醉。

---

① 这次觐见，见《清圣祖实录》卷175，第18b页；《史料丛刊初编》，第992~993、999、1005页。
② 《清圣祖实录》卷179，第8b~9b页；卷180，第4b~5b页。另参见《清圣祖实录》指控索额图，在卷212，第13b页。

三十六年似乎是康熙最幸福的一年。他继续征讨噶尔丹，① 太子再次代理国政。康熙命皇长子胤禔、皇四子胤禛（未来的雍正皇帝）及其他几个皇子从征。奉命从征的贵要有索额图、明珠、国舅佟国维和大学士伊桑阿，伊桑阿是火器营的指挥官。大军直捣西北，在那里，噶尔丹以及仍追随他的三百多户厄鲁特人被清军和噶尔丹的侄子策妄阿拉布坦（噶尔丹杀了他的父亲，娶了他的母亲阿奴，他因复仇而背弃噶尔丹）的军队包围。

重兵形成的包围圈逐渐缩小。厄鲁特蒙古首领噶尔丹在他的儿子被俘后陷于绝望。康熙下令把噶尔丹之子押到北京，向满洲诸王、大小官员及平民百姓展示。一败涂地的噶尔丹自杀身亡，所部土崩瓦解，纷纷向清军投诚。

康熙认为，荡平噶尔丹使他最终完成了国家统一，因而大喜过望。他从战地向心腹首领太监顾问行传旨，抑制不住的兴奋跃然纸上。他在一封标明康熙三十六年三月二十二日（1697年4月13日）的信中指出，从征者人人无恙。他还特别提到十九岁的胤禛，说"四阿哥竟胖了"——意思是身体更好了。② 在另一封标明康熙三十六年四月十七日（1697年6月5日）的信中，他写道："噶尔丹已死，其下人等俱来归

---

① 康熙三十六年之役，见《清圣祖实录》卷180 第2b 页至卷183 第22b 页；皇帝亲领军队于三十六年二月初六日（1697年2月26日）离开京城，于五月十六日（7月4日）班师回到京城。见《清圣祖实录》卷181，第2b ~ 3 页（抓住噶尔丹之子）；卷181，第12 页（写信给皇太后）；卷183，第7 ~ 9 页（噶尔丹之死）。也见殷化行《西征纪略》，第14b ~ 15 页；P. J. B. Du Halde, *The General History of China*, Vol. 1, p. 178; *Eminent Chinese of the Ch'ing Dynasty, 1644 – 1912*, p. 665。

② 《清圣祖谕旨》，收录于《掌故丛编》，第36 页。

顺……朕之大事毕矣……千辛万苦之中立此大功。"结尾他表达了踌躇满志之情:"朕之一生可谓乐矣,可谓至矣,可谓尽矣。"①

在标明康熙三十六年五月二十二日(1697年7月10日)的信中,皇帝再次表达了同样的欢快心情:

> 朕远行朔漠,北度沙瀚,立心似石,主意如铁,必灭此贼,而后方回。今遂其志,满其愿,岂非天乎?朕乐之极矣!喜之极矣!举手加额,焚香谢天而已。②

可是,康熙的欢快心情倏忽化为乌有。回到北京,他那"似石"之心便被碰得粉碎。至此他才明白,他对太子行为的误解已经多么深了。

---

① 《清圣祖谕旨》,收录于《掌故丛编》,第38页。
② 《清圣祖谕旨》,收录于《掌故丛编》,第38页。

第三部分　冥顽不化

7 不祥之兆

康熙于三十六年（1697）五月回到北京。他先到奉先殿祭祖，感谢祖宗的神灵佑护，使征战获得大捷，而后离京到热河行宫避暑。这次，他命皇太子和其他五位皇子随驾，其中包括皇三子胤祉和皇四子胤禛。皇室一行在热河逗留了三个月。大概就在这段时间内，康熙认真地考虑让位的可能性及时机，并与太子讨论了这一问题。

在返京途中，康熙获悉皇太子"听信匪人之言，素行遂变"。他立即处死了几个"匪人"。自此人们开始议论太子"不孝"，"所行不善"。①

然而，这种说法缺乏实据，官方《实录》中仅仅提到几个内务府包衣"私在皇太子处行走，甚属悖乱"。《实录》还提及，"匪人"为御膳房人花喇、额楚、哈哈珠子德住、茶房人雅头。② 按理，这些人在皇太子处行走应属合法。指控他们"悖乱"，肯定指的是其他一些行为，很可能是指在去热河途中为胤礽做淫媒（引进"外间妇女"③）。姑且不论不良行为指的是什么，其性质显然是严重的，因为康熙后来披露说，这一事件是个转折点，"自此朕心眷爱稍衰"，并开始认为太子

---

① 《清圣祖实录》卷183，第22a~b页；卷184，第21页；卷185，第9页（处决）；卷253，第23页（胤礽的性格）。
② 《清圣祖实录》卷185，第9页。
③ 四十七年（1708）康熙斥责胤礽允许"外间妇女"出现在他的宫里（《清圣祖实录》卷234，第7页）。这似乎表明当时满汉士大夫上层盛行娈童。见王书奴《中国娼妓史》，第318~320页；汪景祺《读书堂西征随笔》，收录于《掌故丛编》，第131、133页。

有负皇室的信任。①

这一事件后，康熙显然决定无限期延长让位时间。然而，胤礽那个野心勃勃的舅公索额图越来越不耐烦康熙对让位的时间无限期地拖延下去。

为使太子早日登基，索额图发动了一场宣传攻势。他使用恐吓伎俩，威胁要杀掉所有不跟他合作的人，还谎称康熙将很快让位给太子。康熙日后曾指斥索额图"背后怨尤，议论国事"。这里说的"怨尤"，肯定包括抱怨康熙没有实现他曾向太子表露过的让位打算。②

康熙避免与太子及索额图进行直接的对抗，这导致大臣们隔岸观火，采取明哲保身的态度。为此，康熙屡次斥责朝中"无一人肯直言者"，"以朕可者可之，否者否之"。他鼓励诸臣以李光地、郭琇、张鹏翮、彭鹏为榜样（不过，后来康熙又指斥张鹏翮讨好索额图和胤礽）。这几个人均以直言进谏著称。康熙盛赞彭鹏任地方官时忠于职守，"但闻有贼，即带刀乘马，亲往擒拿"。③ 他赞扬这些汉族官员多少出于政治动机，因为当时最大的威胁来自满洲权贵，特别是索额图。

康熙一如既往，试图以树立榜样来训育太子。为此，他把一些满族和汉族的官员树立为典范。譬如满人徐元梦恢复讲官职务，其原因之一，就在于他是个"孝子"。狡诈的明珠在阴谋破坏康熙为教育胤礽所做的努力时，曾诬陷徐元梦。但六年以后，即康熙三十二年（1693），康熙却再次起用了徐，命其

---

① 《清圣祖实录》卷235，第23页。
② 《清圣祖实录》卷212，第13b、16页。
③ 《清圣祖实录》卷201，第20b~21b页（李光地等人）；卷203，第16页（彭鹏）。

在上书房教授诸皇子读书。① 徐在二十一年后，康熙五十三年改任浙江巡抚之前，一直担任这一职务。

康熙三十九年，康熙为了在诸皇子中为胤礽树立榜样，特意赐予皇四子胤禛一项特别的恩宠。那年年底，他命胤禛为庆祝皇太后六十大寿拟定一个详细的礼品单，② 这是一个意义重大的尽孝活动。康熙选第四子与他协作——而不选胤禛的三个哥哥——这足以说明胤禛在康熙心目中的地位。

胤禛的优点与他三个哥哥的缺点适成鲜明对照。诚如康熙所说，皇长子胤禔"难以管教"。康熙二十九年，胤禔竟然与伯父，即康熙同父异母的兄长裕亲王福全争吵。另一次，康熙很担心胤禔会把南怀仁（Ferdinand Verbiest）的大胡子剪下来。这位为皇室效力的耶稣会士科学家曾开玩笑说，如果胤禔这么干，他不会介意。③ 皇次子即太子胤礽不孝，这不必赘言。康熙何以不选三子胤祉？用他的话来说，那是因为在诸皇子中，唯有胤祉犯下双重错误：一是与胤礽友好，二是不孝。二十九年，当康熙看来似乎病危时，胤祉和胤礽都曾暗自欢喜。三十八年，敏妃（后来追赠皇贵妃，皇十三子胤祥之母）死，丧未满百日，胤祉即行剃头，这是特别不孝的无礼行为。为此，康熙予以惩罚，革去其郡王爵，并将王府的侍奉人员各打一百鞭，因为他们未能阻止这一不孝行为。④

胤禛（未来的雍正皇帝）忠实可靠，给他的父皇留下

---

① 《八旗满洲氏族通谱》卷6，第19b~21页（徐元梦）；也见《方望溪全集》，第345页。
② 《清圣祖实录》卷210，第3b页。
③ 《庭训格言》，第36页。
④ 《清圣祖实录》卷196，第2b~3页（胤祉）。

了深刻的印象。他认真细致地为太后挑选寿礼。礼单上包括：三尊佛像、一架欧洲自鸣钟、汉代玉石数块、九十九种古玩、九十九卷宋元明画册、鞍马六匹。他还下令御膳房数米万粒，做象征八方进贡的万国玉粒饭，以向皇太后祝寿。①

与此同时，康熙把京营八旗牢牢地控制在手中。在康熙三十九年之前的三年中，他频繁地调换军事将领。尽管在这一时期清朝的政治看来十分令人费解，但康熙采取的某些行动，例如军事调动，仍显示出是具有明显的目的。此外，由于康熙感到索额图党危及他的统治，便着重依靠来自皇族其他支系的军事将领（其中一些人与皇室联姻）。最明显的是佟家势力日盛，特别是康熙的两个舅舅佟国纲和佟国维的子嗣们的权力不断增强。同时，前辅政大臣遏必隆一家的权势也在增长。

当时大权在握的人物有以下几位。鄂伦岱，② 他是佟国纲的大儿子，因而跟皇帝是表兄弟。他于康熙三十六年任领侍卫内大臣，同时任议政大臣和都统，身兼三职，一直到四十一年。隆科多，③ 他是佟国维的第三子。他的姑妈（佟国维的姐姐）是康熙的母亲，他的两个姐妹与皇帝结婚，因而他与皇帝既是表兄弟又是姻兄弟，他被擢升为副都统。阿灵阿，④ 遏必隆的第五子⑤。他的姐姐是已故孝昭皇后（她是康熙的妃

---

① 《清圣祖实录》卷201，第18~19页（向皇太后进献）。
② 《清史》，第4029页；《清圣祖实录》卷209，第14b页。鄂伦岱后来被降为一等侍卫，可能是因为胤礽的原因。
③ 《清圣祖实录》卷206，第8b页。
④ 《清圣祖实录》卷205，第16页。
⑤ 应为第七子。——译者注

子,在去世前被册封为皇后),他也被任命为领侍卫内大臣。后来人们发现,这三个人都与胤礽为敌。不过,在此期间,索额图及其兄弟心裕均为领侍卫内大臣。所以,尽管康熙频繁调换将领,然而太子党在宫廷侍卫府中仍有相当的势力。①

为了应对索额图和胤礽势力的威胁,康熙对文职官员也做了必要的调整。他采取的办法是把权力从对太子友好的汉族朝臣手中,转移到忠于皇上的朝臣手中。前者以与胤礽亲密的讲官熊赐履为代表,后者则以讲官李光地为代表。

康熙年轻时(现已年届五十)曾对那些才华横溢、书法优美的南方文人学士加以恩宠。这些文人对朝政及太子的品格有过不良影响,熊赐履尤为突出。现在,康熙开始担心熊赐履与太子的关系。

康熙的担心是有道理的。熊赐履不但与太子交好,而且与索额图关系密切。正如李光地所说,皇帝"问可用人,索必以熊对,熊必以索对"。② 在17世纪90年代,熊赐履在汉族文官中奠定了相当稳固的权力基础。康熙(或许由于太子的压力)曾一连三次任命他为全国三级考试中最高层级会试的主考官。

依照中国的科举取士制度,中式者把会试的主考官称为

---

① 《清史》,第 4028~4029 页(阿灵阿、鄂伦岱与胤礽的对立);《清圣祖实录》卷 192,第 2 页;卷 205,第 18 页(索额图、心裕)。
② 熊赐履作为主考,见 *Eminent Chinese of the Ch'ing Dynasty, 1644 – 1912*, p. 309, 以及《清秘述闻》卷 3,第 9b~18 页。熊赐履和索额图最初是敌对者。正是在索额图的作用下,熊赐履于康熙十五年(1676)罢官(《清圣祖实录》卷 62,第 6 页),但二十七年熊赐履被召回北京后,两人成为朋友。李光地批评熊赐履结交索额图,缺少道德准则,说"这样光景,岂是正气人?"见李光地《榕村语录续集》卷 14,第 11b~16 页。

"座师",① 而通过会试则被说成是"座师"的恩惠。因而，所有的中式者都要感激他。实际上，康熙朝的科举考试制度腐败至极。人们认为，所谓中式，不过是以考试营私的主考官给予偏袒而已。这样一来，就形成了一种义务，即得到"座师"恩惠并受其举荐而任高官的人，应当在朝政中唯"座师"是从。熊赐履的这一职位以及其他的几项要职，诸如大学士及南书房皇帝私人顾问等，使他处于一种举足轻重的位置上。索额图和太子尽量利用他们与熊赐履的关系，通过科举考试制度来建立他们在朝中的权力基础。

为了抵制这一集团，康熙转向超越党派和反太子者求助。最负盛名的超越者李光地遂被擢升为直隶巡抚，任职后他还经常受到康熙的赞扬。王鸿绪（本书将很快述及他对太子持反对态度）于康熙三十八年（1699）被任命为工部尚书，后来，他成为向皇帝秘密提供有关朝中弊端和太子劣迹情报的人。②

迄康熙三十九年，康熙已开始怀疑索额图的忠诚以及熊赐履在会试中没有秉公尽责。那年会试刚结束，康熙便公开斥责录取结果不公正。他说："今年会试所中，大臣子弟居多，孤寒士子未能入彀。如此，欲令人心服，得乎？"他斥责主考官员："彼等焉能不为之羞愧！"然后他遣问前面提到的四位官员，即李光地、河道总督张鹏翮、湖广总督郭琇和广西巡抚彭鹏如何方能除去弊端。在他们建议的基础上，科举考试制定了新的条例。条例之一是，高官子弟亲属等另入号房考试，其录

---

① 主考的作用，见宫崎市定『科举』大阪，1946、138～139页，以及商衍鎏《清代科举考试述录》，1958，第103页。
② 《清圣祖实录》卷206，第5页；卷212，第8b页（赞扬李光地）；王鸿绪作为秘探，见本书第八章和第九章。

取名额只能占录取总数的 1/10。①

此后两年中，康熙对熊赐履越来越不信任。与之对照的是，李光地却日益得到皇帝的器重。这表现在皇帝授命李举荐与其志趣相投的官员。例如，四十一年（1702）冬，当康熙巡幸江南途经德州时，他命李推荐能在南书房效力并在诸皇子宫中任讲官的人。在李所推荐的人当中，有出生于江苏苏州的著名南方文人何焯。②

长期以来，何焯一直在挑战徐乾学的南党。③ 17 世纪 80 年代，他曾在徐乾学府邸教书，通过与南党首领的这种关系，

---

① 该科场案，见《清圣祖实录》卷200，第8b～9b页；卷201，第20b～21页；卷202，第6b页。该科场案前一年的乡试就有类似的案件。会试科场案几乎肯定是极有权势人物的所作所为，中式者"童稚"甚多。皇帝令对所有中式者予以复试，但朝中大臣都躲避这一新任务；他们请求康熙亲自出题（他们显然担心这些"中式"者落败）。皇帝被迫指派皇子、重臣以及侍卫监考，事后，朝中大臣请求皇帝排定名次。这种担心暗示着胤礽应该是科场腐败之源。支持这种假设的证据，包括科场案发生时，胤礽是在北京的唯一成年皇子（其他所有的成年皇子都随康熙在热河）（《清圣祖实录》卷194，第13页）；此外，12年后即康熙五十一年，江南乡试科场案发生时，胤礽是其幕后之人。康熙三十九年会试科场案，见《清圣祖实录》卷196，第2页；卷197，第8～9页；以及萧一山《清代通史》，第 807～808 页。1712 年乡试科场案，见 Jonathan D. Spence, *Ts'ao Yin and the K'ang-hsi Emperor: Bondservant and Master*, New Haven: Yale University Press, 1966, pp. 240 – 252; 以及 Silas H. L. Wu, *Communication and Imperial Control in China: Evolution of the Palace Memorial System, 1693 – 1735*, pp. 142 – 148。

② 李光地向康熙推荐不结党之人名单，见《李文贞公年谱》卷下，第15～17b页。这些人包括徐元梦、陈鹏年、张伯行（1712年江苏巡抚）、陈汝弼、方苞等。李光地的洁身自好惹恼了朝中有权势的结党之人，见《国朝耆献类征初编》卷10，第37a～b页；《方望溪全集》，第341、344页。

③ 何焯的传记，见《国朝耆献类征初编》卷57，第5b页，以及 *Eminent Chinese of the Ch'ing Dynasty, 1644 – 1912*, pp. 283 – 285。也见《清史》，第5244页（徐乾学）；《义门先生集》，吴荫培编（平江，1909），卷4，第7页（李光地的举荐）。

他对徐的寡廉鲜耻了如指掌。康熙二十四年后,他几次在江南(包括何的故乡江苏及安徽两省)报考举人不中。这并不是因为他才疏学浅,而是因为他得罪了主考官徐乾学。在一篇文章中,他讥讽科举考试以及徐对考试的操纵,这当然使他名落孙山。徐对何恨之入骨,称他为"狂生"。大概在17世纪80年代后期,徐在朝中的权势如日中天之时,曾要江苏巡抚逮捕何。何也曾在南党的成员之一尚书翁叔元府邸教书。康熙二十六年(1687),何获悉翁参与了非难汤斌的活动,便给翁写了一封公开信,声明断绝"师生"关系。由于他言行无忌,多年来被迫离乡,过着隐居生活。在此期间,他认识了李光地。

何焯同时代的人说他"生性率直无情","经常当面责人"。他大胆评议朝政,进行学术辩论时言辞犀利。作为一个才子和作家,他颇受人们尊重。甚至当时桐城派的创始人、散文大家方苞也赞赏何的文才。每当方发表一篇文章后,他总要向别人打听何对该文的反应如何。他承认:"义门(何焯)能纠吾文之短者。"尽管如此,由于性格不同,方、何两人的意见总是相左。其他与何同时代的人则批评他恃才傲物。①

尽管何焯桀骜不驯,但康熙需要这么一个博学多识之士,以弥补他轻信那些巧言令色的南方文人而造成的失误。何焯觐见皇帝时已年过四十,他身材矮小,麻脸长须,戴着一副粗笨的眼镜(后来康熙赐给他一副水晶石眼镜)。② 何于康熙四十一年冬从德州给他的兄弟何煌写信,谈到他与皇帝的会见。他说:"皇上于二十内回銮,俟春暖南巡。因东宫玉体不安,今

---

① 何焯的性格,见《义门先生集》卷5,第5页;以及"附录",第5~6页;《永宪录》,第35页。
② 《义门先生集》卷2,第13页;卷5,第5页。

虽无事，复膳，难以骑马故也。"

何描绘了他所处的自然环境："此间亦有微雪，而不能妆点成景。借住一民房，极暗。外有一间，稍亮。乃一是过路，北风袭人。"然后，他提到李光地如何向皇帝举荐他：

> 弟蒙老师以幽僻姓名上达，于十七日进诗二首。奉旨令到保后即至京师为藩邸伴读。以二兄相爱，必为弟喜，然学浅性疏，惧滋尤悔有忝门墙。①

康熙四十一年（1702）末，何抵达北京后，康熙任命他到南书房供职。

康熙之所以器重何焯，主要是想加强对皇子们的教育；同时也想把何焯树为典型的孝子。这从康熙于翌年春再次南巡时对何父的态度，可明显地看出来。②

当康熙一行抵达苏州时，何焯年迈的父亲何栋与当地耆老一起前往迎接。康熙明知他是何人，却故意问起他的姓名，并命他"候旨"，③ 可能是告诉他何焯很快会得到特别恩准，参加京城的会试。康熙特地以此表示对孝子何焯的尊重，尽管这么做是完全违反考试程序的。一般说来，参加会试者必须是举人，而何却屡考举人不中。康熙授予何举人资格，以便他参加全国最高等级考试。这对熊赐履来说，无疑是一种侮辱，因为他对何及其推荐者李光地均无好感。

---

① 与弟书，《义门先生集》卷4，第 6~7 页。
② 《义门先生集》卷11，第 17b 页。
③ 《义门先生集》卷11，第 17~18 页；*Eminent Chinese of the Ch'ing Dynasty, 1644-1912*, p. 284。

康熙同时授予另外两名南书房官员汪灏和蒋廷锡举人资格，这两人也想成为进士。使康熙大为尴尬的是，以熊赐履为首的考官们竟然胆大包天，使这三名皇帝的宠儿落榜。虽然考卷是不具名的，但如果他们想取悦于康熙的话，有各式各样的办法用以判断和录取皇帝所举荐的人。人们对熊的这一举动无不感到迷惑不解。

按照规定，所有的被录取者必须经过殿试，即接受皇帝的面试后才能得到官衔。康熙为了使他所属意的人有资格参加殿试，采取了前所未有的做法，授这三人为进士，理由是他个人认为他们"学问优长"。①

显然，皇帝如此支持何焯等人，是有意蔑视考试制度和熊赐履。或许在朝臣们看来，他有意嘉奖孝子的动机并不十分明确。然而，何焯对皇帝这一潜在的目的却深信不疑，把康熙这一异乎寻常的行为解释为皇帝"必使臣父余年得以亲见"。②因为取得了功名，便是儿子对父亲的最大孝行。

康熙"三宠儿"之一汪灏的情况也类似。在《清史》中，汪灏的传记即置于"孝义"类之下。据说他曾从臀部割下一块肉，配以中草药，给已咯血的父亲治病。康熙在夏天到热河狩猎时，曾命汪灏随驾，并陪同胤礽捕鱼打猎。汪伏案修书之处就设在离太子住处很近的地方。康熙试图以此让太子或多或

---

① 见《清圣祖实录》卷211，第26页；卷212，第4b页。值得指出的是，该年中式的进士，两年后参与了党争：状元王式丹，后来被皇帝以"行为不检"罢职；榜眼赵晋，是太子党的重要成员。也见《清圣祖实录》卷267，第8a～b页；《永宪录》，第306页。
② 《义门先生集》卷11，第17b页。（这是何焯在《恭纪圣恩诗》中的话。——译者注）

少地受到汪的熏陶。①

熊赐履就这样完全失宠。康熙四十二年五月十四日（1703年6月27日），殿试揭榜四天后，他便"以原官解任"，因为他曾以"年老乞休"。康熙答应了他的请求，但又要他"留京以备顾问"。这表明，康熙担心全然失去对他的控制。②

事实上，熊赐履的去职与康熙对索额图党的制约密切相关。仅仅在两天前，即五月十二日，索额图的弟弟心裕被革职，并失去世袭爵位。在一周之前，五月初七日，康熙还对熊赐履和南方派的首领之一王鸿绪在修《明史》中所犯的错误进行了公开指责。同日，他任命李光地为吏部尚书。次日，即初八日，他又训育旗人厉行孝悌和节俭，并任命明珠的儿子、翰林院掌院学士揆叙主管新录取的庶吉士，其中便有何焯、汪灏、蒋廷锡三人。十天后，即四十二年五月十八日，一场新的危机爆发，迫使康熙正视索额图的阴谋，并将其锁禁。③

在逮捕索额图之前数月内，发生了一系列的事件。第一件发生在四十一年（1702）冬，其时康熙南巡，视察新竣工的黄河治河工程。④ 由于黄河连年泛滥，康熙早已决意解决这一

---

① 汪灏与胤礽的关系，见《清史》，第5390页；汪灏《随銮纪恩》，收入《小方壶斋舆地丛钞》第4册，第286~289页。
② 熊赐履，见《清圣祖实录》卷212，第4页。
③ 《清圣祖实录》卷212，第3b页（心裕）；卷212，第6b~8页（明史）；卷212，第8a~b、10页（李光地和揆叙）；卷212，第13b页（索额图被锁拿）。
④ 康熙四十一年出巡，见《清圣祖实录》卷210，第1、2b~3、3b、5~13b页。

难题。他于四十一年九月十五日（1702年11月4日）离京，随行的有大学士及胤礽（二十八岁）、胤禛（二十四岁）、胤祥（十六岁）。尽管康熙极力避免直接管束胤礽，却密切注视着胤礽的举动。所以，在康熙三十九年后，他每次巡幸都命胤礽随行。做出这样的安排，还希望胤礽了解民间情况，以增强其对当皇帝来说不可缺少的责任感（康熙对胤礽仍抱有希望）。①

十月初四日（11月22日），康熙一行抵达山东西部与河北交界处的德州。次日，胤礽突然患重感冒。由于胤礽病重，②康熙遂命侍卫急召索额图专程来德州。他大概认为，只有索额图才能驾驭性情暴烈的胤礽。当时由于生病，胤礽的脾气变得更坏。康熙日后追忆，在此期间，胤礽经常大发脾气，鞭打侍从和卫兵。③康熙召索额图来德州的另一个原因，也许是出于一种更为周全的考虑，即让索额图负起照顾胤礽的全部责任。这样，一旦胤礽病故，索额图就不致责备他人玩忽职守，对康熙本人也无可指责。一贯横行无忌的索额图应召来到德州，"乘马至太子中门方下"。这显然是应当受到严惩的违反朝廷礼节的行为，此事引起了康熙的关注。④（就在此时，康熙接见了李光地推荐的何焯）

---

① 康熙三十九年至四十二年间出巡中的胤礽，见《清圣祖实录》卷200，第11b页；卷204，第16页；卷208，第12b页；卷209，第23页；卷211，第3b~4、18页。
② 康熙在四十一年十月织造李煦的一份奏折中批示："皇太子偶感风寒，病势甚危。"（《掌故丛编》，第858页）
③ 康熙后来回忆他是如何劝告太子的，说："我等为人上者，罹疾却有许多人扶持、任使，心犹不足，如彼内监或是穷人，一遇疾病谁为任使？虽有气忿，向谁出耶？"（《庭训格言》，第43页）
④ 见《清圣祖实录》卷212，第15b页。

由于大运河即将结冰，康熙遂下令回銮。胤礽被留在德州养病，以便来年春天再度随驾南巡。胤礽就这样在德州一直逗留到四十一年十一月十九日（1703年1月6日）。

在这期间又发生了两件事，使康熙对索额图、胤礽党更加反感。康熙从秘密奏折中获悉，有人假充"御前之人"在他刚刚巡视过的山东和直隶"生事"（这是官方《实录》对敲诈勒索或道德败坏行为的委婉说法），而竟无人敢于阻拦。康熙虽未点明这些人是谁，却授权地方官，如以后遇到此辈，"即行拿解"。① 这些人很可能是太子手下的人，因为只有胤礽才敢于让这些人假称"御前之人"。所谓"生事"，大概也就是为胤礽寻找"外间妇女"一类恶劣行径，这种勾当他们在康熙三十六年（1697）就曾干过。

康熙返京后还发现，索额图和兄弟心裕毒打家奴，致三十多人死亡。根据当时的法律规定，"故杀家人者，降一级留任"，然而，如前所述，康熙则下令从严惩治，革去心裕的领侍卫内大臣等一切职务及一等伯的爵位，改命其弟法保承袭。②

四十二年（1703）春，康熙继续南行。临行前，他所采取的一系列举动，反映了他对太子日益加深的疑虑。当大臣要求在皇帝五十大寿也就是四十二年三月十八日（1703年5月3日）进献礼物时，康熙断然予以拒绝。他认为，如让大臣献礼，在外督抚势必效法，其结果就将给随驾人员中的无耻之徒以合法借口向督抚勒索（后来，康熙曾专门指斥胤礽党心腹如是行事）。康熙甚至拒绝接受大臣们所赠的"万寿无疆"

---

① 《清圣祖实录》卷210，第6a~b页（觊觎者）。
② 《清圣祖实录》卷210，第15b页；卷212，第3b页。

屏,他说他感到受之有愧。①

皇帝一行于正月十五日(3月3日)之后离京,仍由胤礽、胤禛、胤祥随行。他们先经陆路到桃源,而后登舟到苏州、杭州等南方城市。在苏州,康熙特意接见了何焯的父亲。在杭州,他向前日讲官和起居注官蔡升元赐银,以安葬蔡升元的尊亲。②

这次南巡很快就结束了。三月十五日(4月30日),康熙由原南书房行走高士奇陪同返京。③ 康熙邀高士奇到其郊区别墅,两人如故友重逢,促膝长谈。高士奇一直到五月十七日(6月30日)才离京南返。他离京后一个月,康熙即下令逮捕索额图。高士奇与这一决定是否有关,应予考察。

康熙下令锁拿索额图时宣称,早在三年前,即康熙三十九年(1700),据索府"家人"密报,索额图已在策划反叛皇帝的阴谋。自那时起,康熙就暗中派人对索额图的同谋者一一进行调查。④ 调查结果表明,索额图党不过是一小撮满族贵要,有几个人是都统或副都统,其他人是原户部和工部尚书。他们

---

① 《清圣祖实录》卷211,第2~3页(康熙寿辰)。
② 康熙四十二年出巡,见《清圣祖实录》卷211,第3b~21页;Jonathan D. Spence, *Ts'ao Yin and the K'ang-hsi Emperor: Bondservant and Master*, p. 132。
③ 高士奇对于这一经历的记述,见其《蓬山密记》,收录于邓实编《古学汇刊》第1集第12册。也见 *Eminent Chinese of the Ch'ing Dynasty, 1644 - 1912*, p. 414;以及《清史》,第3942页。
④ 《清圣祖实录》卷212,第13b~14b页。皇帝是这样斥责索额图的:"尔家人告尔之事,留内三年,朕有宽尔之意。尔并无退悔之意,背后仍怨尤,议论国事,结党妄行……朕若不先发,尔必先之,朕亦熟思之矣。朕将尔行事指出一端,就可在此正法……"最后一句显示出该罪行的严重性,无可置疑,它或是指索额图欲政变或他批评康熙未能履行退位的承诺。见《清圣祖实录》卷212,第15~16b页。

因犯罪丢官,被流放到东北边陲,直到晚年才获准返回京城。①

据调查,索额图的主要同谋者还有其家庭成员。于是,康熙下令锁拿索额图之子及有关案犯,一并交予心裕、法保加意拘禁(当时满族人的做法是将犯罪者交其亲属押禁)。康熙警告说,如再别生事端,即将心裕、法保家族尽行诛杀。

在主谋者中,康熙特别指出副都统翁俄里、佟宝"断不可宽恕"。年迈的前大臣额库礼等也同时被锁禁,仅有阿米达因年事太高而得到宽恕。

从业已掌握的材料看,许多汉官也牵连进阴谋之中。不过,正如康熙所说:"朕若尽指出,俱至灭族。"由于他"不嗜杀人",因此仅警告这些人立即与索额图党断交。后来他下令逮捕的主要汉人同谋中只有江潢一人。在查抄江家时,发现了江潢与索额图的大量书信,罪证确凿,索额图无可自辩。康熙本欲一鼓作气,搜查索府,但是,他又考虑到如果这么做,"连累之人甚多,举国俱不得安",因而放弃了这个念头。②

索额图阴谋案,引起了朝野关注,后来还被艺人编为京剧《搜索府》。索额图为剧中首恶,施世纶、张鹏翮为主要正面人物,因为施、张二人曾被康熙誉为"举国为官最清廉者"。尽管实际上他俩在逮捕索额图一事中所起的作用并不明显,但

---

① 这些满人的名字,见《清圣祖实录》卷212,第13~17页。追随者中武职人员有如下几位。(1)佟宝,副都统(参见《清史》,第82、87页)。他当时有事不在京城。(2)翁俄里,副都统。被流放后又招回北京的人有以下几位。(1)麻尔图,户部尚书(二十九年,《清史》,第2566~2572页)。(2)额库礼,户部侍郎(二十二年,《清史》,第2560~2561页)。(3)温待,礼部侍郎(二十三年)。职位不明的官员有邵甘、阿米达。

② 《清圣祖实录》卷212,第16b~17页。

该剧表明了这一戏剧性的事件大快人心。①

不久，索额图死于狱中。至于康熙为何等了三年才揭露这一阴谋，到底又是谁告发了这一阴谋，终找不到明确的记载。在官方《实录》中，康熙仅指出告发者是索额图府中的"家人"。当时的一位观察者指出，这个"家人"便是高士奇。②

倘若真是高士奇的话，那么这一秘密又是如何泄露的呢？

---

① 该剧的名称叫法不一。一些地方叫它《搜索府》，有的叫它《三搜府》，见陶君起《京剧剧目初探》，1963，第392页。该剧以施世纶巡视南京归途为始。他捉拿了两个匪徒——善四和善五，从他们那里得知太师索额图私造皇冠和蟒袍谋篡。施世纶将二人押回北京，将一切上报皇帝。皇帝命施搜查索府，但施未找到实证。他因此遭索额图百般羞辱，皇帝也愤怒，欲处死施世纶。正在这时，前刑部尚书张明格（张鹏翮）以全家性命保奏施世纶。皇帝因此下令施进行第二次搜查，但仍一无所获。张建议施用酷刑逼问两个匪徒，施世纶知道了索额图藏匿皇冠和蟒袍的所在。经过第三次搜府，施找到了证据，皇帝"贬索为庶民"。见刘诚甫编《音乐辞典》，1935，第62页。施世纶戏中的角色有几分基础。施世纶早以坚决反对太子的党羽托合齐闻名。托合齐是胤礽在朝中的主要代表，后来为胤礽夺取皇位效力（《清史》，第3974页）。而且，当康熙三十九年（1700）皇帝收到索额图谋篡的第一次报告时，施世纶正在江南做道员，其间，他仅有的过失是——用皇帝的话说——"遇事偏执"（《清史》，第3974页）。

② 官方的记载，见《清圣祖实录》卷212，第15b页。野史记述，见汪景祺《读书堂西征随笔》，收录于《掌故丛编》，第131页。汪景祺记述说，高最初极感恩索额图，因为是索额图将他推荐给皇帝，使他的命运完全改变。但是在高获得声望后，索额图对他未有任何谦恭的表示——索额图认为他是自己的属下。甚至是在高成为最受皇帝恩宠的朝臣之后，当高士奇见索额图，索额图继续"奴视之"。谈话时，要他下跪，不论说话长短（当索额图不如意时，命高长跪于庭，肆意谩骂）。索额图从不正言相对高士奇，直呼其名，而索额图的仆人称他是"相公"，这相当于"先生"，而不是"阁下"或类似的称呼。高也遭索额图的门客江潢所侵扰，江潢极蔑视高士奇。康熙四十二年（1703），汪景祺认为，当高与皇帝返回北京时，高已最终决定与索额图（以及江潢）反目，并与明珠结盟，幕后的明珠拥有很大的权势。汪的记述必然包括道听途说，但它确实证实了官方的记载，以及高士奇是"家奴"的说法。

因为太子显然不知道高士奇对索额图怀有二心。高士奇在京逗留的最后几天中，太子对他表示了异乎寻常的敬重和热情。这说明，太子想跟他保持一种特殊的关系。① 太子曾召高士奇到宫中与他亲切交谈，临别又赠给高士奇许多礼物，诸如太子写的一首诗、一块书有"南陔春永"的匾额、一顶绒帽、"金刚石宝蓝龙缎袍、红青四团龙褂各一袭"等。随后胤礽还命他的侍卫四格和心腹太监周进朝护送高士奇到通州，并把自己的坐骑赠给高。甚至在高士奇离京后他又命仆人火速追赶，再赠四个鼻烟盒和一罐鼻烟。

康熙一到南方马上想起了高士奇。他可能怀疑高士奇与太子相勾结，故而授权江苏巡抚宋荦，以"密折"汇报高的言行。这是康熙于17世纪90年代开始使用的一种秘密汇报的文书制度，目的在于了解全国各地的情况。苏州织造李煦也是监视高士奇的密探之一。②

高返回南方不久，因不堪酷暑一命归西。有人说他是被明珠毒死的，因为高在康熙二十七年（1688）出卖了明珠，所以遭到了报复。③ 如此耸人听闻的解释，说明当时人们对这一类人恨之入骨。的确，高士奇对康熙和清廷风气都有过极坏的影响。

索额图的阴谋必定使康熙料及另一种危险，即太子的支持

---

① 胤礽对高士奇表现出的敬重，见高士奇《蓬山密记》，第4b页。
② 汪景祺：《读书堂西征随笔》，收录于《掌故丛编》，第131页；《永宪录》，第57页。
③ 宋荦的两份奏折，时间是康熙四十二年六月和七月，《故宫文献》第1卷第2期，1969年，第183~184页；康熙四十二年七月李煦的奏折，收录于《文献丛编》，第858页。

者也会采取类似的手段。他为"未卜今日被鸩、明日遇害"①而担忧,于是便日益转而依靠朝中的无派系者。他预感到与太子不可避免的冲突已经日益逼近。

此时,康熙是否确认胤礽知悉索额图的阴谋,这一点尚不清楚。不过,他相信让胤礽单独留在北京是不明智的。所以他在稍后的西巡时,再次命太子随行。康熙一行于四十二年十月初一日(1703年11月9日)离京,巡视山西省城太原和陕西省城西安。这两座城市均为战略要地,驻有大量的八旗兵和绿营兵。此行历时六十八天。②

随行者除胤礽外,还有皇三子胤祉、皇十三子胤祥、康熙的心腹重臣大学士马齐、吏部尚书李光地以及为康熙所器重的南书房行走查升。他对查的书法尤为欣赏。

山西巡抚噶礼属于太子党,既贪婪又残忍。康熙巡视山西,旨在了解民间疾苦,而噶礼在皇帝巡幸前及巡幸期间的所作所为,更使民不聊生。李光地在其日记中写道,康熙一行到达前,天寒地冻,噶礼却令老百姓在路旁彻夜恭候圣驾。李问他们为何能忍受这般苦楚,他们回答说:"我等被官兵胁迫,不敢不从。"

噶礼有恃无恐,竟敢告诉李光地及其同僚他为准备迎驾而花去的钱财:"行宫已费十八万,今一切供馈还得十五万。"③他不会不记得,康熙曾严厉警告地方督抚,不准为迎驾或为随驾人员送礼而搜括民财,如有悖旨科敛者,查出即以"军法"

---

① 《清圣祖实录》卷234,第3b~4页。
② 康熙四十二年西巡,见《清实录》卷213第23b页至卷214第8页;《圣祖西巡日录》,收录于《史料丛编初编》。
③ 李光地:《榕村语录续集》卷18,第9b页。

从事。① 噶礼提及的用银数字，无疑是对康熙所说的"沿途一切供御，皆内廷储备"的讽刺。这位巡抚如此放肆地无视圣谕，说明他有一个有势力的后台，这个后台不是别人，正是太子。

李光地在日记中进一步揭露说，噶礼给随驾人员提供南国的俊男倩女以满足皮肉之欢。所谓"随驾人员"不指太子又指何人？李写道："每一站皆作行宫，顽童妓女皆隔岁聘南方名师教习，班列其中。"②

胤礽正是在幕后支持噶礼这种无耻行径的人物。日后康熙仅仅斥责胤礽西巡时的放荡行为，却并未指责另外两个随驾的儿子胤祉和胤祥，原因就在于此。不过，截至当时，康熙尚未公开对胤礽进行责备。

---

① 《清圣祖实录》卷213，第16~17页（军法处置）。
② 《榕村语录续集》卷18，第9b页。

8　南方的诱惑

　　康熙一生六下江南。第一次在康熙二十三年（1684），第二次在二十八年。在以后的十年中，他因致力于征剿噶尔丹，直到三十八年才第三次到南方巡幸。而后三次（不包括四十一年半途而归的一次）分别在四十二年、四十四年、四十六年。①

　　康熙所阐明的巡幸理由，诸如阅视整治黄河工程、体察民情等，并不是唯一的动机。对南方的政治稳定及南方文人动向的重重疑虑，也是促使他与该地区保持密切联系的重要因素。此外，南方文化诱人的魅力同样是他一再南巡的原因之一。

　　同时代有关康熙四十四年南巡的记载，足以帮助我们了解皇帝和太子在南方社会环境中的举止、南方文化对满洲统治者的影响以及康熙在18世纪频频南巡的政治原因。

　　南方的政治稳定是康熙一向关注的重大问题。自清政权建立以来，该地区一直存在着一股反清情绪。扬州、杭州及其他靠近太湖的城市，曾是满洲骑兵疯狂肆虐的地方；杭州东南距宁波港不远的四明山一带，也曾是干戈扰攘的多事地区。由于南方临海，清初皇帝康熙及其父皇顺治特别警惕南方反清分子可能与外敌勾结。譬如，康熙三十九年，皇帝从宁波铜商处获悉，日本国内发生某些情况不明的骚动，可能是为入侵中国做准备。康熙为之震惊，遂命苏州、杭州和江宁（南京）织造

---

① 南巡见 Jonathan D. Spence, *Ts'ao Yin and the K'ang-hsi Emperor: Bondservant and Master*, 第四章。

派内务府密探，到日本评估对清政府有无危险（密探于四十一年返国复命）。①

但是来自南方的最大威胁是一个不断传播的谣言，据说已故的明朝末代皇帝之子"朱三太子"隐匿在南方。② 鉴于康熙自己的太子有负众望，可以理解，他很担心这个觊觎者会取得皇位。

另外，索额图的阴谋使康熙怀疑胤礽与南方文人有勾结，故而命密探监视高士奇、熊赐履等（熊赐履于四十二年辞去大学士职务，被康熙留在北京，不久获准回南方养老，由密探曹寅继续向康熙汇报他的日常活动）。③

儒家学说认为，如一国之中央政权无道，上天将不可避免地在中央的外围引起反应，降以天灾人祸，作为收回其"天赋君权"的警告。朝中的阴谋、南方的反清情绪以及有关朱三太子的谣传，对康熙的政权构成了严重威胁。

诚如康熙日后所披露，他带胤礽南巡，旨在使之"谙习地方风俗、民间疾苦"。这是不足为奇的。因为康熙认为，太

---

① 五十一年（1712）康熙批示王度昭奏折："南方人心风俗，尔自然知道。"其深深关切南方之情跃然纸上。王度昭时任浙江巡抚兼署江宁巡抚。见王度昭五十一年二月奏折，收录于《宫中档康熙朝奏折》第3辑，第514~516页。康熙极为担心来自海上的威胁，他任命（似乎勉强地）"海贼出身"的王元为总兵官。见写给浙闽总督梁蕭的特谕，此为四十七年三月初四日奏折的附件，收录于《故宫文献》第2卷第2期，1970年，第154页；该上谕不是康熙的手笔，可能是出于四子胤禛之手。关于对日本的刺探，见四十年三月和十月李煦的奏折，收录于《文献丛编》，第856、857页。
② 朱三太子案的细节，见下一章。
③ 康熙四十八年九月及十月曹寅的奏折，收录于《文献丛编》，第290~291页。

子有责任了解国中实情，尤其是存在的各种问题。① 这是他为培养胤礽的责任感，实际上也是促其洗心易行的最后努力。不过，康熙为南巡所做的准备工作，又表明他依然忧虑重重。

康熙在四十四年（1705）南巡前，曾与南京的曹寅有过秘密书信往来。四十三年七月二十九日（1704年8月29日），曹寅上奏折向皇帝请安，感谢任命他为两淮（包括扬州、南京、苏州）巡盐御史，并请求觐见皇帝。康熙复信说："朕体安恙，尔不必来，明春朕欲南方走走，未定。"他意识到曹寅有要事禀报，便写道："倘有疑难之事，可以密折请旨。"最后康熙还一再警告不可泄密："凡奏折不可令人写，但有风声，关系匪浅，小心！小心！小心！小心！"②

批示的口吻表明，康熙南巡不仅旨在视察河工，他更加关注的是政局。由于考虑到即将开始的南巡对南方的影响，所以他特别声明凡私馈扈从人员及随行人役者，以军法从事。③

皇帝一行于四十四年二月初九日（1705年3月3日）离

---

① 《清圣祖实录》卷234，第18页。
② 康熙四十三年七月二十九日曹寅奏折，收录于《故宫文献》第2卷第1期，1970年，第138页。这里康熙的朱批并没有印完整，最后的三个"小心"漏掉了（参见《文献丛编》，第290页该条）。曹寅似乎不结党，只忠于皇帝。他的女婿是郡王那尔素，宗室，且是皇帝的近身侍卫；这一婚姻是由康熙做主而定的。尽管后来发现曹寅曾给太子的党羽凌普金钱，但有证据显示他并不认同胤礽的作为，后来他介入陈鹏年案件，就表明了这一点。因曹寅、李煦为皇帝南巡营建豪华行宫，而获荣衔，见《内务府满文奏销档》（2）。关于这一婚姻联系，见康熙四十五年八月初四日和四十八年二月初八日曹寅满文奏折，收录于《故宫文献》第1卷第2期，1969年，第148、163页；给凌普金钱，见《内务府满文奏销档》（4）；郡王那尔素，见《有关那尔苏（素）的世系及其生平简历史料》，《内务府满文奏销档》（1）。
③ 《清圣祖实录》卷119，第4a~b页。

京,闰四月二十七日(6月18日)返回京郊苑囿。① 一个匿名随员的日记,对这次南巡中皇帝与太子的互动做了记录,② 他指出太子出头露面是一件很重要的事。尽管当时父子关系紧张,但是双方都想表明彼此和谐一致。接见地方官员时,胤礽坐在父亲身旁接受朝贺,他一一询问官员的姓名,有时甚至还与父亲所宠信的地方贵要攀谈几句。当守备潘承恩向康熙请安时,皇帝问道:"汝是何官?"潘承恩回奏:"巡江营守备,前次皇上南巡,是皇太子赏的守备。"接见后,康熙便提升潘为总兵,因为"上见其人汉仗很好",潘承恩即"叩头谢恩"。③

康熙对军事将领广施恩惠,这说明他对地方动乱颇为关注。他对汉将、江南提督张云翼的一番热忱便是明证。张云翼是在平定三藩和漠西蒙古中屡建战功的名将张勇之子。④ 康熙见到这位提督时说:"你脸比从前很瘦了。"张回答说:"因病了九次,所以瘦了。"康熙说:"我有很好药,你怎么不讨呢?"回奏:"皇上没有赐,不敢擅讨。"康熙又说:"你不比别人,不同着,要什么只管讨。"同时转而向胤礽说:"你记着,回去就赐。"胤礽,抑或是皇帝本人记住了此事,回行宫

---

① Jonathan D. Spence, *Ts'ao Yin and the K'ang-hsi Emperor: Bondservant and Master*, Chap. 4.
② 《圣祖五幸江南全录》。
③ 《圣祖五幸江南全录》,第9页。
④ 张云翼是张勇(1616~1684)次子。张勇是陕西人,他在满人征服之初就归降,取得了辉煌的军事胜利。张勇于顺治六年(1649)来到北京。其子张云翼于康熙三十二年(1693)被任命为太仆寺卿(从三品)。三十五年至四十八年他任浙江提督。张勇的传记,见 *Eminent Chinese of the Ch'ing Dynasty, 1644-1912*, pp. 66-67, 以及《清史》,第3841~3843页,后者数次提到张云翼。张云翼的传记,见黄之隽、尹继善等编《江南通志》(1736)卷111,第17页。

后便派太监梁九功赐给张云翼奎宁。一并送来的礼品计有砚台一方、皇帝用过的衣帽和骑过的马匹,这一切均表明,康熙与这个军事将领有着不寻常的亲密关系,在这次巡幸中,张云翼是最得宠遇的。

稍后,太子特地致书张云翼,暗示原本不同意把砚台赐给他:"赐提督的砚台是我亲身看着做成进万岁爷的。才闻皇上赐了提督,我心里很高兴。提督是精细的人,知道砚台贵重。若赐别人我也是不肯的。"① 太子认识到这位忠诚而称职的提督的重要性,因而也做出努力进行笼络。

康熙在苏州接见地方官员之后,便在提督衙门所在地松江逗留了六天。这一姿态,加之馈赠礼品,反映了他对一个身居要津将领的特别慰劳和对其效忠不渝的重视。

此行的另一特色,是官员们无视康熙的警告,竞相向皇帝和太子送名贵的礼品和赠金。三月十四日(4月7日),康熙游览长江南岸的金山寺。为迎接皇帝一行,当地官员在那里摆了一百桌佳肴,送给皇帝的礼品包括各种古玩珍品、稀世书籍、唐宋画卷、洋漆杯、玉杯,还有一只用白玉雕琢的鹦鹉。②

在这种场合,尽管康熙曾三令五申不准送礼,但是,他的习惯做法是接受一些稀有的图书和笔筒之类书写用具,而把其他礼品退回去。如礼品同时赠给皇帝和太子,则不照此办理。在这种情况下,那位匿名日记作者就没有提及皇帝退过任何礼品,这暗示康熙不得已而接受了礼品,以便迁就太子。譬如,

---

① 张云翼的这则逸事,参见《清圣祖实录》卷192,第12页,以及《圣祖五幸江南全录》,第19页。
② 《圣祖五幸江南全录》,第9页。

在游金山寺的当天,扬州盐商送来一百件古董,六十件送给皇帝,四十件送给太子,所有的礼品都如数收下了。此外,太子还接受了随行官员们赠送的古董和其他礼物。① 四月十三日(5月5日),两江总督阿山向皇帝、太子甚至妃嫔以及其他宫廷妇人赠送了大批礼品,包括一百六十匹锦缎、三十件古董、三十匹四川马,太子接受了二十件古董。赠给女眷的东西还包括香囊、香球、香枕及梳妆香油。日记作者特别指出,这些礼品"俱候收"。②

显然,胤礽要为自己树立一个好太子的形象。作为礼尚往来,他对政绩卓著的官员家属表示恭敬,有时还写几张诗词条幅,赠给他们挂在室内展示。③

南方官员的阔绰款待,使皇帝及太子大为喜悦。南方的佳肴和戏剧对他们尤其具有吸引力。五月初六日(6月26日),康熙对提督张云翼所摆宴席欣喜不已,当即命御膳房请提督府制膳厨役到御舟供职,以便教导御膳房制办筵宴。④

康熙早就对南方戏曲怀有浓厚兴趣。从17世纪80年代开始,南方戏剧就为宫廷所欣赏。康熙三十二年(1693),苏州织造李煦(康熙的密探之一)为取悦皇上而上奏说:"今寻得几个女孩子要教一班戏送进,以博皇上一笑。"康熙闻奏后,特派一名乐师(此人很可能是一个在北京训练宫廷戏班的南方人)到苏州帮助李煦训练新伶人。观看戏剧表演成了南巡中的惯例。

---

① 《圣祖五幸江南全录》,第8b~9页。
② 《圣祖五幸江南全录》,第32页。
③ 《圣祖五幸江南全录》,第49页。
④ 《圣祖五幸江南全录》,第45b~46页。

为皇帝一行设宴演戏，大多由当地盐商安排，他们由于获取了食盐的垄断权而对皇上感恩万分。日记中特别提及"巨商"程维高。①

正是由于上述原因，在四十四年南巡的往返途中，康熙一行均在苏州延长了停留时间，前后一共耗去十五天之久。这是不足为奇的。②

康熙或许从来不曾料到他对南方（尤其是苏州）文化的欣赏竟会造成如此的后果。现在，他很快认识到这种乐趣既使当地百姓增加了沉重负担，又有损于他儿子的品格，还影响了朝廷的道德风气。

南方支出了巨额的招待费用。例如李煦为一出戏做戏装就花费了数万两白银。其他支出，诸如购置乐器、布景等费用一

---

① 李煦，见其康熙三十年十二月奏折，收录于《文献丛编》，第854页；程维高，见《圣祖五幸江南全录》，第45b~46页。有证据显示胤礽与程家关系密切。程维高是扬州盐商的领袖，因款待皇帝南巡而出尽风头，这一年胤礽奉皇帝南巡（见《圣祖五幸江南全录》，第45b~46页）。雍正八年（1730），程汉瞻（也是来自扬州）被发现与张云如有关联，张是闻名遐迩的民间高手，他试图为胤礽的废黜报仇（见李卫档案，第07722号，雍正八年正月初六日）。胤礽被废后，御史程镰等人请求皇帝重立他为太子（见《永宪录》，第105页）。时任大学士的张英，生动地记下了在康熙二十八年（1689）南巡中的一幕。大臣们一接到康熙要他们一同看一个地方戏剧表演的命令，就不得不急忙从他们最喜爱的戏剧观看中退出。他们被迫错过的最喜欢的剧是《会真记》（莺莺的故事），由唐代著名的作家元稹（778~831）所写。该传奇有一个很好的英译本，见 James R. Hightower（海陶玮），"Yuan Chen and the Story of Ying-Ying," *Harvard Journal of Asiatic Studies*, Vol. 33, 1973, pp. 93~103。《南巡扈从纪略》，收录于《小方壶斋舆地丛钞》第4册，第283页。

② 皇帝长时期停留之地包括：扬州——四天（南行）；金山（江天寺）——七天（三次南行，四次返程）；松江府——六天（仅南行）；杭州——四天（此行的最南端）；江宁——六天（仅返程），见《清圣祖实录》卷219，第13b~20b页。

定也不少。为这些开支而从国库中拨款，正是造成南方各级政府财政拮据的主要原因之一。①

宴会也同样奢侈，而且接连不断。康熙一行几乎变成一个纯粹吃喝玩乐的旅游团。四十四年三月初六日（1705 年 3 月 30 日），康熙一行抵达江苏省。在三周之内，他至少享受了十四次由官员和绅士招待的伴有戏剧演出的宴会。日记作者记述了其中的一些场景：

> 初九日，皇上行宫演戏十一出，系择选程乡绅家小戏子六名，演唱甚好，上大悦……十二日，皇上过钞关门，上船开行，抵三涂河宝塔湾泊船。众盐商预备御花园行宫，盐院曹奏请圣驾起銮，同皇太子、十三阿哥、宫眷驻跸，演戏摆宴。因扬州府知府左必蕃居官素著，优升太仆寺卿。晚戌时，行宫宝塔上灯如龙，五色彩子铺陈，古董诗书无记其数，月夜如昼。②

此外，当康熙一行乘舟驶往苏州时，运河沿岸还搭台演戏。抵达苏州后，下榻于李煦府。康熙、胤礽和胤祥分别演习射箭，之后接见地方官，接着便是赴宴看戏。③

---

① 李煦的开销，见《苏州府志》卷 148，第 34b~35 页。尽管发现李煦用金钱以赢得胤礽心腹凌普的好感，但事实上他属于胤禛党。见《内务府满文奏销档》（3）以及《永宪录》，第 352 页。对于地方财政的影响：如，浙江布政使黄明侵贪公费超过五十万两，这是南方诸省中常见情形。关于黄明案件，见闽浙总督梁鼐给皇帝的密报，康熙四十七年八月初十日奏折，收录于《故宫文献》第 2 卷第 2 期，1970 年，第 176~177 页。本章后面将给出更多关于黄明的信息。

② 《圣祖五幸江南全录》，第 6b~7 页。

③ 《圣祖五幸江南全录》，第 10 页。

有时康熙还自选剧目,譬如,为庆祝三月十八日(4月11日)他五十二岁生日,就传旨上演《太平乐》。由于康熙对南方戏剧的浓厚兴趣,即使遇雨不能露天演出,女伶人也会被召到李府专为皇帝一行表演。①

日记虽未罗列演出的具体剧目,但据《苏州府志》记载,康熙所喜欢的剧目多取材于《长生殿》传奇。李煦曾令戏班专门排练此剧。这一传奇有五十多出,可以推断,在康熙四十四年(1705)南巡中,起码其中的几出被编入剧目演出。②

《长生殿》演的是历史悲剧,戏剧艺人把它剪裁得适于皇帝教育太子的要求(据康熙日后说,此时太子骄奢淫逸,声名狼藉)。剧中主人公是唐玄宗(又称唐明皇,685~762),他于712年登基后,清除了以其姑母为首的争权者,从而巩固了统治地位。这以后,为了遏制朝中骄奢淫逸的倾向,他严以律己,生活简朴,躬行垂范。因此他的统治前期,即开元年间(713~741)是整个中国王朝历史上的鼎盛时期之一。唐玄宗倡导文学,自己也是一位颇负声望的诗人。他还为《道德经》(又称《老子》)作注疏,以颂扬中国古代的道家学说。他酷爱音乐,堪称中国戏曲的奠基人。

734年,明皇如醉如痴地爱上了著名的杨贵妃,从此开始堕落。正如白居易在《长恨歌》中所生动描述的:"从此君王不早朝。"唐玄宗不理朝政,迷恋于他的"倾国倾城"的女

---

① 《圣祖五幸江南全录》,第10页。
② 李煦:《苏州府志》(1748)卷148,第34b~35页;关于此传奇,见 Herbert A. Giles(翟理斯), *A History of Chinese Literature*, New York: D. Appleton and Co., 1923, p. 168;也参见 Adolf Eduard Zucker, *The Chinese Theater*, Boston: Little, Brown, 1925, pp. 70-71。

色,沉溺在淫乐之中。结果"上天震怒",要收回赋予他的君权。一场逆乱随之而起。他不得不逃往四川,杨贵妃被皇帝手下的士兵杀死,唐玄宗只好让位给他的儿子。①

康熙还从历史上选取了另一个帝王堕落的例子来警告胤礽。这便是隋代(589~618)有名的皇帝隋炀帝杨广的故事。

隋炀帝经常去扬州,迷恋令人心醉的南方文化——酒、色和淫乐。结果他在扬州被杀并被葬在那里。隋炀帝的陵墓成为历代帝王的警示,它提醒他们勿为南方生活方式所腐蚀。康熙巡视扬州时,这一悲剧显然萦绕在他的脑际。

三月十三日(4月6日),即康熙在扬州盐商为他准备的华丽行宫中接受款待的第二天,他曾赋诗一首,并附有一则简短引言:

> 朕每至南方,览景物雅趣、川泽秀丽者,靡不赏玩移时也,虽身居九五,而乐佳山水之情与众何异?但不至旷日持久,有累居民耳。所以一日而过者,亦恐后人借口实而不知所以然也。至茱萸湾之行宫,乃系盐商、百姓感恩之致诚而建起,虽不干地方官吏,但工价不下数千。尝览汉文帝惜露台百金,后世称之,况三宿所费十倍于此乎?故作述怀近体一律以自警,又粘之壁间,以示维扬之众。

御制诗写道:

> 又驻塔湾见物华,先看茅屋种桑麻。

---

① 这首诗翟理斯的英文全译,见他的 *A History of Chinese Literature*。

> 惠风遍拂维扬市，沛泽均沾吴越家。
> 作鉴道君开艮岳，长吁炀帝溺琼花。
> 绕胸经史安邦用，莫遣争能纵欲奢。①

康熙描述了南方文化的魅力，同时又很自然地联想起隋炀帝的堕落。尽管他与炀帝相隔千余年，但是中国南方和北方的差距却依然存在，南方生活的安逸和优雅也依然具有强大的吸引力。康熙体验到了这种吸引力，尤为严重的是，胤礽似乎如同当年的隋炀帝一样，已被南方所迷惑。

早在四十二年（1703）康熙西巡时，胤礽就曾命心腹噶礼雇佣南方教习训练戏班中的"少年男孩""妓女"（这些人无疑也是南方人）。由此可以料想，他在这令人兴致勃勃的南方难免故技重演。记录康熙四十四年（1705）南巡的匿名作者的日记，曾两次提到皇室游览寺庙，并对有关情况做了详尽的叙述。②但是当他涉及胤礽在寺庙中的活动时，却一笔带过。这种细节的省略，令人怀疑胤礽游览寺庙的真实目的。因为当时的寺庙也是寻花问柳的地方。

苏州尤其如此。某些不法僧人搞所谓"报母"活动，煽惑民间妇女，涌往寺庙进香。受骗妇女百十成群，"裸体，燃烛肩臂"，谓之"点肉灯"。就这样夜以继日，男女混杂，以"报答"死去的母亲。③更有甚者，一些僧人竟公然邀约妓女进入寺庙。他们资产富厚，饮酒、食肉、赌博、奸淫、设计骗人、藏匿妇女，无恶不作。许多民女（她们出家并不是因为

---

① 序和诗，见《圣祖五幸江南全录》，第7b~8页。
② 游览记述，见《圣祖五幸江南全录》，第10b~11、26b页。
③ 《苏州府志》卷3，第30页。

信佛，而是出于经济原因），包括少妇幼女戴发修行，艳服男装，勾引男性，无异娼妓。①

停泊在扬子江及其支流岸边的装饰华丽的船只，给太子提供了夜间寻欢的另一个去处。在这些船上，喜好吟风弄月的南国文人们摆下酒宴，酒、色、淫曲，乌烟瘴气。②

虽然这些只是对胤礽行踪的一种揣测，不过后来在四十七年（1708）这一揣测得到了康熙的证实。他指斥胤礽在巡幸中擅离行宫和御舟。他说："朕巡幸陕西、江南、浙江等处，或驻庐舍，或御舟航，未尝跬步妄出，未尝一事扰民。乃允礽同伊属下人等，恣行乖戾，无所不至。"③

胤礽"跬步妄出"，当指其寻花问柳的行径。康熙曾就此委婉地说："令朕赧于启齿。"④ 事隔不久，康熙又在官方语言所允许的程度内，更具体地谈及胤礽的劣迹："（朕）从不令外间妇女出入宫掖，亦从不令姣好少年随侍左右，守身至洁，毫无瑕玷。……今皇太子所行若此。"⑤

当时朝鲜驻北京的使者就曾两次向该国国王奏报胤礽的不轨行为，这进一步证实了康熙对太子的指斥是可信的。四十七年的奏报写道："百姓公传道之曰：不忠不孝，阴烝诸妹。"⑥ 五十一年的奏报又说："太子沉酗酒色，常习未悛，分遣私人

---

① 《苏州府志》卷3，第34b～35页。
② 《苏州府志》卷3，第30b～31页。
③ 《清圣祖实录》卷234，第3页。
④ 《清圣祖实录》卷234，第3页。
⑤ 《清圣祖实录》卷234，第7页。
⑥ 朝鲜人的报道，见国史编纂委员会编《朝鲜王朝实录·肃宗实录》卷47（汉城，1955～1958），第20页。

于十三省富饶之处,勒征货贿,责纳美姝。"① 太子的淫荡行为被称为"常习",正是这样的"常习"令康熙"赧于启齿"。由此可见胤礽在四十四年究竟干了些什么。

至于巡幸期间,太子对地方政务的干预,则有翔实的记载。第一桩便是诬陷江宁知府陈鹏年。陈鹏年是一个忠诚的汉官,与李光地一样,是个从不结党的独立分子。当时两江总督阿山(他与山西巡抚噶礼同是太子心腹)为迎接巡幸,建议在他所辖的地区增税。而他直接管辖的江宁知府陈鹏年却坚决反对,郑重指出康熙已明令禁止这么做。陈鹏年大概没有意识到,阿山此举旨在取悦太子,并非皇帝。事后,尽管阿山收回了提议,但是对他这个固执的知府却忌恨在心,伺饥报复。

当康熙一行在离江宁(南京)不远的龙潭停留时,康熙因发现在御床上有蚯蚓和污物(阿山派人所放)而怒不可遏。太子把罪责推给陈鹏年,并敦促康熙将陈鹏年处死。明智的康熙虽觉察到事情蹊跷,但又不愿否定胤礽的敦促。据说他先征询张英(致仕大学士,曾长期任太子的师傅)的意见。张表示可以为陈鹏年的品德做担保。但由于胤礽仍固执己见,康熙几乎准备屈从于其压力。正当此时,幸而曹寅冒死相谏,他磕头如捣蒜,求皇帝赦免陈鹏年。康熙这才饶陈鹏年一命。一年后,阿山再次疏劾陈鹏年"不将圣训供设吉地",要求将其立斩。康熙只好采取妥协办法,革除陈鹏年的职务,命其来京在修书处效力。②

---

① 《朝鲜王朝实录·肃宗实录》卷52,第42页。
② 陈鹏年,见《国朝耆献类征初编》卷164,第18页,以及吴秀良 Communication and Imperial Control in China: Evolution of the Palace Memorial System, 1693–1735 一书中的翻译(pp.56~58)。陈鹏年的去职,见《清圣祖实录》卷224,第16b~17页;以及《清史列传》卷13,1928,第23页。方苞,见《方望溪全集》,第248页(蚯蚓一事)。

与此同时，北京发生了一起更令人震惊的冤案，吏部郎中陈汝弼无辜受审。追根溯源，祸首便是胤礽。冤案的起因，仅仅是由于陈汝弼拒绝把胤礽党成员所要求的官职委任给他们。当时的最高司法机构三法司堂官对陈汝弼的审判全然是对司法的践踏。都察院左都御史舒辂、刑部尚书王掞及大理寺卿劳之辨，由于效忠胤礽而串通一气。所幸的是，康熙通过他的耳目王鸿绪获悉了逼供、制造伪证及收买法官的细节，因而得以澄清事实。并将卷入该事件的一些官员革职或降职。尽管从来未曾点明胤礽干预此事，但显而易见，只有太子才有权驱使这些老资格的官僚，以至于王鸿绪请求皇帝本人慎重处理。①

在康熙四十六年（1707）的最后一次南巡中，皇帝与太子之间的监视和反监视斗争激化了父子矛盾。由于康熙对太子的肆恶行为有了新的了解，他对自己儿子的姑息态度便面临着严峻的考验：如果继续包容，就可能使他失去儒家政治哲学中的基本要素——天赋君权。在康熙的心目中，对失去君权的担心是与尽孝的无比重要性连在一起的，因为他一贯认为，最大的不孝就是失去从父亲手里继承下来的并由他自己在祖母的帮助下日趋巩固的江山。但是，胤礽也是康熙遵祖母旨意册立的太子。痛苦的抉择，使康熙进退维谷。

四十六年南巡的前一年，已经有明显迹象表明康熙的忧心忡忡，他似乎看到了上天降下的不祥之兆。四十五年初，一场大旱使康熙陷入极度苦恼，他在给李煦的密信中道出了不可掩饰的忧虑："近日京中少雨，朕心时刻未安，未知南方情形何如也。更有嘱者，凡京中浑账人等指视等事，一概不听才好。"

---

① 《文献丛编》，第77～80页；《清圣祖实录》卷221，第1b、3、6b页。

此主意甚是要紧，不可疏忽。"① 人们会奇怪，康熙在处置这帮"浑账人"时为何如此拐弯抹角？他本来可以直截了当地命李煦缉拿他们，但是他并没有这么做，而是一味避免与这帮人背后的势力交锋。

康熙给李煦的密信发出不久，更令他困惑的事接踵而至：苏州米价暴涨；一场严重的地震震撼了北京的紫禁城；台湾局势不稳，有对大陆军事进攻之虞。②

康熙对这些事态的反应依然是间接的，至多不过是预防性的。四十五年末，他未做任何解释，便命辞职后被他留在京城的熊赐履返回南京。同时，命曹寅对熊赐履严加监视，因为康熙对熊赐履猜疑很深。③

此外，康熙对胤礽的防范也在加强。四十五年初，他带胤礽巡幸京畿，盛夏又同至热河避暑山庄。返京后，父子二人恭谒孝陵，康熙在这里向他的父亲和祖母奠酒举哀。④ 显然，在帝王政治中，如此虔诚的礼仪不能仅仅解释为例行孝道。对康熙来说，这样的举动，常常意味着他遇到了难题，希望求助于祖母的神灵。此刻困扰他的问题是，应否接受再次南巡的建议。

按理再次南巡并无必要，但太子党却极力促其成行，

---

① 康熙四十五年二月李煦奏折，收录于《文献丛编》，第859页。
② 苏州大米走私，见康熙四十五年三月李煦奏折，收录于《文献丛编》，第859页。地震和台湾局势，见《清圣祖实录》卷224，第16b页；卷227，第3b页。
③ 《清圣祖实录》卷222，第7b页；康熙四十八年三月曹寅奏折，见《文献丛编》，第859页。
④ 这三次出巡，见《清圣祖实录》卷224，第11b页；卷225，第15b页；以及卷227，第21页。胤禔（皇长子）和胤祥（皇十三子）身在其中；春天出巡时，胤禛（皇四子）和胤禟（皇九子）加入进来。

因为胤礽想再访纸醉金迷的江南。最初,当太子强有力的支持者、两江总督阿山敦请皇上南下阅视溜淮套防汛工程时,康熙以不必亲往阅视为由拒绝了这一请求。有意思的是,他同时申明,数次南巡,当地官民"不无劳扰"。尽管诸大臣一再奏请皇上接受阿山建议,康熙仍拒绝就此事迅速做出决定。

在此期间,阿山于四十五年十一月二十日(1706 年 12 月 24 日)被调往北京,升任刑部尚书。刑部正是由太子心腹控制的部门。①

经过长期考虑,康熙为了笃遵孝道,终于决定南巡。因为他曾就此事奏闻皇太后孝惠,求赐懿旨,太后很可能受太子的催促,命康熙接受南巡建议。她说:"事关重大,故诸大臣合词恳请。……皇帝躬临指授,于地方民生甚有裨益。"康熙遂于四十五年十二月二十七日(1707 年 1 月 30 日)颁谕,"祗遵懿旨",将南巡阅视河工。②

事实上,这次南巡由于运河封冻,不得不用人工凿冰开道,只不过是一场闹剧而已。所以康熙费时一月之久才到达工地。可是他仅过了一天就发现自己被大臣们骗了。这项工程根本行不通:施工方案与原来呈交皇上的图样迥然不同,倘若施

---

① 康熙拒绝下令,见《清圣祖实录》卷 224,第 4~6b 页;阿山新的任命,见《清圣祖实录》卷 227,第 21 页;耿额、巢可托,作为阿山刑部尚书的继任者,见《清圣祖实录》卷 231,第 23 页。巢可托与太子党的关系,见康熙四十七年(1708)王鸿绪的奏折,第 25 号,收录《文献丛编》,第 91 页。王鸿绪说,巢可托是太子党领袖托合齐的追随者。耿额是索额图的"家奴"及死党(《清圣祖实录》卷 248,第 17 页)。
② 最终接受建议与皇太后的干预,见《清圣祖实录》卷 227,第 28~29b 页。

工，不独坏民田庐，甚至毁民坟冢，而且要凿山穿岭，断难成功。①

本来只有丧失理智的人才敢如此欺骗皇上，因为皇上说的话即法律，他会将这样胆大妄为的人处死。然而，康熙没有去追究这一骗局的真正制造者，却训斥河道总督张鹏翮及河工官员。直到他回京得到可靠消息，即"张鹏翮、桑额俱以为不可开，而阿山独强以为可开"，才罢免了阿山刑部尚书的职务。②

康熙阅视河工之后，继续南巡。此后，他便不断得到胤礽在随驾巡视中胡作非为的报告。胤礽疯狂地搜寻"美女"和"姣好少年"，这说明了他不惜借伪造河工计划以促使皇上再次南巡。

三月十六日（4月18日），即皇帝一行抵达苏州的第二天，康熙派心腹太监李玉送信给王鸿绪，③密令他亲自调查非法买卖少年男女一事。康熙认为此事极为敏感，所以警告王鸿

---

① 《清圣祖实录》卷228，第10~13页。
② 《清圣祖实录》卷229，第17页。
③ 李玉是"御前太监"，在皇帝与朝廷的联系中，似乎是个重要人物，被特别委以与外国人打交道。康熙四十一年三月三十日（1702年6月26日），他与何世亨（可能是内务府郎中）以及御书处的赵昌向耶稣会士传达"1702年4月26日敕令"，见 O. F. M. Antonio Sisto Rosso, *Apostolic Legations to China of the Eighteenth Century*, South Pasadena: P. D. and Ione Perkins, 1948, p.234. 此外，皇长子胤禔收到谕令，令他与李玉一道处理传教士事务。何世亨是苏努家的成员，后来发现他们和胤禔是反胤礽集团的重要成员，再后来李玉是胤禩的同党（《清世宗实录》卷45，第11页）。在一次可能牵涉胤礽的调查中，康熙令李玉作为他与王鸿绪之间的沟通者。关于李玉和胤禔的关系，见 O. F. M. Antonio Sisto Rosso, *Apostolic Legations to China of the Eighteenth Century*, p.250, 康熙四十七年四月十六日的文件。

绪"亲手蜜蜜（密密）写来奏闻，此事再不可令人知道，有人知道尔即不便矣"。①

王鸿绪的密折令人震惊，它揭露了皇室成员和与内务府有密切关系之人以及皇家侍卫的种种恶行。这些人不择手段地买卖少年男女，而且得到地方执法官员的公开协助，他们或发出"缉捕状"，或以武力威逼老百姓卖儿卖女。这些官员还声称，这么干是得到"御前人员"许可的。当地有势力的盐商和与日本进行"铜斤"贸易的经纪人（他们作为内务府的承包人，代表内务府的经济利益）也参与了这一非法活动。所以王在奏折中说，卷入这一活动的人和团伙太多。②

从某种程度上说，这种非法活动是康熙赞赏南方文化，特别是对南方昆曲的爱好所产生的副作用。由于皇上的偏好，昆曲在北京很是流行，迷恋南方文化的满洲亲王之家竭力附庸风雅，要与富有的汉族官僚学者和著名的艺术赞助人并驾齐驱。到17世纪80年代末，前文提到的《长生殿》传奇，已由南方文人洪升全部编为戏剧，在京城成为节日和合家欢聚时（生日、婚礼之类）必演的节目。同样，在康熙南巡时，地方官也认为这是招待皇帝必不可少的节目。③

在封建中国，伶人的社会地位低下，受人歧视，与妓女同被视为"贱民"，他们的子弟不能参加科举考试。有钱人可以合法地买穷人家的孩子，只要他们的父母同意即可。这些孩子或成为妾（如果是女孩的话），或成为包衣，或经训练后

---

① 王鸿绪奏折，第20件，见《文献丛编》，第90页。
② 王鸿绪奏折，第20件，见《文献丛编》，第90页。
③ 昆曲的流行，见陈万鼐《元明清戏剧史》，1966，第404～414页。

成为私人戏班的演员。譬如,身为内务府包衣的苏州织造李煦的职责之一,就是在南方为康熙的私人戏班购买少男少女。①

不过,南方的人口买卖已经成了有损圣上形象的丑事,因为所有非法购买人口者都说是得到"御前人员"的授权。种种迹象表明太子胤礽是这一非法活动的后台。康熙在四十七年(1708),斥责胤礽"同伊属下人等"与"外间妇女"和"姣好少年","恣行乖戾",即指胤礽在这次以及前几次巡幸时的恶劣行径。

王鸿绪的密折与康熙对胤礽的谴责完全吻合,并且提供了胤礽劣迹的细节。此外,密折的内容还有助于我们理解为何康熙担心他会失掉对清朝的统治权。

购买少年男女确实牵涉许多人,诸如关差、宫廷侍卫,甚至广善库郎中等,他们都是内务府或皇家侍卫。此外,还有一些被罢了官而又想以自愿为政府捐献的办法重新获得官职的人。太子令其心腹凌普协助办理此事。一如前述,凌普是太子乳母的丈夫,他刚被任命为内务府总管,并兼管广善库。康熙后来承认他任命凌普这一职务,就是为了便于胤礽随时取用金钱挥霍。现在,总管本人竟然也加入了买卖少年男女的活动!②

王鸿绪重点调查了一个名叫范溥的可疑人物。大致看一下这个人的背景,我们就可以了解康熙朝所谓"仁政"的性质

---

① 参见康熙三十二年十二月李煦奏折,《文献丛编》,第854页;以及四十六年八月李煦奏折的朱批:"今岁年成不好,千万不可买人。"也参见《养吉斋丛录》卷13,第8b页(内务府的苏州女戏子)。

② 凌普,见《清圣祖实录》卷219,第6b页;卷324,第17b~20页。

以及太子在人口买卖中所扮演的角色。①

范溥是安徽省徽州府人。此地出了许多有钱有势的盐商和铜商，其中就包括程、范两家及范溥一个居住在苏州的程姓近亲。作为巨富，这些人在朝中和地方上都有影响力。他们因垄断食盐而得以确保岁入，而且能利用其资本操纵铜钱的价格从而牟取暴利。在清朝前半期，这些商人每年向政府捐纳巨额金钱，以谢皇恩。一个盐商，一次就捐赠几百万两白银。在皇帝需要金钱用于军事行动时尤其如此。这一收入，加之出卖官缺的收入，是政府岁入的重要来源。②

---

① 范溥，简介见《徽州府志》（1827）和《东平州志》（1771）卷12，第49页。也见王鸿绪奏折，第20、21、22件，《文献丛编》，第90~91页；以及康熙四十八年十二月初二日李煦奏折，《文献丛编》，第866页。雍正四年（1726）皇帝批示三月二十日云南巡抚鄂尔泰奏折（第3件），说范溥"乃可恶小人"。见《朱批谕旨》。

② 来自徽州府的程氏以及他们在盐、铜专卖中的作用，见山脇悌二郎『長崎の唐人貿易』東京、1964、185~194頁。程家一些有权势的成员迁至江苏新安，见《程氏祖谱四种》（1895，东洋文库本）。与南巡有关的人，程銮——他可能是通过向官府捐输被任命为浙江粮道，主要负责在杭州西湖修建行宫。据王鸿绪密奏（奏折第3件，见《文献丛编》，第91页），程銮的父亲程增是位有影响的"纲商"，从事两淮地区的盐业专卖。康熙五十年（1711）程銮错办漕粮，被解职（《清圣祖实录》卷248，第12页）。程光奎也是盐商子弟，卷入康熙五十一年江南科场案，"不通文理"，借助作弊中举（《清圣祖实录》卷248，第8b页）。参见1711年和1712年曹寅奏折（第1~6件），《文献丛编》，第291~293页。曹寅档案，第2757件（置于康熙五十一年四月二十二日的请安折封套中）、第2758件（置于康熙五十一年五月初三日的雨水单封套中）、第2759件（置于康熙五十一年四月初三日奏报刊行钦定《佩文韵府》奏折封套中）、第2760件（置于康熙五十一年五月二十二日奏报天气折封套中）、第2762件（置于康熙五十一年三月二十七日奏报署两江总督郎廷极抵任折封套中）。这些奏折刊行于《文献丛编》，第291~293页，再次收录于《故宫文献》第2卷第2期，1970年，第182~187页。两次刊行时都未有明确日期。盐商的捐献，见佐伯富『清代盐政の研究』9页。另参见《永宪录》，第150、259~260、378、397~398页。

内务府广善库有权与这些商人就食盐垄断签订契约,或特许他们作为政府的代理人采办洋铜。当时的官方文件称他们为"内务府商人"。① 不难看出,这些商人之所以在皇帝巡幸时慷慨地款待皇帝一行,之所以与内务府官员协力参与人口买卖,正是因为他们要以此报答内务府的恩惠。

作为这个商贾阶层的一员,范溥可称得上一个"官僚资本家"。他当过知州,现在正力图获得道台的官职。他为了优先获得这一官职,特向政府捐赠了一些军马。他在京城官场中交往甚广,并与皇帝的南书房行走查升联姻。查升是最有权势的朝臣之一。②

在选购少年男女时,范溥得到太子在地方上的心腹们的支持。新上任的江苏按察使和负责征收粮税的同知姜弘绪是为胤礽效力的地方司法官员。这位苏州督粮同知应范溥的要求出票,勒令老百姓卖掉儿女,唯一的理由就是他们的儿女俊秀。按察使马逸姿原是江南苏松督粮道,三月二十六日(4月28日),康熙在巡幸途中做出擢升在职按察使张伯行为另一省巡抚的决定后,马逸姿奉"特别谕旨"升任新职。张伯行为北方河南人,以"操守为天下第一"而著称;而马逸姿是太子的人。擢升张伯行很可能是太子玩弄的花招,旨在把他的心腹马逸姿升为江苏最高司法官。如同京城刑部由太子的心腹所控制一样,南方的司法部门也由忠于太子的人所把持。③

---

① 《皇朝文献通考》卷14(考4976);佐伯富「清朝の興起と山西商人」『社会文化史学』1966年3号、13頁。
② 范溥、查升,见王鸿绪奏折,第20、21件,见《文献丛编》,第90页。
③ 马逸姿,见《清圣祖实录》卷229,第7b页;以及《永宪录》,第306页。张伯行,见《清圣祖实录》卷229,第7b页;卷251,第15b页。

了解这一背景后，就可明了为何范溥如此大胆，竟然宣称"御前第一等人"授权他从事非法交易；为何他竟敢在皇帝访问苏州附近时，手持"御箭"携带妓女招摇过市。

范溥理所当然地成为康熙调查的首要目标。由于范溥与太子有关联，他自然也是本书考察的对象。王的密折还提供了若干细节。四月十四日（5月15日），即王鸿绪接到密旨四周之后，他向康熙呈上第一道密折，当时皇帝正从杭州返回苏州途经石门。王鸿绪与地方官混在一起在石门迎接皇上，乘机将密折交给太监李玉。

在密折中，他感谢皇上的信任和关怀，写道："自蒙圣主密委，凡有奏折皆系臣亲手书写，并无旁人得以窥见。况此事关涉甚多，尤所当慎之又慎，时刻凛遵者也。"①

他首先述及两个比较次要的人物："苏州关差章京买昆山（昆曲发源地）盛姓之女，又买太仓吴姓之女，又买广行邹姓之女。革职科员陈世安在苏买人，要营谋起官。"值得注意的是，昆山是"徐氏三兄弟"的故乡。徐乾学一度是南党的首领，他的两个弟弟元文和秉义，曾在康熙朝任大学士和吏部左侍郎。太仓是效忠太子的刑部尚书王掞的故乡。这帮南方名士已经败坏了康熙朝官僚机构风气，而现在那些追求官职的经纪人在南方干的人口买卖，又进一步腐蚀了满洲政体。范溥在人口买卖中的无耻行径，正表明了这种侵蚀的严重程度。王鸿绪在密折中继续写道：

> 原任陈平州知州范溥，今捐马候补金事道，本籍徽州，在京各处扯牵。前日因进花给以御箭，范溥遂假以御

---

① 王鸿绪奏折，第20件，见《文献丛编》，第90页。

箭带领娼妓行走。又范溥在常熟县以银五百两强买赵朗玉家人之子。其子并非戏子，因生员严鋆在范溥面前说及，遂令苏州督粮同知姜弘绪出票强要去。

他认为背后支持范溥的当权人物似乎就是"御前人员"：

又范溥强买平人子女，皆托御前人员名色，其着落总不可问。其父母不允者，嘱姜弘绪出票强要。

如同干其他非法交易一样，这帮人口贩子也使用代号，甚至连王鸿绪这样的当地人也说不知道这些代号的含义。"票上有小手、玉蛹之称。据说男曰小手，女曰玉蛹，不知出于何典也。"王鸿绪可能真不知道这些代号的含义。抑或他明知故昧，更为妥当。"小手"是男妓的委婉说法，而"玉蛹"则指妓女。①

密折还述及"御前"的周围人物，即皇家侍卫以及与皇室有关系的人的活动：

侍卫五哥②买女人一名，用价四百五十两。又买一女

---

① 参见王书奴《中国娼妓史》，1935，第 322 页。
② "五哥"，无疑是正确的写法，在康熙朝的官方文献中可以找到，如《圣祖仁皇帝起居注》康熙五十一年四月二十三日和五十四年七月初六日用字相同，称他是"乾清门一等侍卫副都统"（经核对，前一处起居注的书写是"五格"，见《清代起居注册·康熙朝》第 20 册，联经出版事业公司，2009，第 1138 页；后一处是"五哥"，但官职是"乾清门闲散大臣"，见《康熙起居注》第 3 册，中华书局，1984，第 2182 页。不知原注是否另有依据。——译者注）。还有另两种同音写法，一是"武格"，出现在《清圣祖实录》卷 221，第 22b 页。二是"伍格"，出现在《清圣祖实录》卷 47，第 13b 页；《永宪录》，第 206 页。

子，价一百四十两。又一婢，价七十两。方姓媒婆成交。侍卫迈子现在各处买人。广善库郎中德成格买有妇人，闻现在船上。

购买人口者也不止上述这些人，王又写道："此外纷纷买人者甚多，或自买，或买来交结要紧人员，皆是捏造姓名，虚骗成局，即卖女之父母止到其包揽之家收受银两，一时亦不能即知其买者何主。"在密折的结尾，王敦促康熙仔细审阅密折，并请赐"御批密发"，把密折还给他，以确保君臣通信的秘密。

康熙写在密折后的批语丝毫没表露他的倾向，他仅仅写道："知道了。"这仅表明"已阅"，至多表明"我明白"。不过，在人名迈子下面批注"无此名人"，也说明了康熙对密折的反应。

这一批注有双重含义。其一，尽管皇帝不知道迈子这个人，但看来此人很可能就是迈公，他曾与乾清门侍卫五哥一起接受了吴存礼的金钱。吴在康熙五十五年至雍正元年（1716～1723）间任江苏巡抚，是南方臭名昭著的赃官（如宫中档密折所展示的）。① 其二，由于康熙仅仅指明他不知道迈子这个人，那么他一定知道其余的人。譬如，倘若德成格不是广善库郎中的话，那么康熙就会在他名下注明"无此名郎中"。再者，五哥是他经常派遣执行使命的侍卫。人们会奇怪，康熙为何不想惩罚这些犯法的御用官员。

---

① 参见尹继善档案，无日期。这一报告是在雍正的要求之下，由江苏巡抚尹继善（1728～1731在任）呈递的，以吴存礼家仆所呈信息为基础，开列了至少137个名字——大臣、八旗官员等人。这些人接受了吴存礼的金钱。他送礼超过了五十万两白银。迈公从他那里得到了"一千八百两"。

康熙把密折保存了十天,直到他在回京途中抵达扬州时才还给王。他和太子再次在那座位于宝塔湾畔豪华的行宫中,享受着盐商们的款待。无疑,富商们安排了穷奢极欲的娱乐,宴会、戏剧是必然有的,同时,在行宫和沿湾停泊的御舟上也会发现不少的"小手"和"玉蛹"。康熙利用在行宫中作乐的纷乱时刻,派太监李玉将第一道密折还给了王鸿绪,此事是确凿无疑的。①

康熙于四十六年五月二十二日(1607年6月21日)回到京城,之后到郊区别墅。王"恐露形迹",没有再上密折。康熙于六月初六日(7月5日)离京到热河避暑(在那里一直待到十月二十日)。六月十六日(7月15日),王呈上第二道密折,密折夹在一封发自南书房的论述文学问题的通信中。② 这道密折述及南方两类购买人口者——商人和地方高官:

> 臣续访得铜商阎姓买三人,一吴姓,泰州人,年十七岁;一张三娘,苏州人,年十八岁,善丝竹;一王姓,吴县县前换钱店之女,年十六岁。又杭州布政(使)黄明买三人,内一系米行陆南林之女,其二人未知其确姓。又扬州商纲③到苏买人,不一而足。

---

① 在扬州,见《清圣祖实录》卷229,第12b页;以及王鸿绪奏折,第21件,《文献丛编》,第90页。
② 这是王鸿绪奏折,第21件,见《文献丛编》,第90页。
③ 正确的写法应是"纲商"。见王鸿绪奏折,第24件,《文献丛编》,第92页。"纲"的意义,见康熙四十三年十一月二十二日和五十年三月初九日曹寅奏折,《文献丛编》,第295页;《清圣祖实录》卷233,第3b页;《清史》,第1497页;以及光绪《钦定大清会典事例》卷223,第3b页。

王继续写道:"以上皆彼此明买,并非诓骗。"他再次提及范溥这个在人口买卖中的特殊人物:

> 惟范溥指名要紧人员,并挟持地方官牌票,初强买赵朗玉家小童,臣前折已经奏过。后闻其母到虎丘叩阍,知府贾朴误认为告地方官之事,着衙役押去圈住,不得具状。又强买卖香油柳姓之女,又强买一妓女,又买十三四岁者八名,不知送于何处。

王鸿绪呈上第一道密折五天后,"御前第一等人"便把王的秘密使命告诉了范溥,并警告说,有人在说他的坏话,因而王鸿绪感到畏惧。由此,可清楚地看出太子的操纵作用:

> 自圣驾到虎丘两日,范溥向伊戚程姓云,有汉大臣说我不好,我不去送驾罢。程姓云,是太监与你的信么?范溥云,不是太监,是御前第一等人(此处有朱批:此第一等人是谁?)与我的信等语。

康熙真的不知那是何人?令人怀疑。因为,在朝中"御前第一等人"只有一个,即太子(如果让他判定御前"第四等人",甚至"第二等人",确实是困难的。因为那时康熙尚未选定可以取代胤礽的人。接见朝臣时,只有胤礽坐在他右边,其他皇子均坐在御座下面)。

王鸿绪之所以感到畏惧,还有另外一个原因:"范溥在山东包揽捐纳,又系查升第二子之亲家。平日引其结交侍卫及各王府以下杂色人等甚多,故有人送信与之是真。以范溥之神通广大,①加以查升之多言好事,臣将来必受其中伤。"

王鸿绪敦促皇帝警惕"有人"在监视他,只是没提太子的名字而已:

> 臣更有切陈者,皇上行事至慎至密,人莫能测,真千古帝王所不及。但恐近来时候不同,有从中窥探至尊动静者。伏祈皇上密密提防,万勿轻露,随事体验,自然洞鉴。

今天的读者或许觉得王鸿绪有欠直爽,但作为皇帝的一个臣子,他已在许可的范围内竭尽其能阐明他的看法。因此,王鸿绪还觉得自己太直言不讳,感到有请罪的必要:"此臣一片报效愚忠,冒昧渎陈,抱罪无地,伏翼天慈涵宥。"

然而,他还是十分担心,故而直截了当地恳请皇上:"此臣密折伏祈即赐御批密发,并望特谕总管面交臣手,以免旁人开看之患。又折子封套之外用纸加封,止写'南书房谨封'字样,以隐臣名。合并奏明,谨密奏。"② 这次,康熙仅在奏折之后写了一个"是"字。

尽管王鸿绪获悉他的秘密使命已为范溥本人知晓,但仍坚

---

① 王鸿绪对于范溥的指控得到了另一密报的支持,见康熙四十八年十二月初二日李煦奏折,《文献丛编》,第866页。
② 王鸿绪请求,康熙在返回他的奏折时,在奏折封套之外用纸加封。应此要求,康熙在封套背面书写"南书房谨封",封套正面左侧写:"字谕总管亲手交于王鸿绪。"关于王鸿绪的请求,见康熙四十六年六月十五日奏折,第21件,《文献丛编》,第90页。笔者在台北"故宫博物院"查看了这一封套。台北"故宫博物院"有九件由王鸿绪在四十六年四月二十四日至九月二十三日间所写的奏折,其中四件是例行的请安折。

持调查范溥的活动。他接到他在南方的密探的情报后，在北京写了第三道密折。密折的前半部述及神秘的范溥，后半部述及世风日下的当地情况。他写道："臣王鸿绪谨密奏……臣初得范溥告诉伊戚之语，心中畏惧异常，即托人再访问，其所言第一等人还是亲近侍卫们，还是更在上一层的人，程姓云，这不敢说，因此不得其人名。"①

这就是说，王鸿绪试图利用密探查明这个"第一等人"的身份，他认为康熙需要这一情报。接着谈到他第二次诱使程吐露真情："臣在扬州时，复托人回苏再访之程姓。昨得家信云，程姓说，这人岂是平等，我万万不敢说的。"

至于康熙，他只好继续佯做不知。他在王鸿绪的密折后批道："范溥一事再无一人知道，若有人说出，非侍卫马五说了。'第一等人'真不知从何说起。"

既然康熙知悉他儿子的所作所为，他定然开始意识到胤礽道德败坏的程度以及南方淫逸的风气对他的恶劣影响。然而，他对此的公开反应不过是在四十六年（1707）十一月下达了一道敕命，声称凡敢拐卖人口者严惩不贷。② 直到一年后，上天降以更严重的恶兆，对其治国进一步"表示"不满，他才含糊其词地承认他知道胤礽卷入了这一罪恶活动。

---

① 王鸿绪奏折，第22件，见《文献丛编》，第91~92页。
② 康熙四十六年十一月十九日上谕，见《康熙御制文集》四集。

9 觊觎皇权者

康熙四十六年（1707）十月初，康熙仍在热河避暑山庄时，他告诉胤礽似乎感到"有一事将发"。① 尽管我们不能判断康熙这种预感的来由，但我们知道，在上次南巡中，王鸿绪给他的情报使他十分不安，加之上天不断在南方降下不祥之兆，他更加焦灼。

当时，南方盗案不断发生，王鸿绪密折曾述及，当皇帝一行仍在苏州郊区虎丘时，一帮盗匪放炮涌入城内，把省城库银尽数劫走。这些人持有兵部侍郎的伪札，他们代表着该地区的反清武装。尽管江苏巡抚只是向康熙轻描淡写地说这不过是"一班大盗"，② 但是实际上，这无异于一场暴乱（出于治理不善而引起的这场暴乱是上天震怒的佐证，巡抚不敢如实禀报，以免累及自己）。

日益严重的地方骚乱由于官僚的麻木不仁而愈加激化。浙江布政使黄明显然是太子的走卒。在皇帝最后一次南巡中，他动用藩库存银款待康熙一行，并购买少年男女当礼品馈赠。为了弥补由此造成的亏空，他试图增加三成"耗羡"（附加税），这在省城杭州引起了一场强烈的抗议

---

① 《清圣祖实录》卷234，第8a～b页。
② 康熙四十六年六月十七日王鸿绪奏折，第22件，见《文献丛编》，第90～91页。

活动。①

王鸿绪的密折使康熙警觉起来，他紧张地注视着其他不祥之兆。他与包衣李煦和曹寅的秘密文书往来说明了他的精神状态。他向李煦写道："朕南方回来即闻江南盗案颇多，地方文武所管何事！近日又闻江浙少雨，唯恐盗案又多些。"② 他向曹寅写道："南方亢旱，朕心甚为不安，又闻盗案最多。"③

年底，他再次给李煦写信，心中显然想着买卖少年男女的事。他说："今岁年成不好，千万不可买人。地方之事一概不要管。近日风闻南方有私派之谣，未知实否。"④ 康熙的担心是很有道理的。他自南方返京不久，即从不同渠道获悉更多的关于南方骚乱的情报。一念和尚造反使心神不安的康熙受到第一次严重震撼。

---

① 康熙四十六年九月二十三日王鸿绪奏折，第23件，见《文献丛编》，第90~91页。有一次，浙闽总督梁鼐说黄明"贪纵不法"。而黄明则夸口："当日坏官问成死罪，我尚不惧，天下谁人不知我黄明，钱是明要几个的！"黄明公开进行敲诈，贪污五十多万两白银（这相当于浙江省全部年收入的10%）；尽管梁鼐对他"激切告诫"，但他"总置若罔闻"。见康熙四十七年八月初十日梁鼐奏折，《故宫文献》第2卷第2期，1970年，第174~177页。在同一奏折中，王鸿绪揭示了皇帝南巡一定程度上造成了地方政客间的对立。康熙四十四年南巡间，浙江巡抚是张泰交，他交付程銮（见本书第123页注2）繁重的款待皇帝一行的任务。四十五年王然继任张泰交出任巡抚，他令道员高其佩备办四十六年迎驾事宜。不用说，程銮不满于这一任命，说高其佩对于备办的支出没有任何贡献（这些款待的金钱是来自地方官员的捐献，而这些官员必须设法找回他们这一额外开销，加之薪俸很低，他们只得去贪污）。

② 康熙四十六年六月李煦奏折的朱批，见《文献丛编》，第860页。

③ 康熙四十六年六月二十日曹寅奏折，见《故宫文献》第2卷第2期，1970年，第150页。

④ 康熙四十年八月李煦奏折，见《文献丛编》，第860页。

据报,十月二十六日(11月19日),一念和尚"给札惑众",他"使民歃血为盟,举旗造反"。他的追随者"红布裹头,竖明朝皇旗"。一念发的委任状盖有"大明天德朝"印记。后来虽然一些造反者被拿获,但是一念却逃逸了。①

官方向皇帝上奏时,把这一事件说成另一个一般盗匪案。在与上千名造反者作战中,官军一名游击战死,而官方却说他是落马受伤致死。② 如此隐瞒地方骚乱的严重性,使康熙极难获悉可靠的情报,因而,当康熙获悉一念和尚造反这样严重的事件后,更加忧心如焚。

南方的和尚怎么会参与当地的造反事件呢?我们知道,从清朝入主中原开始,许多忠于明室的汉族知识分子纷纷出家为僧,以遁入空门的方式表明他们并非清朝臣民,并在法号的掩饰下隐瞒了真实身份。一念就是这样一个"和尚"。

康熙采取了非常措施镇压一念。他派以满族户部侍郎穆丹为首的钦差前往审讯被捕获的一念追随者,还命穆丹晓谕南方寺庙僧徒与政府合作缉捕一念,并严重警告他们,倘若窝藏不报,一经发觉将严惩不贷。③

他尤为担心一念造反对其他地区的影响。当李煦从苏州奏报这一案件时,康熙在朱批中写道:"此一案朕早已知道了,又闻四明山有贼,尔蜜蜜(密密)访问明白奏来。"他还向当时闽浙总督梁鼐发出指令:"凤闻四明山盗匪甚多,地方官近日所为何事!查明奏来。"后来他又命令梁鼐务必将余匪一网

---

① 康熙四十六年十二月初七日李煦奏折,见《文献丛编》,第860页。
② 康熙四十七年二月十三日梁鼐奏折,见《故宫文献》第2卷第2期,1970年,第143页。
③ 《清圣祖实录》卷232,第11b页。

打尽。①

南方百姓对这一次造反的看法，也是康熙关注的问题。他在李煦的《奏报访查浙江四明山贼匪情形折》的朱批中写道："贼已靖否？再访再奏。众人议论如何？"一念案影响很大，不仅在中国，而且在国外也引起了反响。日本传闻巡捕把一念的肖像张贴在各省追拿（一念最终在康熙四十七年落网，被凌迟处死）。②

在全国范围内缉拿一念的同时，康熙全力以赴，应对另一件据说是由"朱三太子"领导的威胁性更大的造反事件。早在康熙四十四年（1705），这个汉族的皇位觊觎者就引起了康熙的关注。不过，直到四十七年初春，两名造反首领被捕之后，"朱三太子"才被卷入造反阴谋。这次造反起于浙江绍兴，首领张念一（化名，真名为张君玉）与其弟张念二（真名张君锡）被捕后向朝廷供认，他们尊朱三太子为皇帝。③

朱三太子名朱慈焕，实际上他在兄弟中排行第四。真正的太子是明朝末代皇帝崇祯的第二子，他于顺治十二年（1655）被康熙的父亲顺治以捏造罪（即伪称明室太子）处死。之后，忠于明室的人士便借助朱三太子的名义使其造反更具号召力。

---

① 康熙四十六年十二月李煦奏折的朱批，见《文献丛编》，第862页；梁鼐请安折（无日期，但附于四十七年二月十六日奏折）之朱批，见《故宫文献》第2卷第2期，1970年，第146页。
② 康熙四十二年二月李煦奏折的朱批，见《文献丛编》，第862~863页；日本人的报告，见《华夷变态》，第2548页。处决一念，见《清圣祖实录》卷233，第19b~20页。
③ 朱三太子和张念一的资料，见《清圣祖实录》卷233，第9~10、11页；四十七年二月李煦奏折，见《文献丛编》，第862~863页。朱三太子的全面研究，见孟森《明列皇殉国后记》，收录于《明清史论著集刊》，1959，第28~77页。孟森引过一些稀见著述，包括稿本。

康熙朝第一起以朱三太子为名的造反，发生在康熙十二年（1673），与历时八年的"三藩之乱"同时爆发。从那时起，虽然时而有零星的反抗，但不难平息，康熙并没有焦虑不安。然而，现在由于他自己的太子不成器，所以这个以恢复明朝统治为目标的皇位觊觎者的再次出现，一定使康熙感到他确实有愧于上天赋予他的君权，因而更加担心。

实际上，朱三太子可能从来没有直接参与过颠覆清政权的活动。清朝统治者于顺治元年进入北京时，他不过是个九岁的孩子。从那时起，他颠沛流离，先是逃到河南，在那里被一个忠于明室的人收留，以农耕为生。随后到了南方，可能为了掩护自己而一度出家为僧。后来，一个赏识朱氏文才的人把女儿许配给他，他还有一个妾，生有六子三女。

康熙四十四年（1705），朱三太子到宁波，结识了当地的秀才张月怀（亦以张学廉知名），并化名为张老先生。四十五年，他被发现并被控从事"邪术"，"征集军队"。那年七月，他的三个儿子和一个孙子被捕入狱，家中的六个女性（两个妻子、三个女儿、一个儿媳）自缢身亡。朱逃到山东，化名王士元，号称王老先生。四十七年，被俘的造反首领张念一招认了朱三太子的行踪，使他终于在山东被捕。七十五岁的朱慈焕被锁押到北京，受刑部审判。[1]

最初，刑部没有发现朱三太子有颠覆罪行，[2] 康熙也对朱案持公平态度。当康熙派钦差穆丹到浙江进行初审时，他对穆

---

[1] 对于王士元（朱三太子）的审理和处置，见赵弘燮奏折，收录于《史料旬刊》，第20~22页。也见四十七年三月二十六日曹寅奏折，《故宫文献》第2卷第1期，1970年，第152～154页，以及所附《浙江审事略》。

[2] 孟森：《明列皇殉国后记》，《明清史论著集刊》，第48页。

丹说:"朱三者,乃明代宗室,今已七十六岁,伊父子游行教书,寄食人家。"①

朱被押到北京后,康熙命明代老太监辨认他的真伪。他们没有认定朱就是明代皇子。因为一方面他们实际上难以从一个七十五岁的老人身上辨认出当年一个九岁儿童的容貌;另一方面,他们也不敢辨认,因为他们记得顺治十二年那桩案子,当时所有认出明太子的人均被杀掉。

刑部没有充分证据判朱有罪,却做出一个武断的判决:"朱某虽无谋反之事,未尝无谋反之心。"②

这一莫须有的罪名使朱被凌迟处死。当时刑部被太子党把持,这一死刑判决可能源于胤礽。③ 可以想见,太子希望除去

---

① 《清圣祖实录》卷 232,第 22b 页。
② 孟森:《明列皇殉国后记》,《明清史论著集刊》,第 47、48 页。手稿由李方元所写,他聘请朱三太子做他在山东的孙辈的老师,因而被流放东北。朱三太子被刑部认为"明系假冒"(《清圣祖实录》卷 235,第 9a~b 页)。
③ 掌控三法司的是胤礽的三个同党:王掞——刑部汉尚书;舒辂——满左都御史;劳之辨——汉大理寺卿。见《文献丛编》,第 95、106~109 页;《国朝耆献类征初编》卷 20,第 13~16b 页。除了这一明显的形势外,还有间接的证据,来自"《南山集》案",胤礽是迫害朱三太子的幕后之人。《南山集》中记录了顺治十二年处理了那些认识明太子的太监。后来,在康熙五十年(1711),胤礽"摘其语",认为是敌视本朝,并说服了当时的左都御史赵申乔,纠劾戴名世悖逆[在胤礽(初次)被废后,赵成了忠实的助其复位者]。戴名世遭审判,他及许多家人被凌迟处死。指控为,在收集晚明史料编纂这一时期的历史时,戴名世使用明朝而不是清朝的年号——这是叛逆,因为它暗示清的统治是不合法的。这是中国历史上有名的"《南山集》文字狱"。戴名世的传记,见 Eminent Chinese of the Ch'ing Dynasty, 1644-1912, p.701。《南山集》议论崇祯太子,见孟森《明列皇殉国后记》,《明清史论著集刊》,第 42 页;胤礽在"《南山集》案"中的作用,见《清圣祖实录》卷 249,第 3a~b 页;以及《永宪录》,第 69 页。

这个汉族的皇位觊觎者。而康熙之所以牺牲这个无辜者,则是为了减轻他对明室复辟的担忧。

五月末,这项严酷的决定即将下达前,康熙接到曹寅的密折,述及有关明孝陵塌陷一事。曹寅之所以向康熙奏陈这一事件,因为他担心这种异常现象会使"谣言流播,讹传失实,有廑宸衷"。① 康熙确实为此而担心,因为当地的百姓既可把这一现象解释为明朝气数已尽,也可能解释为上天对康熙不满。在康熙的心目中,可能就存在第二种解释,因为他历次南巡时,都拜谒明孝陵,甚至把他的手书刻在石碑上,置于陵园之中,上天可能蔑视他向明开国皇帝做出的虔诚姿态。所以,他不无焦虑地向曹寅写道:"此事奏闻的是,尔再打听,还有什么闲话,写折来奏。"②

虽然康熙在接到曹的第二道密折前就判决朱三太子死刑,但直到收到传来有利消息的第二道密折后,他才下令执行判决。密折说:"扬州、镇江各处传闻略同,有疑看守不谨、盗发岁久致陷者,有说明朝气数已尽天陷者,有疑前明初起工程不坚者。小人之谈,纷纷不一。"③

实际上,曹以含糊其词的"纷纷不一"掩饰了于康熙不利的议论。国外的使节们,如朝鲜使者的叙述,就全然不同,而且是有损于康熙威信的谣言。甚至在康熙处死朱慈焕之后,南方仍流传着偏向朱氏的谣言——其一是朱三太子的军队强于

---

① 康熙四十七年五月二十五日曹寅奏折,见《故宫文献》第 2 卷第 1 期,1970 年,第 159 页。
② 康熙四十七年五月二十五日曹寅奏折,见《故宫文献》第 2 卷第 1 期,1970 年,第 159 页。
③ 康熙四十七年七月十五日曹寅奏折,见《故宫文献》第 2 卷第 1 期,1970 年,第 161~162 页。

官军，其二是大臣们建议派七十万大军（四十万人到江南，三十万人到浙江）平息南方之乱。①

日本通过其情报人员（往返于宁波和长崎之间的中国铜商），了解到一念和尚和朱三太子案。康熙四十八年（1709）的《华夷变态》中有两条写道：（1）在宁波大岚山征召匪徒的禅宗和尚一念，去春在苏州被捕，于去年十一月与其四十多名追随者一同被处死；（2）另，化名为王老先生，隐匿在山东的大明朱三太子，被控图谋反叛。他在山东被捕，在北京被处死。②

据康熙日后回忆，这两件事对太子有重大影响。事发后，太子想起康熙在热河的预感，他对康熙说："皇父之言验矣。"康熙的回答既讽刺，又具有预言的意味："尚恐未尽于此也。"后来，康熙就此写道："彼时亦不知所发何事。"③

---

① 《朝鲜王朝实录·肃宗实录》卷47，第20页。
② 《华夷变态》，第2610页。
③ 《清圣祖实录》卷234，第8a~b页。

10　废黜太子

　　康熙父子悲剧的高潮发生在康熙四十七年（1708）。当时，康熙正在木兰围场狩猎。狩猎场位于热河北一百多公里处，是承德避暑山庄的一部分。① 对康熙来说，避暑并不是"恬静的休息"，而是一般从初夏延续到秋末的勤政"假期"。热河位于内蒙古，东部毗邻满洲故里，北部则与同盟者喀尔喀蒙古相接。木兰地区崎岖的山地是进行狩猎训练的理想场地。这种训练既有追猎的乐趣，又可使部队保持满洲优秀的善战传统。

　　四十七年七月十八日（1708年9月2日），康熙离开热河去狩猎场，随驾人员有三万之多，他们是遴选的朝臣、侍卫、包括火枪手和猎鹰手在内的八旗军士兵、南书房的汉族文人学士，还有一些欧洲传教士。其中马国贤神父还记述了自己的见闻，提供了康熙一家在禁地中的生活情况。

　　皇室随驾人员总是包括妃嫔和一帮宫女、保姆、太监以及皇子及其妻室儿女。这次，康熙特别命胤礽（三十五岁）和胤祄（七岁）随驾。② 胤祄是著名的密嫔王氏所生。皇帝与这个

---

① 热河避暑山庄与周边环境之美，以及康熙在热河的私生活，见 Matteo Ripa（马国贤），*Memoirs of Father Ripa*, London: John Murray, 1846, pp. 72 - 75, 76 - 79, 115 - 116。

② 奉皇帝此次出行的其他皇子，是胤禔（皇长子，三十七岁）、胤祥（皇十三子，二十三岁）、胤祯（皇十四子，二十一岁），以及十多岁的胤禑（皇十五子，十六岁）、胤禄（皇十六子，十四岁）和胤礼（皇十七子，十二岁）。见《清圣祖实录》卷233，第3页。本书讲述的是康熙年间的事，十四子采用当时"胤祯"这一名字（雍正即位后，改"允禵"），作者还认为，十四子的名字原叫胤禵，康熙四十二年改为胤祯，见吴秀良《允禵更名与雍正继位问题再探讨》，《清史研究》2013年第3期。——译者注

幼子及其母亲的关系，构成了康熙与太子矛盾高潮的序幕之一。

年已五十四岁的康熙，此时对汉族女人很感兴趣，在众多的汉族妃嫔中，王氏最为得宠。康熙对妃嫔们的眷爱不断变化，这一点是颇具意义的。因为这对他的孩子们，特别是对太子来说关系重大。①

胤礽知道祖父顺治的所作所为，由于迷恋宠妃董鄂氏，他废黜了第一个合法皇后，鄙视第二个皇后（现在的太后孝惠），尤为重要的是，倘若董鄂氏之子不夭折的话，顺治肯定会把他立为太子的。现在，康熙对这个汉嫔及其儿子所怀有的感情，看来与当年顺治的情形相似，因而胤礽很可能想到他的太子地位会被剥夺。

由于一个妃嫔的地位可能决定她的儿子是否可以当太子，所以康熙在册封妃嫔为皇后时十分谨慎。胤礽的母亲孝诚，是受康熙宠爱并册立为皇后的唯一女人。她死后，康熙又立了两个皇后。十六年（1677）曾立孝昭为皇后，她是辅政大臣遏必隆的女儿。二十八年又曾立孝懿为皇后，她是佟国维之女，是康熙的表妹。他立这两个妃子为皇后，与其说是出于眷爱，不如说是出于怜悯。因为这两个女人都不育，所以不会因生子而危及胤礽的太子地位。而且，她俩册立之后，即沉疴不起。孝昭在册为皇后七个月后死去，孝懿则在册为皇后的翌日去世。

康熙在册封妃嫔时小心翼翼，但在感情上却是放任不羁，甚至在他所宠爱的孝诚皇后在世时，他就频频"临幸"他的

---

① 皇帝后妃及其所生儿子的分析，源于唐邦治所辑的《清皇室四谱》。也参见张采田所撰《清列朝后妃传稿》（1929）中的皇后和妃嫔等的传记。

妃嫔们。惠妃为他生了两子，第一个夭折，第二个即胤禔，为康熙的长子。荣妃生了五子一女，四个儿子夭折，活下来的为皇三子胤祉。

倘若以妃嫔所生孩子（尤其是男孩）多少表明皇帝感情所向的话，那么，从十七年（1678）孝昭逝世到二十八年孝懿逝世之间，康熙最宠爱的是德妃，她是皇四子胤禛（未来的雍正皇帝）的母亲。这期间，她比其他妃嫔生的孩子都多：三子三女。其中胤祚六岁时夭折，胤禵（十四子）在康熙垂暮之年极力争取储位。

其次是宜妃，是另一个储位竞争者皇九子胤禟之母。宜妃还生了皇五子胤祺、皇十一子胤禌（康熙三十五年夭折）。再次是温僖，孝昭皇后妹，康熙显然很喜欢她。因为在她生皇十子胤䄉前两年，康熙就进封她为仅次于皇后的贵妃，而其他妃嫔只有在生了儿子之后才能得到进封。还有一位是敏妃，她生了皇十三子胤祥和两个女儿。早在康熙四十一年（1702），胤祥便被视为最有可能取代胤礽当太子的皇子（见何焯给其兄的信）。① 他在雍正朝成为有名的怡亲王。温僖皇贵妃和敏妃分别在三十三年和三十八年早逝。

还有另外三位妃子受康熙宠爱，她们各为康熙生了一个儿子——皇七子胤祐之母成妃，皇八子胤禩（争夺储位最力者）之母良妃，皇十二子胤祹之母定妃。定妃是以后声威赫赫的步军统领托合齐之妹。（另外还有通嫔，为康熙生二子一女，二子均夭折）

这便是康熙一直到二十八年（1689）三十五岁之前所宠爱的

---

① 见《义门先生集》卷4，第13页。

妃嫔,以满族人为主。那时,大部分皇子已出世,一共二十四个,其中十个夭折。日后争夺皇位继承权者的,便是这些皇子。

从二十九年到四十七年,康熙越来越倾心于他的汉族妃嫔。这一阶段,在十三个生孩子的妃嫔中,就有十个是汉人。最有名的是密嫔(王氏),她在17世纪80年代末,年纪轻轻就进宫当了宫女。四十八年,一位耶稣会士把她称为"那位皇帝所热爱的有名汉族女子"。① 她的家世不详,只知道她的父亲当过知县,可能属于汉军旗。她为皇帝生了三个儿子,三十二年生胤禑(皇十五子),三十四年生胤禄(皇十六子),四十年生胤祄(皇十八子)。

王氏肯定是个美貌动人的女子,所以康熙竟至破例违反宫廷礼仪,允许耶稣会艺术家为她画像。[康熙四十二年在京郊别墅也就是畅春园款待他原来的师傅高士奇时,曾赞赏耶稣会士的艺术作品何等神妙。他让高士奇看了两位"贵嫔"的肖像,边看边指着说"此汉人也","此满人也"。他还告诉高士奇说:"尔年老,久在(内廷)供奉,看亦无妨。"据高士奇描述,这两张肖像形象逼真生动,几乎跃出纸面②]

耶稣会士之所以称王氏为"有名的汉族女子",可能是因为他们利用为她画像的机会饱览了她的美貌。不过,她的名气绝不单纯靠她的姿色。众所周知,康熙非常重视"德""才""技",她很可能精通儒家经典和文学,能以漂亮的书法写诗,

---

① 殷弘绪神父写给法国管理印度与中国教团总负责的人的信,时间是1707年7月17日(原文如此,应该是1709年)。见 *Lettres édifiantes et curieuses concernant I Asie, I Afrique et l'Amerique*, Ⅲ, p. 161; Matteo Ripa, *Memoirs of Father Ripa*, p. 115。

② 高士奇:《蓬山密记》,第4页。

并且能歌善舞。

康熙心中还有一位姓高的襄嫔,不过,她没能像王氏那样,生那么多健康可爱的儿子。她生的第一个男孩夭折,而活下来的胤祄(皇二十子)又智力迟钝。在这些孩子中,王氏的儿子胤衸(十八阿哥)出类拔萃,是康熙最爱的皇子之一。

康熙对王氏及其幼子的特殊感情,很可能引起太子的忌恨。同时,皇帝与众多的妃嫔及宫女恣意纵欢,也可能使胤礽感到困惑和不满。由于太子意识不到皇帝与这些女人的关系是在皇家婚姻制度许可范围内的合法关系,而"外间妇女"则不可同日而语,所以,他很可能会问,既然你可以这么做,为何我就不可以呢?正如马国贤神父于康熙五十年(1711)在热河所见到的,皇帝随处都由妃嫔和宫女陪同,"皇帝坐在椅子上,由太监们抬着来往于庭园之间,妃嫔和宫女们步行跟随,皇帝跟她们一起在人工河里泛舟,或在湖泊中垂钓"。皇帝在读书写字时,妇人们在左右陪伴,她们"坐在垫上,静若修女"。甚至"皇帝因国事要到外宫时,也是跟妃嫔们同乘一舟前往,后面尾随着一队坐满妇人的船只"。

据马国贤神父所见,康熙在花园中"总是乘坐轿子,由一群步行含笑的妃嫔簇拥"。他有时与妃嫔们逗乐,气氛欢快。他经常坐在一把形同宝座的高椅上,太监在其周围侍立,妃嫔群坐在他面前的毡毯上。康熙看准时机,突然把人造的假蛇、癞蛤蟆和其他一些可厌的动物抛向妃嫔,看着她们拖着三寸金莲惊惶躲避的样子,皇帝十分开心。① 这些妃嫔显然是汉

---

① 马国贤的记述关注康熙五十年热河之行,但他的描述必定代表了那里皇帝生活的模式。正如他指出的,"这些是皇帝常有的娱乐,尤其是夏天夜晚凉爽之时"。见 Matteo Ripa, *Memoirs of Father Ripa*, p.116。

人,因为满族妇女是不缠足的。

康熙虽有这些乐趣,但声色逸乐并非他在热河的全部生活。如果说他对王氏的钟爱说明他在很大程度上已被汉人所征服,那么,一年一度的木兰秋狝,则表明了他保持满洲优良传统的决心。① 正是在这样的背景下,父子之间的悲剧被推向了高潮。

康熙四十七年(1708)皇帝一行,浩浩荡荡地离开了热河避暑山庄,抵达木兰围场的永安拜昂阿(地名)。就在此地,胤礽于八月十三日(9月26日)突然患病,估计是得了重感冒(胤礽在临行前一定身体很好,否则不会让他参加这次长途跋涉)。② 胤礽留住该地由保姆调养,康熙继续前往木兰。当他听到胤礽病情恶化危在旦夕时,便匆匆回銮临视。为了挽救这个孩子,他放弃了狩猎,带着胤礽和随从人员回到热河。

在归途中,忧心忡忡的康熙听到其他几个儿子恣意妄行,心中更加焦虑。有几个皇子竟放肆地挞辱满洲大臣甚至亲王。康熙把这种劣行斥为"荼毒无辜",是欲"分朕威柄"。他许诺说:"被挞之人面诘其见挞之故;稍有冤抑等情,即赴朕前叩告。"虽然日后康熙申斥胤禔、胤祺责打随从,但二人都没有猖狂到挞辱亲王的地步,如此肆虐者只有一人,他就是胤礽。③

---

① 关于康熙五十年秋狝有趣的描写,见 Matteo Ripa, *Memoirs of Father Ripa*, p. 75—76。
② 胤礽的病情,见《清圣祖实录》卷233,第24a~b页。
③ 告诫那些暴戾打人者,见《清圣祖实录》卷233,第26b~27b页。胤禔、胤祺的材料,见《清圣祖实录》卷234,第22b页;卷235,第2a~b页。

八月二十八日（10月11日），胤礽由于并发症（可能是肺炎）病情更加恶化。诸大臣知道皇帝喜爱胤礽，都担心他的病逝可能有损康熙的健康。而胤礽见到这个潜在的皇位竞争者可能病死，不禁喜形于色。他的表现，使康熙想起自己于二十九年（1690）得病时的情景，不禁为之痛心疾首。他因而训斥胤礽对兄弟"毫无友爱之意"，痛责他"有将朕诸子不遗噍类之势"。胤礽动起怒来，竟与康熙激烈争吵。①

四天后，即九月初二日（10月15日），康熙对诸大臣说，他不会因忧虑稚子之病而损及个人健康。这种看来似乎奇怪的心理变化，源于他孝心诚笃，具有强烈的政治责任感，也就是说，为了皇太后和天下臣民，他必须保持健康。他把奄奄一息的孩子留在热河，再次出发去木兰围场。抵达木兰围场后，康熙把御营设在布尔哈苏台，这是位于永安拜昂阿北部的一个猎园。②

皇长子胤禔武艺高强，由于康熙怀疑胤礽，便命胤禔随时在他左右护卫。当获悉胤礽每夜逼近御营，从营帐裂缝向内窥视，白日则监视自己的一举一动之后，康熙郁积已久的疑虑陡增。正如他后来所追述的，"令朕未卜今日被鸩，明日遇害，昼夜戒慎不宁"。他声称，胤礽这么干的原因是欲为索额图复仇，后者因助胤礽潜谋篡权而被囚死。③

九月初三日（10月16日）午夜，有人在黑暗中摸向睡梦

---

① 《清圣祖实录》卷233，第24b页；卷234，第1b、3b页。
② 《清圣祖实录》卷234，第1b页。
③ 胤禔，见《清圣祖实录》卷234，第4b页；康熙的警觉，见《清圣祖实录》卷234，第2b页；胤礽报复的动机，见《清圣祖实录》卷234，第19b页。

中的康熙。他被惊醒，一跃而起，御营内外顿时大乱。警声四起，侍臣、卫士和骑兵急忙前来护驾。然而，潜入者及其同伙迅速逃遁。康熙判断出潜入者的身份，因为他看见了此人的动作，听到他们呼唤名字。另外，御营的布置也排除了外间人潜入的可能性，这更使康熙确认潜入者就是胤礽。①

御营戒备森严，外面的人根本不可能潜入皇帝居住的中心地带。18世纪亲王昭梿曾描述过御营布局：

> 驻跸牙帐，名曰御营……护军统领一人，率其属预往相度地势广狭，同武备院卿、司幄及工部设立行营。中建帐殿御幄，缭以黄漆木城，建旌门，覆以黄幕。其外为网城，正南暨东西各设一门，正南建正白，东建镶黄，西建正黄。护军旗各二，东西门侧三。设连帐旌门，领侍卫内大臣率侍卫亲军宿卫。网城门八旗护军统领率官兵宿卫，又外八旗各设帐房，专委官兵禁止喧哗。御营之前，扈从诸臣不得驻宿，东四旗在左翼，西四旗在右翼，均去御营百步。②

昭梿虽然没有提及皇室成员的住处，但是可以想见他们是跟皇帝一起住在黄幕之内。因而太子就住在皇帝附近。③

---

① 《李文贞公年谱》卷上，第27b～39b页。
② 《啸亭续录》卷1，第2b～3页；Matteo Ripa, *Memoirs of Father Ripa*, p. 75。
③ 见汪灏《随銮纪恩》，第287b页，汪灏说："东宫行幄"靠近皇帝的行幄。在热河夏宫，"皇子读书之所"位于皇帝住处的西面；见张玉书，《扈从赐游记》，第299a～b页。

翌日，康熙接到胤礽的死讯。① 噩耗给了他最后的一击。他突然把诸皇子、大臣、侍卫、文武官员召到行宫前，命皇太子胤礽跪下。五十四岁的皇帝老泪纵横，把郁积在内心对太子的不满全部倾泻出来。②

他说胤礽"肆恶虐众，暴戾淫乱，……朕包容二十年矣"。自康熙二十六年（1687）汤斌事件以来，整整二十年过去了。他又说："朕尚冀其悔过自新，故隐忍优容，至于今日。"

康熙谴责胤礽挞辱满洲亲王，侵篡皇权，他说："朕思国惟一主，允礽何得将诸王、贝勒、大臣、官员任意凌虐，恣行捶挞耶？如平郡王讷尔素、贝勒海善、公普奇，俱被伊殴打。大臣官员，以至兵丁，鲜不遭其荼毒。"康熙指出这些亲王大臣之所以被挞辱，是因为他们不依附太子党。譬如被挞辱的贝勒海善，即属胤禩党（海善是胤礽的叔伯兄弟，是康熙的异母兄弟常宁之子）。

---

① 《清圣祖实录》卷234，第5b页。
② 胤礽的罪行，见《清圣祖实录》卷234，第5~9、15b~20页。在广州的欧洲商人很客观地记载了他的罪行之一——贪污。一位中国的行商，黎安官，1704年告诉肯特号的大班关于"皇商"的情形。大班们的记述说："关于我们曾经听说过有一位皇商的事，这的确是真的：他从前是广州的盐商，因瞒皇上盐税，被逐出省外，但未没收他的全部财产，他设法进见皇太子，据说用了42000两，取得包揽广州所有对欧洲贸易的特权，排除其他商人，如此，事先没有取得准许，任何人都禁止干预他；但皇帝是不知道这件事的。"Hosea Ballou Morse（马士），*The Chronicles of the East India Company Trading to China, 1635 – 1834*, Oxford：The Clarendon Press, 1926, p. 138。这一材料表明，在胤礽于康熙四十七年（1708）第一次被废黜之前的四年，他的腐败已是无所不在（这里引用了区宗华的译文，中山大学出版社，1991，第1册，第136页。——译者注）。

康熙继续说,他虽深悉此情,却没有向满洲大臣探询有关胤礽的情况,而只是依靠汉族大臣(如王鸿绪)提供消息。之所以如此,只是"因诸臣有言及伊之行事者,伊即仇视其人,横加鞭笞,故朕未将伊之行事,一询及于诸臣"。① (胤礽有这种封建权力威胁满洲大臣,但无权以这种办法惩罚汉族大臣)

康熙又指出,胤礽挥霍无度,竟至以勒索手段恣取国帑,尽管如此,自己还是尽力满足他的奢求。康熙说:"朕即位以来,诸事节俭,……允礽所用,一切远过于朕。""朕知允礽赋性奢侈,着伊乳母之夫凌普为内务府总管,俾伊便于取用。孰意凌普更为贪婪,致使包衣下人无不怨恨。"

他还说,在朝政方面,胤礽"好揽事,或将此作重,或将彼作轻,或将此宽免。如此私行嘱托之事甚多,朕俱知之"。

康熙又说,胤礽恣行淫乐,在随驾巡幸陕西、江南时,他和他的属下人等"恣行乖戾,无所不至",致使皇帝赧于启齿。

据康熙的话,太子还危害了皇帝与喀尔喀蒙古的亲善关系:胤礽"又遣使邀截外藩入贡之人,将进御马匹任意攘取,以致蒙古俱不心服"。②

最后,康熙说,胤礽"必至败坏我国家,戕贼我万民而后已。若以此不孝不仁之人为君,其如祖业何!"康熙于是当众宣布废黜胤礽,说罢痛哭仆地。

康熙又颁谕说,他要亲自将这一决定昭告于天地宗庙。同时宣布,将索额图的六个儿子立行正法,其他与胤礽同谋的满

---

① 《清圣祖实录》卷234,第2b~3页。
② 《清圣祖实录》卷234,第4、19b页。

洲大臣则发配盛京，并将胤礽即行拘执。①

作为防范措施，康熙又就此询及诸王大臣等，他说："以允礽所行之事，为虚为实，可各秉公陈奏。"众皆叩首流泪奏曰："皇上所见至圣至明，谕旨所言皇太子诸事，一一皆确实，臣等实无异辞可以陈奏。"②

康熙就这样下令将胤礽锁拿监禁起来。殷弘绪神父写道："一个刚刚还像帝王一样昂首阔步的人，转眼间披枷带锁，真是可悲。他的孩子和下属都因他而蒙羞受辱。"③

康熙为此承受的痛苦远比胤礽深重，他痛心疾首，以致一连六日没有安寝。他日后说，从此之后，自己的健康状况渐不及往时。④

在返京途中，胤礽由其兄胤禔押送。回京后，康熙命于上驷院旁设毡帷，用以囚禁胤礽，并改命皇四子胤禛代替胤禔负责看守。⑤ 这一变动表明，康熙开始怀疑胤禔对他是否忠实。

---

① 《清圣祖实录》卷234，第4b~5页。参见 P. D'Entrecolles, *Lettres édifiantes et curieuses concernant I Asie, I Afrique et l' Amerique*, Ⅲ, pp. 161-162。胤礽企图政变，部分是一位算命者的预言，他"或于某日必得皇位，否则永无可能"。

② 《清圣祖实录》卷234，第5页。

③ P. D'Entrecolles, *Lettres édifiantes et curieuses concernant I Asie, I Afrique et l' Amerique*, Ⅲ, pp. 161-163。

④ 康熙的健康情况，见《清圣祖实录》卷234，第7b页；卷275，第10页。

⑤ 《清圣祖实录》卷234，第10b~11页。

第四部分　迟疑不决 　　　　> > >

11　胤禩党

康熙四十七年（1708），皇八子胤禩脱颖而出，成为最有力的储位争夺者。在朝中，他成功地树立了一个"贤王"形象。① 他的兄弟皇九子胤禟、皇十四子胤祯支持他的雄心伟业，皇长子胤禔在某种程度上也支持他。

胤禩争夺储位的活动至少可追溯到康熙四十二年。那时，索额图因助太子潜谋篡权而被康熙囚死，这一事件表明了皇帝对太子的强烈不满，从而激起了其他皇子图谋储位的欲望。在支持胤禩的三兄弟中，皇长子胤禔当时三十岁，他从来不曾全力支持胤禩，一则他为人喜怒不定，再则他也同样觊觎储位。胤祯当时年方十五，起不了什么重要作用。只有二十岁的胤禟与二十二岁的哥哥胤禩密切合作，一意助兄登上皇位。

胤禩争当太子的重要障碍是母亲良妃的出身。良妃的父亲是内务府辛者库的一个包衣，其最高官职不过是个主事，一直到康熙四十七年，良妃在妃嫔中等级最低。② 胤禩或许意识到这一缺陷，便不遗余力地设法抬高自己的地位，甚至不惜采用欺诈手段。他善于交际，不时利用有影响的人物竭力取悦父皇。

胤禩的母亲地位虽然卑下，但是他福晋的娘家在满族的封建等级制中地位却颇高，他福晋足有资格当未来的皇后：她的

---

① 《清圣祖实录》卷235，第25页；也见秦道然的口供，见《文献丛编》，第4页。

② 康熙提到胤禩母亲卑贱地位，见《清圣祖实录》卷261，第8b页；《清皇室四谱》卷2，第14页。直到四十年（1701）其母才升为嫔（妃嫔的第四等），这在后宫等级中是倒数第二低的（《清圣祖实录》卷202，第17b页）。

母亲是有名的安郡王岳乐之女。① ［岳乐于康熙二十八年（1689）死后，其爵位由长子马尔浑继承，后者以小安郡王知名，他与他的两个弟弟景熙和吴尔占在朝中地位显要，均支持胤禩争取储位］然而，胤禩的妻子除社会地位较高外，在其他方面并无助于其夫的储位争夺。她是个令胤禩畏惧的专横女人。在他们的夫妻生活中，一切都听命于女方而不是男方。而且，胤禩妻没有生育能力（出于嫉妒，她不准胤禩纳妾。对皇子来说，纳妾是很普通的事。因为她的这种"恶行"，康熙日后曾斥责她，说她的恶德来自外祖父岳乐）。② 胤禩无子，这自然也使康熙认为不宜选他为太子，否则将在下一代造成新的继承危机。③

由于这些问题，在康熙处置索额图之前，人们认为胤禩被立为太子的可能性不大。当时朝中官员推测，康熙所垂青的是皇十三子胤祥。何焯在致其弟的信中记述了当时的情况：

> 杨君国维已分与十三殿下处读书……昨选新庶常为各邸伴读，圣明谓诗文皆无出杨君右，殿下又钟爱者，将来遭际不可知。④

最后一句话的含义是，康熙非常喜爱皇十三子，因而派最有名

---

① 安郡王岳乐，是皇太极之子。岳乐至少有三子：马尔浑、景熙、吴尔占，以及一个不知名的女儿（她的女儿，也不知名，是胤禩的福晋），见《清圣祖实录》卷235，第8b～9页；卷202，第24b～25页。（岳乐为努尔哈赤第七子阿巴泰之子，顺治年间晋封亲王，死后于康熙三十九年降郡王。原文爵位未细分，译文统用安郡王。——译者注）
② 胤禩的福晋，见《清圣祖实录》卷235，第9页；《文献丛编》，第14页；*Eminent Chinese of the Ch'ing Dynasty, 1644 - 1912*, p. 934。
③ 胤禩的儿子弘旺就在此年出生，尚未纳入《玉牒》。
④ 《义门先生集》卷4，第13页。

望的学者当他的私人教师，以把他培养成可能代替胤礽当太子的人。何焯这样含蓄地予以推断，尽量避免有触犯叛逆之罪的危险。

尽管困难重重，胤禩依然全力以赴，争夺储位，特别在索额图被囚死之后，他更是信心百倍。他采用了两个办法，第一个直接针对康熙，胤禩希望以他的才干和品格给父皇留下良好印象；第二个则指向胤礽，他策划以暗杀手段除掉太子。

诸皇子知道康熙十分重视儒学，因此，凡图谋储位者自然要竭力显得博学多识，富于文化教养。在树立这一形象方面，皇子们的教师是可资利用的工具。从政治上讲，他们可作为皇子与宫廷沟通的中间人，在朝中扮演为自己的学生充当说客的角色。

何焯于康熙四十二年（1703）被任命为胤禩的教师之后，胤禩便利用他向父皇表明自己喜爱儒学，景慕南方的文人学士。何焯原籍苏州，与南方的名士早有密切联系，他还与来自福建越来越有影响力的大臣李光地有关系，正是李光地首先把何焯推荐到南书房，这一背景对胤禩来说是颇有价值的。另外，何焯当时在御书处任职，他有两条渠道可以接近皇帝，因而对胤禩说来，何焯就自然非常有用。

何焯很快就卷入了胤禩争取储位的活动。与此同时，秦雏生（也称秦道然）被任命为胤禩的支持者胤禟的教师。① 秦、

---

① 秦道然是这三人中唯一还未中进士者；他在康熙四十八年（1709）中进士。在这六年间，他与胤禟极亲近，因卷入继位之争，后来雍正斥责他勾结胤禟，被监禁十四年。直到乾隆初年才释放，九十岁时死去（《国朝耆献类征初编》卷135，第3b页；《永宪录》，第285页）。秦道然是宋代著名词人秦观（1049~1100）的后人；其父秦松龄（1637~1714，1655年进士），康熙十八年中式博学鸿词特科（*Eminent Chinese of the Ch'ing Dynasty, 1644-1912*, pp. 167-168；《永宪录》，第64~65页）。据方苞记载，魏方泰被分作皇七子淳亲王胤祐的老师（《方望溪全集》，第135页）。胤禛的老师是徐兰（《永宪录》，第102页）。

何二人与这两个皇子的密切关系，最终使他们吃尽苦头。

胤禩先派何焯的弟弟到南方收买稀世书籍，南方的文人学士有感于胤禩的好学精神，称赞他"实为贤王"。这一策略在于沽名钓誉，以博得朝中南方文人的支持，并把对他的好感转达给皇帝。

然而，康熙对胤禩的学问并不满意。由于他的书法极差（书法在中国是一种学识卓越的象征），康熙命他每天临帖十篇，以图长进。但是，胤禩下不了这般苦功，往往叫其他人代写。①

康熙四十三年（1704）初，何焯因父亲去世居丧在家。胤禩特别给在苏州的何焯发去一封吊唁信，他先问候"何先生"及"何二（何图）先生好"，然后告诉他"先生女儿在此极好"，信结尾处写道："先生要着实节哀，保重身子，思将来上报皇恩。"胤禩用"将来上报皇恩"一语，既可能是指其父皇，同样也可能是指"未来的皇帝"。（五十四年，何焯被锁拿抄家时，此信落入康熙手中，他便以第二个意思解释这句话）②

通过何焯，胤禩同受到皇帝和汉族文职大臣尊重的南方著名学者建立了友好关系。其中之一是江苏人潘末，③他是第一

---

① 秦道然口供，见《文献丛编》，第3页。
② 何焯被指控在储位之争中与胤禩密谋，与胤禩异常亲近，甚至将女儿交胤禩福晋照料。康熙在这封信上特别写下："八阿哥与何焯书，好生收着，恐怕失落了。"十年后，雍正用这封信证实储位之争中何与胤禩合谋，尽管他确实注意到胤禩请求不要公开，不要让他难堪。此信直到1936年才由北平国立故宫博物院发表。该信及康熙批示的影印件，见《掌故丛编》，第20～21页。
③ *Eminent Chinese of the Ch'ing Dynasty, 1644 - 1912*, pp. 606 - 607；《清史》，第5234页。

流的散文家，曾就读清初儒学大家顾炎武门下。

康熙十八年（1679），皇帝诏开"博学宏词"科，潘耒一举克捷，他以中式者中最年轻的一员而名闻全国。这一次考试是康熙平定三藩之乱时为争取汉人支持而采取的措施之一，旨在给当时学有成就的汉族知识分子以荣誉。潘耒遵圣谕在翰林院供职并参与纂修《明史》。二十三年，他可能因为直言不讳而得罪了索额图，以致被迫去官回乡。康熙于四十二年南巡监禁索额图时，恢复了潘耒的官职。此后，潘耒因为对康熙和南方文人具有一定影响力，便成为胤禩利用的人物。

胤禩在与何焯的通信中，表明了他与潘耒的友好关系。在四十三至四十七年（1704～1708）间，何焯曾要求胤禩给潘耒以帮助（可能是为潘耒的儿子谋一官职）。胤禩在一封语气亲切的回信中先问候了何氏兄弟，言及何的女儿在他府上"极好"，然后说："潘耒之事已经面托彼处将军，且再三叮嘱。其事必然大妥矣。三月十四日。"①

胤禩除了利用汉族学者以博取好学的名声外，还利用宗室中有影响的成员在皇帝面前为自己说好话。在这方面，康熙的异母兄弟福全起了重要作用。福全对胤礽十分反感，因为胤礽曾用恶毒的语言咒骂他。在诸皇子中，他最喜欢胤禩。当时福全正赋闲在家，颐养天年，而且经常在自己的花园中招待著名的文人学士。这种交际无疑有利于胤禩争取储位的事业。②

四十二年（1703）福全逝世前，康熙曾几次前往探视，对他表现出一种不寻常的尊重。临终的福全揭发了内务府

---

① 原信的影印件，见《掌故丛编》，第21页。
② 《清圣祖实录》卷277，第6b页；*Eminent Chinese of the Ch'ing Dynasty, 1644-1912*, p.251。

特别是广善库成员的不法行为，这可能向康熙证实了胤礽的堕落。此前，满洲大臣一直坚持不向皇帝说明这一点。福全赞扬了胤禔的天赋和品格，建议康熙将其册立为太子。这些发自肺腑的犯颜直谏，显然是表示忠心的做法。康熙素来对这位兄长怀着深厚的感情和敬意，在胤礽不思悔改而索额图又加紧阴谋篡权之际，这番话一定对他产生了很大的影响。康熙正是在探视了这位即将去世的兄长之后，便下令锁拿索额图。

有关胤禔的资料大多取自秦道然的供词。秦是一位南方学者，曾任胤禔的教师。据他说，胤禔、胤禟和胤禵三人"同心合谋，有倾陷东宫、希图储位之意。因竭力趋奉老裕亲王，要他在圣祖前赞扬。所以裕亲王病时，力荐允禔有才有德"。①

四十七年，康熙证实裕亲王临死前跟他谈过话，也确实说过胤禔"心性好，不务矜夸"。他还追忆说："诸臣奏称其贤。"显然，这些大臣中有一些就是裕亲王在花园中招待过的著名学者。②

胤禟一直是胤禔争夺储位的坚强支持者。不过，他加入胤禔党的目的不在争权夺势，而是为了维护他的财富和生活方式。据胤禛描述，他肥胖而笨拙。此外，据曾担任过他文学顾问的何图说，③胤禟是个"好酒色，图受用"的人。他至少两次派心腹太监何玉柱到苏州和扬州购买"良家儿女"（即非出

---

① 福全的举荐，见秦道然口供，《文献丛编》，第4页。
② 康熙评价胤禔，见《清圣祖实录》卷235，第25页；保泰，见《清史》，第3553页，以及 Eminent Chinese of the Ch'ing Dynasty, 1644-1912, p. 252。
③ 见《清世宗实录》卷44，第29页；何图的口供，见《文献丛编》，第4页。

自倡优之家)。作为明珠的女婿,胤禛与原明珠府的包衣安三有关系。安三通过对食盐的垄断已成为南方巨富。安三的儿子买了一些姑娘献给胤禛,以把她们"训为女伶"。实际上,他使用种种卑劣手段搜罗这些美女,是为了满足胤禛的淫欲。倘若姑娘的父母不愿卖女儿,太监何玉柱便伪称是安三之子,扮作新郎与姑娘结婚,然后便把她送往北京其主子的房间。①

胤禛尽力给自己的追随者一种印象,即他自愿放弃角逐太子的地位(尽管在他出生之际,曾出现奇异的景象,表明他将是下一代"皇帝")。他在公开场合津津乐道,初生时"妃娘娘曾梦日入怀,又梦见北斗神降",但私下里却又承认他不

---

① 何玉柱,见秦道然口供,《文献丛编》,第15、18页;《永宪录》,第62页。安三是朝鲜人,成为明珠手下的包衣。明珠大权在握之时,安三遭指控在北京犯下严重罪行,但在皇帝惩处他之前,明珠已将他送到南方,给他一笔巨款垄断扬州的盐业。他垄断的地区包括四个府,达30万引(一种授权商人从官府购买规定数目食盐的凭证,数目从数百斤到上千斤不等。引制,见《清史》,第1497页)。这一垄断使得安三每年获利丰厚,他因此成为南方最富有的人之一。正如时谚所说:"南安西亢。"(亢氏是山西首富)安氏财政上的影响也可能达到了广东的外贸领域。在东印度公司的记载中,有一个安官(官在广东话中是先生或阁下的意思),英国船长亚历山大·汉密尔顿,在1703年指他是"三大恶人"之一,这三人获得了与该公司做生意的垄断权,他们拒绝为物品支付公平的价格(见 Hosea Ballou Morse, *The Chronicles of the East India Company Trading to China*, 1635 – 1834, pp. 102 – 104)。安三,见 *Eminent Chinese of the Ch'ing Dynasty*, 1644 – 1912, pp. 11 – 13;《永宪录》,第260页。康熙四十八年四月十九日赵弘燮奏折,见《文献丛编》,第306页。邵元龙的口供,见《文献丛编》,第15页。Bradley Smith and Wan-go Weng(翁万戈),*China: A History in Art*, New York, 1974, p. 248 (安三的肖像)。就范溥一事而言,胤禛——更不必说他的太监何玉柱,或是大盐商安三——不能被称作"御前第一等人"。相对而论,何玉柱觉得需要隐藏他的身份,并装成富裕盐商安三之子,而范溥肆意下令地方官员给他出票强买童男童女(王鸿绪奏折,第20件,见《文献丛编》,第90页)。

会被立为太子，因为皇父不喜欢他。① 所以他采取了讲求实际的做法，即支持一位有望做未来皇帝的友好兄弟，以维护他的权力和淫逸生活。

胤禟也竭力争取南方文人学士的支持，像胤禩一样，他很懂得他的汉人教师秦道然的价值，虽然他并不是从教师的角度去赏识秦。他让秦管理他的家事务（这违背此职只能由包衣而不可由政府官员承担的圣谕），秦还出面为胤禟举行社交活动，经常说胤禟"有帝王相"。②

可能通过秦道然，胤禟结识了一些南方的文人学士。康熙四十三年（1704），他先给南方文人何图施以恩惠，赠给何一所有十间房的宅第。十年后，他又向政府捐钱，为何谋得武官之职，并资助何到军前的旅费。③

在诸皇子中，胤禟最富有，日后胤禩在财力上就主要靠他的支持。胤禟的大部分财产是以非法手段攫取的。户部中有个

---

① 见秦道然口供，《文献丛编》，第5页。胤禟也告诉穆景远神父，他"妆（装）了病，成了废人"，以避免被任命为父亲的继承人。见穆景远的口供，《文献丛编》，第1页。这一口供是刑部于雍正四年（1726），在穆景远因涉及所谓的与胤禟共谋反对皇帝被抓后，在雍正命令下做出的。刑部所上奏折中引用了穆景远之言，随后刊印在一种报纸邸抄中。该奏折的内容，显然是来自邸抄，由传教士送往欧洲，现在保存在梵蒂冈图书馆（见 O. F. M. Antonio Sisto Rosso, *Apostolic Legations to China of the Eighteenth Century*, pp. 408 - 416）。该奏折的核心内容也出现在《清实录》中。将梵蒂冈副本与《文献丛编》《清实录》的内容比较，人们发现前者有错字。近来对于穆景远的研究，见 Pascal M. d'Elia（德礼贤），*Il lontanoconinoela tragica morte del P. Joao Mourio, S. I., missionario in Cina, 1681 - 1726*, Lisboa: Agencia-Geral do Ultramar, 1963。然而，该书几乎没有研究他在储位之争中所起的作用。感谢魏若望（John W. Witek）提供这一材料。
② 秦道然的口供，《文献丛编》，第2页。
③ 何图的口供，第1件，《文献丛编》，第5页。

职位专门提供给他安插的人，以便于他通过该部进行非法活动。据王鸿绪密折称，胤禩是从东北向内地走私人参（据信人参可使人长寿）的主要赞助人，这一交易成为他敛财的主要渠道。此外，胤禩的姻兄揆叙死后，他又继承了巨富明珠家的大部分财产（因揆叙没有子嗣）。①

胤禩还使用敲诈勒索的手段巧取豪夺。他的心腹太监，特别是玉柱儿和何玉柱就专营这种勾当。有一次，他们一举敲诈了明珠的孙子永福（胤禩的女婿）三十万两白银；又有一次，胤禩提议收永寿（可能是永福的弟弟）之妻为养女，作为这种与皇子结亲的特殊荣誉的代价，永寿被追拿出八万两白银。此外他还向吏部郎中陈汝弼（此人在三法司审讯时被诬陷）勒索了六千两白银。与此类似的敲诈勒索，不胜枚举。②

胤禩党的阴谋活动既与历代封建统治者的尔虞我诈相似，

---

① 这一职位，见何图的口供，第 1 件，《文献丛编》，第 5 页；人参贸易，见王鸿绪奏折，第 24 件，《文献丛编》，第 92 页；以及秦道然口供，《文献丛编》，第 4 页。永福原是一等侍卫，于雍正四年（1726）升至副都统。见《清世祖实录》卷 45，第 18 页；《满洲八旗氏族通谱》卷 22，第 1b～2 页；《清史》，第 2609、4036 页；*Eminent Chinese of the Ch'ing Dynasty, 1644–1912*, p. 927. 在揆叙 1717 年死后，胤禩得到了四十万两白银以及价值三十万两的房产，使他拥有百万两以上资产（见秦道然口供，《文献丛编》，第 3 页）。永寿，见《文献丛编》，第 14 页；《清史》，第 2614～2619 页。

② 胤禩被雍正指控，从永福处索取资财累计百万，并据其在各处的贸易。见《清世宗实录》卷 45，第 18 页。此外，胤禩也向江西巡抚佟国勷勒索银一万两，陈汝弼五千两，内阁学士宋大业五百两，知府李廷臣 120 两。见秦道然口供，《文献丛编》，第 3 页。胤禩使用其财富以推进胤禩党争取储位的大业。康熙五十九年（1720）之前的某个时间，他花三十万两使同党满丕得到湖广总督一职——尽管此前他已从此人处索银（至少一万两）。参见秦道然口供，《文献丛编》，第 3 页；以及《永宪录》，第 70 页。

又具有权力结构之外民间造反者的秘密特征。使胤禩党结合在一起的纽带,并非手足之情,而是江湖"义气",即对朋友矢志不渝的精神,特别是那种歃血为盟的绿林好汉所表现出来的精神。"义气"代表了处于同等地位的朋友间的至死不渝的忠诚,特别强调彼此承担义务,这与父子间、君臣间的上下关系(孝和忠)是相冲突的。民间宗教,如道教和佛教的许多成分便源于这种江湖"义气"。

胤禩党内部这种彼此间的承诺,表明了满族统治阶层受汉族文化影响之深。早在入主中原之前,中国小说《水浒传》中的绿林好汉便为满人所喜爱。这部小说与《三国演义》一起于17世纪30年代被译成满文。满人在击败明军的战斗中,就运用了《三国演义》中所描述的战略。①

胤禩党成员一意追逐的是权力,但由于他们信奉"义气"这一民间思想,因而他们自诩为反对压迫者胤礽的正义"造反者"。虽然从法律上讲,他们臣属于胤礽,但是由于胤礽肆恶虐众,因而"替天行道"的造反信条,便压倒了他们忠于父皇和胤礽的思想。

康熙深知这种造反思想的危险性。四十七年(1708),他严斥胤禟和胤䄉道:"你们两个要指望他(胤禩)做了皇太子,日后登极,封你们两个亲王么?你们的意思说,你们有义气,都是好汉子。我看都是梁山泊的义气。"②

---

① 在《水浒传与中国社会》(南京,1934)中,萨孟武从严格的唯物主义的观点分析了孝的起源(第7页),他对于"忠"和"义"的讨论,更具说服力(第150~151页)。意识到《水浒传》这部小说会激发民众反对满人统治,康熙的孙子乾隆禁止了它。参见严敦易《水浒传的演变》,1957,第257页。

② 秦道然的口供,《文献丛编》,第15页。

实际上，这正是胤禩党的特征。一方面，他们犹如维护正义的反抗者，致力于秘密活动（胤禩和胤禟的府第只有一墙之隔，二人经常会面进行策划）；① 另一方面，他们贿赂宫廷太监，以监视他们父皇的一举一动。

胤禩对身怀绝技及特异功能的道士和和尚特别感兴趣。他派人四处寻访有名的星象家、相士、武术师以及亲身经历过奇情异景的人，并把他们请到王府承献密策，之后胤禟便代替胤禩付钱，有时一次就花费一二百两的白银。

当时有一位著名的相士张明德，满洲王公大臣纷纷请他看相算命（可见朝中人人自危）。胤禩闻讯，便把张接到王府。张说，他之所以接受邀请是受一种正义感所驱使，因为他认为太子恶名昭著，无可救药。他还预言胤禩"后必大贵"，也就是将要成为皇帝。

张明德曾向胤禩和其他满洲大臣建议暗杀胤礽。他表示，如能予以合作，他愿意前去行刺。② 张这么做是可以理解的。在中国的民间传说中，人们认为"除暴安良"乃上天赋予那些绿林好汉的崇高使命。张的热情和许诺使胤禩蠢蠢欲动。于是，他来到胤禟和胤祯府邸转达张的谋划，以试探他们是否支持这一冒险行动。他的两个兄弟不想铤而走险。据日后他们被锁拿时供认，他们将胤禩"逐之去"，以免卷入这一过分的激烈行动中。但是，他们谁也没有把这一阴谋奏陈皇父。③

---

① 《文献丛编》，第 4 页（原文是"八爷、九爷花墙只隔一墙，康熙四十六、七年间听见八爷园内……"这应该是指二人在西郊的花园。——译者注）。
② 胤禩行刺的意图，见《清圣祖实录》卷 235，第 3b~5b 页。
③ 《清圣祖实录》卷 235，第 3b~5b 页。

胤禔一向并不坚决支持胤礽，正是他向康熙密奏了张的阴谋。① 他告诉皇帝说，张试图雇用飞贼（当时著名的飞贼有十六人）。胤禔还揭露说，张认为胤礽"得新满洲一半，方可行事"。② [新满洲中有几百人任康熙的侍卫。他们骁勇善战，为康熙及其先祖所器重。康熙称他们为"东疆各省人"，因为他们是盛京和朝鲜交界地区的土著，一向与努尔哈赤保持着从属关系。该部族的一些人决定成为后金政权的直属臣民后，他们便被视若珍宝。康熙十年（1671），他们的首领请求皇帝允许他们内迁到宁古塔附近。从那时起，他们便被称为新满洲]

康熙担心暗杀阴谋会殃及他本人，③ 因而安排了更多的侍卫加强保卫。虽然当时形势使他惴惴不安，但是除此之外，他没有采取任何其他措施。显然他已经乱了方寸。

正值康熙不胜烦恼之际，木兰围场事件使暗杀阴谋成为多余。胤礽黯然地退出了舞台。可是，康熙会立胤禔为太子吗？

---

① 胤禔的报告，《清圣祖实录》卷235，第4页。
② 新满洲的起源，见《清史列传》卷10，第366页；《清圣祖实录》卷235，第3b～5b页；《庭训格言》，第25页；Robert H. G. Lee, *The Manchurian Frontier in Ch'ing History*, Cambridge, Mass：Harvard University Press, 1970, p. 18；赵绮娜《清初东北驻防八旗之建置研究》，《故宫文献》第5卷第1期，1973年，第27页。
③ 《清圣祖实录》卷235，第3b～5b页。

12　储君复立

康熙四十七年（1708）九月，在康熙决定囚禁太子的当天，"天色忽暗"（据他日后追忆）。十余日后，即进京的前一日，九月十五日（10月28日）"大风旋绕驾前"。① 接踵而至的类似怪现象，促使康熙反思他废黜太子的决定是否妥当。

康熙的心情随着天色的变化而改变（他迅速传旨把御膳送给被废黜的太子），他严厉地警告其他皇子："如有钻营谋为皇太子者，即国之贼，法断不容。"②

由于错误地估计了康熙的用心，胤禩党犯了第一个重大错误。他们看到康熙已对胤礽采取了断然措施，以为康熙会进而把胤礽除掉。在胤礽被囚禁的当天，负责看守胤礽的胤禔对康熙说："允礽所行卑污，大失人心。相面人张明德曾相允禩，后必大贵。今欲诛允礽，不必出自皇父之手。"③ 随后胤禔又奏言，若立胤禩为皇太子，他愿意辅佐。④ 康熙闻言大为震惊。为了保护胤礽的安全，他下令在把胤礽从热河押往北京的途中由宫廷侍卫看守，只是在名义上仍由胤禔负责监督。

在回京途中，康熙开始频频向朝臣讲述胤礽的反常举动。九月十一日（10月24日），他说：

---

① 《清圣祖实录》卷235，第22页。
② 《清圣祖实录》卷234，第23b页。
③ 《清圣祖实录》卷224，第20b页。
④ 《清圣祖实录》卷236，第4b页；卷234，第10b~11页。

> 近观允礽行事，与人大有不同。昼多沉睡，夜半方食，饮酒数十巨觥不醉。每对越神明则惊惧不能成礼，遇阴雨雷电则畏沮不知所措。居处失常，语言颠倒，竟类狂易之疾，似有鬼物凭之者。①

九月十五日，康熙对朝臣们说，皇室内有鬼物存在。"允礽宫人所居撷芳殿，其地阴黯不洁，居者辄多病亡。允礽时常往来其间，致中邪魅，不自知觉。以此观之，种种举动皆有鬼物使然，大是异事。"②

同一天，大风旋绕驾前，康熙认为这是神明因太子蒙冤而表示不满。次日回京后，康熙进一步证实了他的这种看法：胤礽"今忽为鬼魅所凭，蔽其本性，忽起忽坐，言动失常，时见鬼魅。不安寝处，屡迁其居，啖饭七八碗尚不知饱，饮酒二三十觥亦不见醉。匪特此也，细加讯问，更有种种骇异之事"。③

康熙对胤礽的爱子之情又复萌了。在京城，胤礽被幽禁在上驷院旁的特别牢房中，康熙派胤禛、心腹太监及侍卫协助胤褆看守，旨在防止胤褆加害胤礽。④

可是，直到这个时候，康熙尚不打算撤销废黜太子的决定。作为上天之子，为完成废黜太子的程序，他还要向上天呈上"奏章"。在发布奏章之前，康熙命胤褆及其兄弟将该奏章

---

① 《清圣祖实录》卷234，第9b~10页。
② 《清圣祖实录》卷234，第10b页。
③ 《清圣祖实录》卷234，第11b页。
④ 胤礽后来被转至咸安宫作为他的居处，以"安养"（《清圣祖实录》卷234，第11页；卷235，第14页。)

送给胤礽阅读。胤礽语含讥讽地回答说："我的皇太子是皇父给的，皇父要废就废，免了告天罢。"康熙对这一答复十分不满，他向诸皇子说："他的话都不成话。做皇帝的受天之命，岂有这样大事可以不告得天的吗？"说罢他严肃宣布："以后他的话你们不必来奏。"

胤礽闻此旨意后，对胤禔及兄弟们说："皇父若说我别样的不是，事事都有，只是弑逆的事，我实无此心，须代我奏明。"胤禔冷淡地拒绝说："旨意不叫奏，谁敢再奏！"但是胤祹也许怕自己疏于职守而受到惩罚，就转对胤祺说："此事关系重大，似乎该奏。"胤祺表示同意，胤禔仍然无动于衷，不过当胤祺声言自己要去上奏时，胤禔不得已将此奏上。

康熙的心确实软了下来。他命诸皇子转告胤礽："你得了疯病，所以锁你。"他还下旨将胤礽"项上锁开了，别的留着"。依照胤祹的解释，康熙的复立之意，从此而起。① 可是康熙又该如何对待胤礽的疯疾？

回到北京后，康熙在召见大学士、皇帝的老师李光地时，首次讨论灵界的势力对太子的影响。李光地记下了当时的谈话。

李光地说："帐殿之警，上果稔知其主名？必无刺谬乎？"康熙沉默了好长一会儿，才怅然发话："此直为鬼物所戏耳，何丧心至是？"李光地又说："臣幸荷爵禄，鬼物犹不敢干犯，况天潢之胄乎？"李以典型的理学为据，直截了当地对胤礽的性格问题做出判断，他说："人情尊荣则骄，安舒则肆，骄肆之行，神志日昏。始则偷安，继而恶正。闻一善言，如刺在背，惶惑颠倒，若或凭之则昏之极也。"康熙回答说："迹其

---

① 秦道然口供，《文献丛编》，第14页。

生平，诚如卿言，然则有瘳乎？"李光地说："养心莫善于寡欲，若屏其声色，使凝志宁静，涤神清虚，平旦之气益生，则本心之明渐著矣。"康熙听李阐述这一简明的医治神志不清的办法时，不时点头。①

与此同时，发生了一系列的事件，致使胤禩于九月二十九日（11月11日）被锁拿。胤礽的心腹凌普被罢免内务府总管的职务后，康熙曾命胤禩代理内务府总管事宜，并负责调查凌普贪污罪行，但是胤禩企图掩盖凌普贪污的罪行，以博取凌普对他的忠心。现在，康熙指斥胤禩犯了两件错事：第一，康熙指控他试图谋害胤礽；第二，经过胤禔的举荐试图争取储位。康熙当着诸皇子的面痛责胤禩，并将他锁拿。②

胤禩自然不乏辩护者。他被锁拿后，胤禟和胤䄉经协商决定出面说情。胤䄉首先说："八阿哥无此心，臣等愿保之。"胤禟随声附和。康熙震怒，抽出佩刀，欲诛胤䄉。

心地善良的胤祺（皇五子）上前跪抱劝止，诸皇子纷纷叩头恳求宽宥。康熙打肿了胤禟的脸，并命诸皇子挞胤䄉二十鞭。③

十月初一日（11月12日），康熙先到皇太后宫问安，然后在朝中宣布关于太子问题他自有定见，但没有做具体说明。次日，胤禩被革去贝勒，成为闲散宗室。同时，与胤禩同谋刺

---

① 疯疾的讨论，见《李文贞公年谱》卷下，第39a～b页。胤礽的一位辩护者，见《啸亭杂录》卷5，第36b～37页；《清圣祖实录》卷235，第19页。
② 《清圣祖实录》卷234，第23页。
③ 《清圣祖实录》卷234，第24页；秦道然口供，《文献丛编》，第15b页。据说，他们已决定誓死效忠胤禩，甚至会吞服藏于衣服中的毒药自杀（《清世宗实录》卷45，第17b页）。

杀胤礽的相士张明德被凌迟处死。行刑时，凡与此事有关的人都被勒令前往观看。①

此后，胤礽的同情者开始向胤禔发动攻势，与胤礽友好的皇子胤祉揭发，胤禔一度雇用蒙古喇嘛以妖术诅咒胤礽。十月十四日（11月25日），康熙下令锁拿胤禔的护卫斋楞和雅突，派人进行当面审问；调查结果表明胤祉所奏属实。十五日在胤禔府中庭园内十处，掘出喇嘛所用的大量镇魇物。康熙说，正是这些东西使胤礽失常。五天后，他下令将胤禔终身监禁。②

这样，康熙越来越认定胤礽是被鬼魅所附身。当听说在查出镇魇物后太子顿时恢复理智，他更加相信太子原来的行为实为鬼魅所至。他因此说道：

> 是日废皇太子忽似疯颠，备作异状，几至自尽。诸宦侍抱持环守，过此片刻，遂复明白。废皇太子亦自警异，问诸宦侍："我顷者作何举动？"朕从前将其诸恶皆信为实，以今观之，实被魇魅而然无疑也。③

十月二十三日（12月4日），在一年一度的南苑行围过程中，康熙突然得了重病〔年底前一直处于病危状态，经一位耶稣会医生治疗，于隔年正月二十一日（1709年3月2日）

---

① 《清圣祖实录》卷235，第3b~5页。
② 《清圣祖实录》卷235，第12、14a~b页。康熙说在四十七年九月十五日（1708年10月28日）发现了镇魇之物，见《清圣祖实录》卷235，第17页。
③ 《清圣祖实录》卷235，第17页。

恢复健康]。① 他认为，这场病是上天因胤礽、胤禩蒙冤而惩罚他。于是，康熙立即召见了胤禩，随之又召见了胤礽，并跟他们进行了简短的谈话，然后把他们送回各自的幽禁处。他对领侍卫内大臣及大学士等说，自从废黜太子以后，他无日不流涕。现在召见了胤礽，慈父之心才得到慰藉。他许诺说，将不再提往事。②

康熙严厉地惩罚了胤禔。十一月初一日（12月12日），他宣布将胤禔终身监禁，革去王爵，其包衣佐领及浑托和人口均分，以一半给予胤祯，一半给胤禩之子弘旺。胤禔先被禁其府内，康熙四十八年（1709）春，又转押到另一所小屋子，以便在皇帝离京到热河前，把他与其家中人隔开。康熙特派一队文武官员与京城巡捕一道将胤禔严加看守，以防其支持者劫狱。胤禔在雍正十二年（1734）逝世前一直被囚禁，因为康熙认为他是个不折不扣的疯子。③

---

① 行猎，见《清圣祖实录》卷235，第13b~14页。在北京的一位耶稣会士写到出猎前后皇帝的身体状况。他首先叙述了康熙怀疑在打猎时有人行刺，这引起了他的"极大痛楚"，还引发了他"极度忧郁，加之严重的心悸，有人担心他有性命之忧"。接下来，皇帝病倒了："皇帝的病，日重一日，很虚弱，他的汉人医生们可以说不抱希望了。在用尽一切医疗手段后，他们求助于欧洲人。他们听说罗德贤（Rhodes）兄弟精通药学，就决定让他诊治皇帝。"通过罗德贤的治疗，引发皇帝心脏不安的"严重的心悸"缓解了。罗德贤建议皇帝服用加那利葡萄酒，这是耶稣会士礼拜仪式上用的。这封信还说，1709年7月前康熙已彻底康复。见 P. D' Entrecolles, *Lettres édifiantes et curieuses concernant I Asie，I Afrique et l'Amerique*，Ⅲ，p. 163。

② 《清圣祖实录》卷235，第14页。

③ 胤禔所属（家臣）的分割，见《清圣祖实录》卷235，第15页。来自上三旗所有的旗人划归胤祯；镶蓝旗人划归弘旺。家内包衣等人，在胤祯和弘旺间均分。胤禔被禁及死，见《清圣祖实录》卷235，第14b~15b页，以及 P. D' Entrecolles, *Lettres édifiantes et curieuses concernant I Asie，I Afrique et l'Amerique*，Ⅲ，p. 163；*Eminent Chinese of the Ch'ing Dynasty, 1644-1912*，p. 930。

为何康熙对胤禩及其他皇子宽大为怀，而对胤禔却严惩不贷？因为胤禔是唯一对皇权构成严重武力威胁的人。他除了有随从外，还招募了一帮职业拳师，利用他们暗杀敌对者。（晚上胤禔紧锁房门，卫士用木板把他卧室的窗子堵住，以防刺客。相互敌对的皇子及其随从间的暗杀和防暗杀，绝非耸人听闻的无稽之谈）① 康熙四十七年九月，胤礽被拘拿后，据说胤禔曾将天津镇兵调至古北口外，该处是京畿到热河的咽喉地带。康熙于四十七年底（1709年初）曾说"各处俱有"② 大阿哥的人。

胤禔造成的最严重威胁来自支持他的京营八旗。③ 按照清朝兵制，除了满蒙边陲，八旗军还分布在全国各战略要地。在京城及其邻近地区也驻有相当数量的八旗军，各直省及边陲地区的八旗军称为驻防八旗，京城一带的八旗军则为京营八旗。京营八旗又分上三旗、下五旗。上三旗由皇帝及有爵位的皇子统领，下五旗由皇族成员和其他王公掌管。

在康熙朝后半期，八旗制内部主仆之间仍有相当牢固的封建效忠关系。下五旗成员被视为王公的私人"奴隶"，他们对王公的忠诚甚于对皇帝的忠诚（由于自努尔哈赤以来王公与皇帝之间常有敌对情绪，前者对后者并非竭诚尽忠）。胤禔不仅控制着他自己的上三旗的成员以及包衣佐领，而且控制着下五旗之一的镶蓝旗佐领。此外，他获得了朝中一些大臣和侍卫的支持，下五旗中许多青年兵丁也效忠于他。对康熙说来，这

---

① 《清圣祖实录》卷234，第14b、22页；《上谕内阁》雍正二年八月二十二日。
② 《清圣祖实录》卷237，第16b页。
③ 《清圣祖实录》卷237，第14b页。

一潜在的危险是很明显的。因而,他严惩胤禔,试图以此向朝中明确表明,绝不会立胤禔为太子。

随着胤禔、胤禩的销声匿迹,胤礽再次犹如明星般从康熙的满腹愁云中升起。继十月二十三日(12月4日)之后,康熙又满怀慈父之情再次召见了他,以查明其神智是否清醒。此时,胤礽的主要支持者左副都御史劳之辨公开上疏,请"早正东宫",复立胤礽为太子。康熙接到此疏,于十一月初八日(12月19日)斥责劳为"奸诡",宣称他尚未就胤礽的废立做出裁夺,因为"其语仍略带疯狂"。①他下令夺劳之辨官职,当廷杖责四十。

十一月十四日(12月25日),康熙自知余年不多,他对大臣们说:"朕躬近来虽照常安适,但渐觉虚弱。人生难料,付托无人。"因而,他令大臣举奏可代替胤礽被立为太子的皇子。他向诸臣保证说,除皇长子外,"于诸阿哥中,众议谁属,朕即从之"。②

当天稍晚,诸臣计议后提出人选,康熙发现,所推举的人竟是胤禩,不禁大吃一惊。他心中甚为懊恼,于是再令大臣重新考虑他们的推举。他指出,胤禩不可立为太子,原因在于近来他犯有重大罪过,而且他的母亲出身卑微。

具有讽刺意味的是,康熙现在认为,胤禩和胤禔对满洲统治阶层造成的威胁甚于胤礽。因而,他曾向朝臣问及复立胤礽(危害性较小者)的可能性。实际上,在诸臣计议之前,康熙已就此试探过满洲贵要的看法。当时在北京的一位耶稣会士写

---

① 《清圣祖实录》卷235,第15b~16b页。
② 《清圣祖实录》卷235,第18b~19页。

道:"皇帝几次问及朝中贵要,由于已证明废皇太子实属无辜,他是否有权恢复他的自由?大部分王公冷淡地回答说,他是一国之君,自然可以自作主张。"

这位耶稣会士的信件表明,正是某些满洲王公诱使康熙向朝臣提出举奏新太子的要求。这些人"希望皇帝早死",并认为"此时正是他立太子以使国家安宁的时候"。通过举荐胤禩为太子,他们希望能迫使皇帝做出一项决定。"他们举荐受他们尊重的第八皇子,这等于排除了胤礽……他们曾向皇帝进言废斥胤礽,无疑,他们担心,他一旦再次当太子会对他们施以报复。"① 胤禩的一位支持者阿灵阿(康熙的姻兄,前辅政大臣遏必隆之子)宣称,他宁死也不愿看到胤礽再当太子。②

在这关键时刻,尽管朝臣们已推举了胤禩,但是,康熙仍希望朝中有人指出废黜太子是失误的决定,加给太子的罪名也不属实。当这一希望成为泡影时,他宣称已获悉来自另一个世界的信息:他已故的祖母和皇后(胤礽的生母)近日在梦中出现。皇后明确地说她的儿子蒙冤,祖母的表现也非同寻常,"太皇太后颜色殊不乐,但隔远默坐,与平时不同"。③ 他解释说,祖母持这种态度的意思是,胤礽是她所安排的婚姻的结晶,是她推举的太子,她不同意废黜胤礽。

次日,即十一月十五日(12月26日),康熙再次召见朝臣,并对他们说,自监禁胤礽后,他日日不能释然于怀。他还宣称孝惠皇太后也与他有同感,认为这是一件憾事。由于康熙

---

① P. D'Entrecolles, *Lettres édifiantes et curieuses concernant I Asie, I Afrique et l'Amerique*, III, p. 163.
② 秦道然口供,见《文献丛编》,第 4 页。
③ 《清圣祖实录》卷 235,第 21~22 页。

深信魇魅诅咒可影响人的心志,既然胤礽治疗已愈,就该做出相应的反应。于是他在第二天便下令释放胤礽,并命胤礽当众表白意向。废皇太子奏曰:

> 皇父谕旨,至圣至明。凡事俱我不善,人始从而陷之杀之。若念人之仇,不改诸恶,天亦不容。今予亦不复有希冀,尔等众人若仍望予为皇太子,断断不可。

听罢胤礽这番话,康熙规劝他应与兄弟们和睦相处,多征询他们的意见,并"洗心易行,观性理诸书,以崇进德业"。①

那么,康熙是否打算复立胤礽为太子?如果是,原因何在?

四十八年正月二十一日(1709年3月2日),恢复了健康的康熙召见诸臣,查问是何人倡言保举胤禩为太子。他获悉,首倡者为满洲大学士马齐及国舅佟国维。② 尽管他早些时候曾颁谕不允许这两人参加举荐(因为他们曾对康熙说"胤礽绝不可释之",③ 而且他们赞成胤禩当太子),但是他们依然上朝

---

① 《清圣祖实录》卷235,第24~26页。
② 随后康熙对于提名胤禩的反应,见《清圣祖实录》卷236,第4~14b页。
③ 三年后,在决意废黜胤礽后,康熙斥责大臣无勇气提出反对意见,指出佟国维有勇气反对他:"嗣后众等各当绝念,倾心向主,共享太平。若有奏请皇太子已经改过从善应当释放者,朕即诛之。果尔于初拿皇太子时何无一人保奏?今已颁谕完结之后,奏亦无益。倘朕以皇太子迁善欲行释放,有似国舅不畏死能言断不可释放者出奏,苟无能亦何用哉?朕心甚寒。日后朕若再复此事,难睹人面矣。"(《圣祖仁皇帝起居注》康熙五十一年十月初一日)。在《清实录》中,这一自责的信息弱化了,关于佟国维的材料被删除了。

推波助澜。佟国维一再向大学士们说明"众意欲立胤禩为储"。他还向诸臣暗示,"原先"(可能指索额图阴谋破产之后)皇帝也倾向于立胤禩为太子,他已敦请皇帝履行"原定计划"。正是在这样的情况下,诸大臣便"一致推举胤禩"。据了解,在就此事进行议论时,只有独立于朋党之外的大臣李光地一言不发(这是汉官表示弃权的一种方式)。

康熙知道这些情况后,大为恼火。他当众怒斥佟国维"肆出大言",支持胤禩。国舅不甘受斥,与皇帝进行激烈争吵。佟竟然向皇帝挑战,以请求诛戮相要挟。康熙念及亲戚关系,没有处死他。然而康熙对马齐却毫不客气,马齐因顶撞皇帝,在朝中被当众挞辱。①

康熙拒绝大臣的推举并非全然没有道理,当时确实有一些野心勃勃的朝臣和皇亲国戚妄图篡夺皇权,特别是有势力的佟家。譬如,佟国维不仅是康熙的舅父,而且两度为康熙的岳父(已故孝懿皇后即他的女儿),他在退休前,担任领侍卫内大臣及议政大臣。佟家其他有势力的成员有佟的儿子隆科多,侄子鄂伦岱及他的孙子、额驸顺安颜。② 这些人原本支持胤禔,当胤禔被囚失去当太子的资格后,他们转而支持胤禩。③

佟家成员在宫廷侍卫中实力雄厚,在当时的宫廷中,侍卫处的影响相当重要,因而不难理解康熙的担忧。清初,侍卫处主要由上三旗中的强悍兵丁所组成,其职责是卫护皇帝,在殿

---

① 《朝鲜王朝实录·肃宗实录》卷47,第20页。
② 《清圣祖实录》卷236,第8b、25页;Eminent Chinese of the Ch'ing Dynasty, 1644–1912, pp. 794–795。
③ 《清圣祖实录》卷236,第9页。

廷执行各种任务，并保证皇帝外出巡幸的个人安全。① 乾清门侍卫卫护着门内的皇帝居住区，他们还负责向皇帝呈递奏折（通过太监），并向诸臣传达皇帝的谕旨。大部分满洲重臣、总督及八旗的都统，是在侍卫处中效力卓有成绩后被提拔的。由此可见宫廷侍卫的显要地位。

侍卫处由六名官职最高的正一品领侍卫内大臣统领，由六名官阶为从一品的内大臣和数目不定的官阶为从二品的散秩大臣辅助。

在当时的六位领侍卫内大臣中，就有四位支持胤禩。巴浑德②（可能是领侍卫内大臣）是第一个发言支持保奏胤禩的满洲大臣。佟国维的侄子鄂伦岱是另一个保奏胤禩的内大臣。四十八年二月二十八日（1709年4月7日），康熙就此斥责鄂伦岱及佟家成员。他说："鄂伦岱、隆科多、顺安颜与大阿哥相善，人皆知之。尔等又欲立八阿哥为皇太子，将置朕躬及皇太子诸阿哥于何地耶？"③

康熙之所以厌恶鄂伦岱，还有其他原因。他对皇帝态度鲁莽，有时竟敢蔑视圣上。④ 他因康熙拒绝册立胤禩而懊恼，甚

---

① H. S. Brunnert and V. V. Hagelstrom, *Present Day Political Organization of China*, trans. by A. Beltchenko and E. E. Moran, Shanghai: Kelly and Walsh, 1912, pp. 98 - 99；光绪《大清会典》（1899）卷82。

② 有的地方他的名字写作巴珲岱，比较《清圣祖实录》卷236第3页和卷237第18b页。巴浑德在举荐胤禩中的作用，见《清圣祖实录》卷236，第5~6b页。

③ 引文见《清圣祖实录》卷236，第25b页（也见卷236，第27b页）。鄂伦岱与胤禩的关系，见《清世宗实录》卷29，第24~31b页；《上谕内阁》雍正三年三月二十日；《清史》，第4029页。

④ 鄂伦岱，见《清世宗实录》卷29，第28a~b页；《上谕内阁》雍正三年二月二十九日。

至在皇帝面前也不下跪。当康熙患重病时，诸臣前往请安表示关心，而他却在紧靠皇帝宸居处的乾清门与一群侍卫射箭为戏。还有一次，有人发现他在乾清门内庭园小便，这更是罪该诛戮的无礼行为。然而，由于亲戚关系，康熙一再原谅了他。

另外两位拥立胤禩的领侍卫内大臣是阿灵阿和鄂飞。有关鄂飞的史料不多，而阿灵阿在这场斗争中所扮演的角色却有详细记载。[①] 他的家族有多种关系与皇室联亲。他的祖母是努尔哈赤之妹，他的父亲遏必隆在多尔衮亲王威胁皇权时，曾效忠于已故的顺治，在康熙未成年时，又是四辅政大臣之一。阿灵阿的姐姐嫁给了康熙，于康熙十六年（1677）被册为孝昭皇后。如前所述，遏必隆曾希望康熙把他这个女儿立为正宫皇后，希望破灭后，他支持鳌拜反对索尼，即索额图之父。这种对胤礽的支持者索额图家族的敌视，导致阿灵阿支持胤禩图谋储位。

余下的两位领侍卫内大臣，即颇尔盆和尚之隆，在继承皇位的问题上明显地持中立态度。[②] 在领侍卫内大臣之下的官员中，佟国维的三子隆科多最引人注目。[③] 由于他的姑母（佟国

---

① 鄂飞，见《清圣祖实录》卷236第2页以及卷237第18b页。阿灵阿，见《清圣祖实录》卷235，第19b页；以及《上谕内阁》雍正三年二月初九日；其家与皇帝的关系，见 Eminent Chinese of the Ch'ing Dynasty, 1644 – 1912, p. 220, 乃父遏必隆的传记。阿灵阿死于康熙五十五年（1716），其子阿尔松阿继其位，升至政治显位，成为领侍卫内大臣，后来任刑部尚书。阿尔松阿于雍正四年（1726）被皇帝下令处死。阿灵阿死后蒙羞，墓碑上刻"不臣不弟暴悍贪庸阿灵阿之墓"。见《清史》，第4028页；以及 Eminent Chinese of the Ch'ing Dynasty, 1644 – 1912, p. 430。
② 《清圣祖实录》卷236，第5a～b页。
③ 隆科多，见《清史》，第4081页；《清圣祖实录》卷248，第11、21页。顺安颜在胤禩党中的作用可能是边缘的，见《清圣祖实录》卷236，第25页。

维的妹妹也是康熙之母）是皇太后，他的两个姐妹又嫁给了皇帝，因此他与康熙既是表兄弟又是姻兄弟。在不记名推举胤禛时，隆科多是一等侍卫。后来，康熙五十年（1711），胤礽的心腹托合齐被免去步军统领职务后，即由隆科多升任该职。直到六十一年康熙去世，他一直担任该职。

与在侍卫处中支持胤禩的佟家势力相呼应，在朝臣中则有位居显要的满洲大臣。其中一位最重要的文职官员是明珠的二子揆叙。① 他先在侍卫处任职，后任翰林院掌院学士达十四年之久（康熙四十二年至五十六年，1703～1717）。一般说来，所有的汉族官员均须通过翰林院才能得到官职。因而，揆叙在长期担任掌院学士的过程中，得以在清朝中央政权中建立广泛的权力基础。揆叙利用他的政治影响和从他父亲那里继承的巨额财富，为胤禩图谋储位效力。他与其他一些人"播蜚语，言皇太子诸失德状，杜其复立"。②

如果说揆叙是在翰林院为胤禩效力，那么，马齐则代表了胤禩在内阁大学士中的势力。③ 马齐与皇族无亲戚关系，但他的资历最深，"举朝大臣，未有及者"。马齐，富察氏，满洲镶黄旗人。他在宦海中平步青云，先于康熙八年（1669）任工部员外郎，后历任税关监督、巡抚、钦差、左都御史、议政大臣，并于三十八年达到官宦阶梯的顶点，被任命为武英殿大学士。在策划推举胤禩时，他正任这一官职。他不仅是个干练

---

① 揆叙，见 Eminent Chinese of the Ch'ing Dynasty, 1644-1912, p.430；《清史》，第4028～4029页；他在举荐胤禩中的作用，见《清圣祖实录》卷235，第19b页。
② 见《清史》，第4028页。
③ 马齐，见《清史》，第4027页；Eminent Chinese of the Ch'ing Dynasty, 1644-1912, p.560。

的行政官员，而且善于处理蒙古事务及同俄国人的外交。康熙曾把属于中国的两个俄罗斯佐领［这由顺治五年（1648）投奔清朝的一对俄罗斯父子的后代组成］中的一个赐给他当随从。马齐在朝中地位显赫，一次他当着皇帝的面辱骂皇帝最信任的汉官张鹏翮为"杀材"，但康熙并没有因此惩罚他。①

追随马齐的汉族大臣有户部尚书王鸿绪、礼部尚书李振裕。作为康熙的密探，王曾向皇帝密奏过许多胤礽的劣行。正是王伙同阿灵阿、鄂伦岱和揆叙"与诸大臣暗通消息"，策划推举胤禩为太子。②

在复立太子的问题上，大学士李光地是唯一坚守中立的大臣。由于他超然于朋党之外，胤礽党和胤禩党都厌恶他。为了避免打击报复，在诸大臣推举胤禩时，他只好保持沉默。③

胤禩获得了野心勃勃的大臣以及母亲和妻妾一方的皇亲国戚的支持，另外，他也得到宗室中一些成员（即其父系亲戚，努尔哈赤的后裔）的支持。在推举他为太子时，宗室成员近一千人。他们是否忠诚，对皇帝来说是一件举足轻重的事。苏努在胤禩党中所起的作用就说明了这一点。④

苏努是努尔哈赤的儿子褚英的后人。当康熙在申斥苏努参与谋立胤禩为皇太子时，他把苏努用心险恶的根源追溯到其祖上："允禩……邀结苏努为党羽。苏努自其祖相继以来即为不

---

① 《清圣祖实录》卷236，第14页。
② 《清圣祖实录》卷235，第20页。
③ 《清圣祖实录》卷235，第20b页。
④ 苏努的传记，见 *Eminent Chinese of the Ch'ing Dynasty, 1644 – 1912*, pp. 692 – 694；《清圣祖实录》卷235，第4b页；以及《永宪录》，第279页。宗室人数，见《清世宗实录》卷30，第18页；《上谕内阁》雍正三年三月十三日。

忠。其祖阿尔哈图土门贝勒褚燕，在太祖皇帝时曾得大罪，置之于法。伊欲为其祖报仇，故如此结党，败坏国事。"①他还指斥苏努"于我父子兄弟骨肉之中，谗谮离间"，"朕防之有年矣"。他警告诸皇子及大臣："尔等其知之，每事留意此。"②

尽管苏努祖上有背叛行为，但是，康熙在四十七年（1708）之前对他一直很好，因为在康熙统率的历次征讨中，他英勇善战。苏努是宗人府的官员，该机关掌管所有与皇族有关的事务，对皇族成员有司法和惩戒权，并保存皇族玉牒。③作为左宗人，他在宗人府中名列第四。清朝各行政部门的特点是，中层官僚负实际责任。由于苏努任此职达三十多年（康熙十二年至二十二年、二十四年至四十七年），他在皇族成员中的影响力颇大。

在下五旗中，也有苏努的势力。自康熙十八年起，他任满洲镶红旗副都统达三十年之久，而且任过盛京将军（日后雍正才公开揭露说，苏努为官腐败，他统辖的兵丁士气低落。他们擅离职守，住在远离城市的地方）。④

因而，像苏努这样的宗室成员，由于握有实权，当他与胤禩结党营私时，康熙便感到自身受到威胁，深为愤怒。

他认为，由于胤禩党有多方支持，可能容易运用武力，

---

① 《清圣祖实录》卷235，第8页。文中的褚燕即褚英。
② 《清世宗实录》卷10，第12页。
③ 玉牒，见光绪《大清会典》卷1，第2～5页；卷93，第1页；光绪《钦定大清会典事例》卷1，第28～38页；《清圣祖实录》卷235，第19b～21页；卷254，第18b～20页；H. S. Brunnert and V. V. Hagelstrom, *Present Day Political Organization of China*, p. 56。
④ 雍正的指控，见《上谕内阁》雍正三年五月二十六日，以及五年正月初九日。当时的证据，见王鸿绪奏折，第24号，《文献丛编》第92页；以及秦道然口供，《文献丛编》，第15页。

"兴兵构难，逼朕逊位而立允禩！"因而他担心，"朕日后临终时，必有将朕身置乾清宫，而尔等执刃争夺之事也"。①

康熙严厉惩办了胤禩的一些追随者。额驸顺安颜被革职，交与其祖父佟国维监管；马齐被革除一切职务，交胤禩府严行拘禁（这是处置被定罪的满人或旗人的一种办法，即把罪犯交予他的一位年长的亲戚或亲王监管，而后者又往往是前者的同谋者。倘若罪犯逃跑，监管者要承担责任。从当代的眼光看，这颇具讽刺意味，因为胤禩本人也已身陷囹圄）。马齐的兄弟马武（他是皇帝多年的贴身侍卫）与李荣保一并被送交宗人府监禁。汉大臣王鸿绪及李振裕虽效力年久，也因"声名俱劣"，并在朝中推举胤禩而被罢官。②

对这些人的惩罚，无疑隐含着胤礽的报复。因为甚至与胤禩事毫无牵连的内阁学士蔡升元，也由于"轻浮无实"而被罢官。日后康熙承认，其原因就在于太子不喜欢他（可能是因为他持独立立场）。③ 显然，康熙又重新开始了对胤礽的姑息态度。

惩治了胤禩党的重要人物后，康熙力图缓和与诸皇子间的紧张关系。为达到这一目的，他甚至对胤禩也宽大为怀（然而，胤禔仍被排除在家庭圈子之外）。虽然被拘禁在北京城外离皇庄很近的一幢房子里，但胤禩于康熙四十七年底（1709

---

① 《清圣祖实录》卷261，第9a～b页。
② 囚禁胤禩，见《清圣祖实录》卷236第17页以及卷237第4b页；《清皇室四谱》卷3，第14页。马齐，见《清圣祖实录》卷236，第11～14b页。
③ 蔡升元，见《清圣祖实录》卷60，第21页，以及《满汉名臣传》卷9，第2页。

年1月)恢复了贝勒的爵位。此后,他偶尔履行公职,有时也随驾到热河。五十五年(1716),他因病重而获释。①

康熙谴责了下五旗的官员,他认为在诸皇子之间出现的事端,都是这些人制造的。所以他指出,"外面匪类"是所有事端的根源。四十八年三月初十日(1709年4月19日),除胤禩之外的所有成年皇子都得到晋封。②

这一天正值复立胤礽为皇太子的大庆日子。康熙晓谕臣民,并将他的决定昭告天地、宗庙、社稷。③ 殷弘绪神父在发自北京的信中,谈到了这一庆典,他说:"二皇子被复立为皇太子,庆典如仪,欢快的气氛随处可见。仍在上演的这出喜剧选自古代史上的一个事件。这一事件与刚刚发生的一切有许多共同之处。"④ 可是,这出"喜剧"中的演员们谁也没有意识到,他们的这出喜剧其实正是本书所描述父子悲剧的一部分。

---

① 宽容胤禩,见《清圣祖实录》卷236,第17页;卷237,第19b~20页;《清皇室四谱》卷3,第14页。
② 《清圣祖实录》卷237,第4~5页;卷235,第27页。
③ 《清圣祖实录》卷237,第4~7页。
④ P. D' Entrecolles, *Lettres édifiantes et curieuses concernant I Asie, I Afrique et l'Amerique*, Ⅲ, p. 103.

13　终身监禁

胤礽被复立为太子之后,马上故态复萌。中国的史料对此语焉不详,仅含混地把他的行为说成是"狂疾未除"。然而,朝中的议论表明,康熙父子间的问题依旧是继承与恶行。

康熙显然要无限期地留居宝座,而胤礽却急于登基,所以胤礽不久便公开发出怨言。从通过朝鲜驻北京使节传播到国外的传言中,可以窥见太子的言行。使节说:"闻太子性甚悖戾,每言:'古今天下,岂有四十年太子乎?'其性行可知。"

朝鲜使者还指出,太子痛恨皇帝,贪财好色,败坏朝纲。

> 太子经变(1708)之后,皇帝操切甚严,使不得须臾离侧,而诸弟皆在外般游,故恨自己之拘检,猜诸弟之闲逸,怨恨之言,及于帝躬。

关于胤礽的恶劣品格,朝鲜使者写道:

> 皇帝出往热河,则太子沉酗酒色,常习未悛,分遣私人于十三省富饶之处,勒征货赂,责纳美姝,小不如意,诉谗递罢。

他们还写道:"皇帝虽知其非,不得已勉从。"日后康熙确认朝鲜国使所言属实。①

　　康熙四十七年（1708）之后的三年中，康熙继续对胤礽采取姑息态度——容忍并掩盖他的罪行，满足他的要求。康熙总是希望以自己的隐忍使他最终弃恶从善。但胤礽所行却只能使父亲灰心。最后，康熙忍无可忍。当时年轻的安郡王的弟弟景熙向康熙呈上一份不容忽视的奏章，使他获悉胤礽党的新首领、步军统领托合齐纠集满洲官员结党会饮，策划"保奏"胤礽（意在强迫康熙让位给胤礽）。②

　　我们只要看一眼步军统领手中的权力，就可明了为何胤礽选择托合齐作为他那一党的新首领，为何康熙最终监禁了托合齐。这也有助于我们理解康熙永远废黜皇太子胤礽的缘由。

　　北京在结构上由四个"城"所组成。③ 中心是紫禁城，包括皇帝的寝宫、皇帝朝见廷臣的宝殿及内阁大学士办公之处。其外围是皇城，这里大多是附属于内务府的衙门和建筑。皇城之外是内城，其中有许多庙宇、八旗军驻防和中央各部院的办公之所。最后是外城，包括商业区和汉人居住区，外城是由内城向南延伸的区域。

　　直到康熙朝，北京的管理是分散的。紫禁城和皇城由八旗军守卫，上三旗守卫前者，下五旗守卫后者。上三旗受内务府

---

① 朝鲜人关于胤礽失德及对他的抱怨，见《朝鲜王朝实录·肃宗实录》卷52 第42 页以及卷54 第36 页；康熙承认此点，见《清圣祖实录》卷251，第7~12b 页。
② 《清圣祖实录》卷250，第6~7b 页。
③ 随后对于步军统领一职的描述，见《钦定大清会典事例》卷1156~1157、卷1159~1160、卷1162~1163。京城法律和统治结构，见 H. S. Brunnert and V. V. Hagelstrom, *Present Day Political Organization of China*, pp. 97–102。

控制，它不但包括执行各种保安任务的卫兵，而且包括御前侍卫。在内城各战略要地布置着步兵。该部从下五旗选拔旗兵组成，被称为"步军营"。其指挥官从八旗军的都统和副都统中挑选，被称为"步军统领"。外城由汉人绿营兵——而不是汉军——守卫，被称为巡捕三营。内城九门和外城七门仍沿袭明制，由汉人军队即绿营兵把守。① 因而，清初京城是由绿营和八旗军联合守卫的。这些部队组成了可称为京城卫戍司令部的机构。此外，还有一个满、汉联合行政的组织，负责维持治安和司法。为此，北京最初分为"五城"，各由两名巡城御史管理，一名是满人，一名是汉人。他们的职位相当于各省的按察使。当违法行为不甚严重时，他们负责拘捕、审讯、判刑。五城中每一城各设一司官和坊官。警察机构的基层组织是街道厅，它们通过检查不良分子和可疑人维持街巷安全和公共秩序。

　　康熙朝对这种权力分散的守卫和法律机构进行了改组。全部权力（军队、司法、警察和房屋管理）均归步军统领。集权的第一阶段始于康熙十三年（1674），为了对付与"三藩之乱"同时而起的京中骚乱，康熙命步军统领兼提督京城九门事务。康熙三十年，又命步军统领兼管巡捕三营事务。到托合齐任步军统领之职时，巡城御史的警察司法权也已归步军统领。巡城御史取消后，设立了两个总兵之职，左翼总兵和右翼总兵，由步军统领直接管辖。这两位总兵由两名副总兵辅助，各负责管理半个城市（西半城和东半城），以此代替了原来的五城。在新的权力结构中，街道厅的司法权增加了。在托合齐

---

① 守内城九门的应为八旗兵。——译者注

直接统辖下的步军营有21000名旗兵，包括1737名火枪手，配备着25万多磅火药，分别储存在内城九门。此外，绿营巡捕三营有1470名骑兵，3360名步兵。

托合齐约在康熙四十四年（1705）任步军统领。① 鉴于他当时的贵要身份，人们或许会认为他此前的官职至少已升至副都统或一等侍卫。因为，在一般情况下，起码要具备这种资格，才能被授以步军统领这类官职。其实不然，此前，他是内务府的包衣，其最高官职不过是广善库的司库（胤礽的心腹凌普，于四十三年被任命为内务府总管）。②

然而，康熙任命托合齐自有道理。托合齐是太子心腹凌普的朋友，他可能通过凌普同太子就新官职达成协议，而此时康熙正竭力实行优容胤礽的策略。另外，托合齐的妹妹十分得宠于康熙，已正式晋封为定嫔。康熙二十五年她十四岁，为康熙生下第十二子胤祹后晋封为妃。③

康熙任命托合齐无疑是他优容胤礽策略的一部分，这还表现在他任命托合齐的长子舒起担任户部主事这一要职。正如对凌普的任命（内务府总管兼管广善库）旨在使胤礽便于取用金钱，任命舒起也是为了掩盖胤礽在户部的丑行。四十七年，康熙在任命王鸿绪为户部尚书时给他的谕旨就证实了这一点："部中之事，不可苛求。"④

托合齐在朝中以善于管理军事和行政著称，然而他的品行

---

① 《清史》第3874页记载说，1706年托合齐已成朝中新宠。
② 《清圣祖实录》卷219，第6b页；卷234，第17b~20页（凌普）。
③ 托合齐的传记资料，见《八旗满洲氏族通谱》卷56，第15页；其妹定妃，见《清皇室四谱》卷2，第14页。
④ 康熙四十七年王鸿绪奏折，第24件，《文献丛编》，第92页。

在许多方面与索额图毫无二致：专横跋扈，腐败堕落。像索额图一样，他自以为大权在握，竟无视朝中礼节（这足以构成死罪）。当他穿过北京街道时，扈从中特加上骑兵卫士，这是只有诸王才享有的特权。① 托合齐本是胤禔的妻舅安郡王马尔浑的家臣，然而对这位王公主子，他时而表现出不屑一顾的神气。每当在街上遇到马尔浑，他不遵照封建的礼节下马作揖，而是扬鞭而过。当马尔浑于康熙四十七年（1708）底逝世时，托合齐强迫郡王的家属把居丧期从一百天缩短为四十天，以不误他参加农历新年的庆祝活动（他奢侈无度，恣意尽欢）。② 托合齐是太子的头号心腹，又接近皇帝，自然为那些趋炎附势者所追逐。某些为营私而谋求政治庇护的人，甚至不惜认托合齐为"干爷爷"。他有一名姓蒋的干孙子，本是个不学无术的苏州富翁，就因为"干爷爷"向主考官施加了压力，竟然考中进士并名列第九。③ 尽管托合齐桀骜不驯，但是他却成了康熙的心腹。因为步军统领实权在握，很容易策动军事政变（这正是皇帝所担心的），所以康熙尽力与托合齐保持良好关系，以博取他的忠诚。

托合齐依仗皇帝对他的信任，肆行敲诈。为此目的，他让他的代理人与地方匪首和不法盐商共谋，或诬无辜者为盗贼，或对不能满足其要求者滥施刑法。他所统辖的巡捕三营官兵，

---

① 《清史》，第3974页。
② 《清圣祖实录》卷235，第8b～9页；卷202，第24b～25页。托合齐的不法行径及对他的审理，见《圣祖仁皇帝起居注》康熙五十二年正月二十三日，及五十一年四月十二日；《清圣祖实录》卷250，第5～6页。托合齐的名字在起居注使用的是不同于实录中的汉字——"陶和气"（另一种写法，见《上谕内阁》雍正元年三月十三日）。
③ 《史料旬刊》，第7b页。

更公然与地痞流氓相勾结，贪赃枉法，欺压百姓。① 托合齐诱使康熙的侄子海善（康熙的异母兄弟恭亲王常宁之子）成为其追随者，并进而控制六部衙门的尚书。四十七年，他因向一位富有的官员李元龙勒索十二万两白银而被控告，这些事遂被揭露出来。在朝中，尽人皆知托合齐之子化名七哥，经常通过操纵诉讼勒索官民。但是，直到李告了御状之后，托合齐才首次出面为自己的不法行为强辩。②

托合齐动员他在中央官僚机构中的心腹们为他掩饰罪行。据王鸿绪密折所载，本来对托合齐的指控极易被证实，然而，户部和刑部的满人尚书希福纳、巢可托"皆素日皈依提督者"，而"吏、兵二部满堂心畏"，因而这些人在审理此案件时"亦不肯轻发一言"。只有礼部尚书富宁安是唯一"持正而不依附人者"。当然康熙与胤礽之间存在的问题，也是促使人们沉默不语的原因。陈汝弼在三法司审讯中成为牺牲品是前车之鉴。由于康熙不想与太子（托合齐的靠山）对抗，满族大臣们用以保护自己免受起诉者和被告者报复的唯一办法就是回避。

---

① 《清史》，第4006页。
② 康熙四十七年王鸿绪奏折，第26件，《文献丛编》，第93页。王鸿绪其他奏折揭示出，太子的追随者，在六部者有巢可托（刑部满尚书），他是托合齐的亲戚（第27件，《文献丛编》，第94页）；另一追随者是徐潮（吏部汉尚书），他与太子主要的拥护者阿山交好（第27件，《文献丛编》，第94页）。在六部所有的满尚书之中，"不依附人（提督托合齐）者唯礼部尚书富宁安一人"（第25件，《文献丛编》，第93页）。"吏、兵二部满堂心畏提督"，审讯时，"亦不肯轻发一言"（第24件，《文献丛编》，第92页）。工部员外郎宋我郊（真名李约山），起初定有罪，"今投提督门下效劳奔走"，央求刑部司官宽审（第26件，《文献丛编》，第93页）。

由于这种双重顾虑，满洲大臣们把托合齐案推给下级满人官员处理。但这些下级官员也清楚托合齐背后的势力。如坚持公平审理，他们与其上司一样顾虑重重；但掩盖事实真相，又怕遭受惩罚。因此，他们转而怂恿汉族官员去审理此案。

托合齐的对策是一口咬定他勒索的这笔钱已用来"还王府债了"（"还一个皇子的债了"），这样，"使问官不便究诘"。① 他还向法官宣称已托"要紧人"在皇帝面前为他辩护。由于法官消极的态度，这位要紧人（不知何人）的干预自然奏效。康熙没有处罚托合齐，整个案件也没有载入官方记录。

直到康熙四十七年，刑科给事中汉人王懿疏参托合齐"欺周不法，贪恶殃民"，他的名字才首次出现在官方记录上。

康熙将王懿的奏疏交九卿审议，但是他接到他们提出来的意见后，却把这个案子搁置了三年。当户科给事中高遐昌疏参托合齐恃权不法时，康熙还予以驳回，并为他辩护。②

康熙对托合齐一案敷衍了事，这是与他姑息纵容太子的一贯做法相符合的。正如他日后所承认，他曾竭尽一切努力迁就太子的要求，"以感悦其心，冀其迁善也"。③在朝政中，他为了取悦胤礽，甚至置正义于不顾：胤礽要斥责的人，他无不加以斥责；胤礽要处罚的人，他无不处罚；胤礽要驱逐的人，他无不驱逐。唯独胤礽所提出要诛杀的人，他没有诛杀。康熙解释说，这是"以朕性不嗜杀故耳"。④他对胤礽的纵容，使朝臣们无所适从：要想主持正义，他们怕胤礽及其心腹报复；反

---

① 王鸿绪奏折，第25件，《文献丛编》，第93页。
② 《清圣祖实录》卷233，第18、20b～22页。
③ 《圣祖仁皇帝起居注》康熙五十二年二月初二日。
④ 《清圣祖实录》卷251，第10b～11页。

之，又要冒因渎职而受皇帝严惩的危险。

不过，对托合齐来说，康熙的姑息纵容却只能使他更感到权柄在握。譬如，四十九年（1710），康熙罢了刑部汉尚书张廷枢的官，唯一的原因是他"偏执"，拒绝与刑部满人尚书齐世武合谋凭捏造的罪名把一位官员处死。朝中谁都知道，齐世武是托合齐的心腹，那位官员就是因为得罪了他而获罪。①

后来，直到康熙感到自己的生命受到威胁时，他才不再容忍托合齐。往后相继发生的一系列事件，使托合齐一命归西，并最终于五十一年十月初一日（1712年10月30日）导致了胤礽被终身监禁。

监禁胤礽的直接原因是康熙担心另一次政变。如前所述，康熙已经获悉托合齐纠集党羽，要向他"保奏"胤礽。② 康熙无疑把"保奏"二字解释为逼他让位给胤礽。所以他将托合齐结党会饮称为"惑众谋反"，他认为，这是一场未公然发难即被消弭的叛乱。

在最终决定废黜胤礽之前，皇帝仍希望他幡然悔悟，因此并没有直接责罚他，只是惩处了他的一些追随者，以示警告。到五十年晚些时候，康熙无疑感到有必要让托合齐下台。

五十年十月二十日（1711年12月29日），他以托合齐得病为由解除了他的职务。当然，这只是罢官的客气说法而已。然后，康熙任命他佟家的表兄弟兼姻兄弟隆科多为步军统领

---

① 《清圣祖实录》卷242，第17页；《方望溪全集》，第347~348页。
② 《清圣祖实录》卷249，第5b页；《圣祖仁皇帝起居注》康熙五十一年正月二十八日。

(隆科多任此职直至康熙去世)。①

托合齐被解职五天后,康熙再次以旁敲侧击的方式表示出对太子的不孝及太子党悖逆行为的不满,他责成八旗及部院衙门大臣"保奏""笃行孝义者",进行公开表彰。两天后,康熙召见诸王大臣,他一反常态,怒不可遏,直截了当地申斥满洲诸王和大臣中"有为皇太子而援结朋党者"。他指出了几个臭名昭彰的阴谋者并抨击说:"索额图之党竟不断绝,俱欲为索额图报复。"② 随即下令锁拿胤礽党的几个首要分子,包括刑部满尚书齐世武、兵部满尚书耿鄂和京营八旗副都统鄂缮。

与此同时,康熙终于查证了指控托合齐的罪证,下决心采取行动。那时,康熙已赋予各省督抚大员上"密折"的权力。现在,他决定把他的情报网扩大到中央官僚机构。五十一年正月二十八日(1712年3月5日),康熙授予所有朝臣上密折的权力,其矛头所指显然是托合齐党及太子本人。正如皇帝在谕旨中所说:"虽有言官,类多瞻顾缄默,是以托合齐等辈小人,常昂然张胆,拘集党羽,今已显露。"③

四月初十(5月14日),康熙再次把王懿参劾托合齐的奏疏交九卿审理。王懿主要控告托合齐恃权不法,贪赃受贿。四月十二日,九卿奏呈审议结果,但康熙不予接受,其理由是

---

① 《清圣祖实录》卷248,第11、21页。
② 《清圣祖实录》卷248,第14页(孝子);《圣祖仁皇帝起居注》康熙五十一年十月二十七日(《清圣祖实录》卷248,第15~18b页,斥责太子党)。《圣祖仁皇帝起居注》中,皇帝也说:"今国家大臣各结朋党,或有为朕而为之者。"这在《清圣祖实录》中被删去。
③ 《圣祖仁皇帝起居注》康熙五十一年正月二十八日(《清圣祖实录》卷249,第5~6b页)。这里托合齐的名字是"陶和气"。《圣祖仁皇帝起居注》的文字没有修饰,更率直。

所奏含混,没有包括罪犯托合齐、齐世武的供词。他下令此案由一位大学士主持重新审理。同时,宗人府向康熙奏陈,托合齐及其心腹齐世武、耿鄂已承认犯有结党会饮罪。于是康熙颁谕,在审理贪赃受贿案后,还将就结党会饮给被告定罪。此外,他还第一次斥责胤礽"不仁不孝",指使心腹"保奏"。

四月十六日,以大学士为首的九卿向康熙奏明,托合齐、齐世武、耿鄂犯有受贿罪,照律拟绞监候,秋后处决(这是一种司法惯例,皇帝在秋天审阅一年中处死刑的案件,以决定哪些囚犯应予处决。许多处决从一个秋天延至下一个秋天),康熙接受了九卿的建议。①

托合齐被判受贿罪不久,安郡王的弟弟景熙又告发他在康熙四十七年底安郡王的服丧期内举行宴会,康熙令宗人府会同四位皇子(胤祉、胤禛、胤祺、胤祐)及马齐(署理内务府总管)等调查托合齐的新罪行。② 宗人府于六个月后才做出决定。

九月三十日(10月29日),即锁拿托合齐五个月之后,康熙下令禁锢胤礽,太子就此锒铛入狱。③ 马国贤神父目击这一幕可悲的场景:

> 当我们抵达北京附近的苑囿畅春园后,看到有八九个满洲人和两个太监被摘帽反绑,跪在这座巨大皇宫的庭园里。在离他们不远的地方,诸皇子站成一排,也光着头,

---

① 朝廷查证王懿指控托合齐,见《圣祖仁皇帝起居注》康熙五十一年四月初十日(《清圣祖实录》卷250,第4b页);进一步的调查,见《圣祖仁皇帝起居注》,五十一年四月十二日;《清圣祖实录》卷250,第5～6页;惩处,见《清圣祖实录》卷250,第6～7b页。
② 《清圣祖实录》卷252,第8a～b页。
③ 《清圣祖实录》卷251,第7b～12b页。

双手被绑在胸前。

马国贤继续说，虽然"诸皇子"均被绑罚站，但只有太子一人是皇帝斥责的对象，"不久，皇帝乘敞篷轿从居室中出来，向诸皇子受罚的地方走去。抵达后他勃然大怒，痛斥太子，并下令把他同其家属人等一同监禁在他的宫中"。

次日，即十月初一日（10月30日），康熙用朱笔书写了"公开文告"，以"叛逆嫌疑罪"废黜了"不幸的太子"。① 康熙在文告中承认，当复行册立胤礽为太子时，正是他自己充当了太子的保证人，然而，胤礽恶行发展，劣迹昭著，使他惭怍赧颜，"愧对举国百姓"。② 他还承认，也正是他一意姑息纵容太子，致使大臣们处于进退维谷的境地。现在，由于胤礽"狂疾"益增，他不得不将太子永远废黜。五十一年十一月十六日（1712年12月13日），康熙庄严地祭告上天，表达了他深切的悔恨之情，以此完成了永远废黜太子的程序。

三天后，即十一月十九日，宗人府奏呈皇帝，已查明景熙所告发的托合齐罪行属实，建议将托合齐"即行凌迟处死"，其子舒起"拟绞监候，秋后处决"。康熙于次年初才着手按此建议处理。但到那时，托合齐已"于监禁之处病故"。③ 五十二年二月初三日（1713年2月27日），宗人府再次奏呈皇帝，将托

---

① Matteo Ripa, *Memoirs of Father Ripa*, p. 83.
② 《圣祖仁皇帝起居注》康熙五十年十月初一日；《清圣祖实录》卷251，第8~12b页。这些直白的供认在《清圣祖实录》中被删去。
③ 《清圣祖实录》卷252，第8页。这些指控，被证实是真实的，见《圣祖仁皇帝起居注》康熙五十一年十一月十四日（例如，原御史黑子参劾托合齐敲诈）；其他指控托合齐和凌普恶行和不法的行径，见《圣祖仁皇帝起居注》康熙五十二年正月二十三日和五十二年二月二十五日。

合齐"锉尸扬灰,不准收葬"。康熙准奏。其子舒起于秋后处以绞刑。托合齐的家人周三(他与勒索李元龙案有牵连)及其子周琪也因其他罪名被处斩。[①] 看来,康熙似乎仍在尽力驱除附在胤礽身上的妖魔鬼怪。

---

① 托合齐及他臭名昭著的家仆之死,见《清圣祖实录》卷253,第19b页,康熙五十年四月甲戌(十六日),以及《圣祖仁皇帝起居注》康熙五十二年二月二十五日(《清圣祖实录》卷253,第18a~b页)。太子的一些追随者被凌迟处死(如德麟),见《清圣祖实录》卷205,第25b页;宋荦《西陂类稿》卷37,第1页。

14　新的竞争者

册立新太子一事使康熙苦恼不堪。康熙五十一年（1712），胤礽被彻底废黜。这标志着选择新的可靠继承人的开始。在此后十年中（这是康熙当政的最后的岁月），他似乎下定决心，不再表露优先选择哪一位皇子作为他的新继承人。甚至在他健康情况恶化，从而使大臣们找到借口敦促他建储时，他仍禁止他们保奏任何一位皇子。复辟党自然急不可待地盼望胤礽再起；胤禩党先是希望胤禩被册立，后又转而支持另一位竞争者；其他人则开始揣测新的可能。

因而，许多皇子便成为当时的议论对象。有些候选者，原来无足轻重，现在却崭露头角。譬如，皇十四子胤祯在四十二年索额图搞阴谋时不过十六岁，现在已成为一个生气勃勃的年轻人。相形之下，原来的一些竞争者则黯然失色。

五十一年，五十八岁的康熙感到自己已届暮年。连年来诸皇子为了继承权而结党相争，使他沮丧不已，加以他的身体脆弱多病，使继承权的斗争更加剧烈。竞争者尔虞我诈，降低了政府的效率，玷污了一代英明君主的形象。

复辟派由胤礽（他虽被废黜，但仍不懈努力，以图东山再起）的一贯支持者所构成。尽管康熙敌视他们（对托合齐的严厉惩罚说明了这一点），但是，他们却不思收手，直到康熙逝世前才放弃希望。当时，在中央的三组主要机构，即内阁、翰林院、六部中，胤礽都不乏支持者。

五十二年初，胤礽的一个同情者、汉左都御史赵申乔上疏，敦请皇帝册立太子。康熙指出此事不可为，因为尚未发现可靠的继承者。他解释说：

> 宋仁宗三十年未立太子，我太祖皇帝并未预立皇太子，太宗皇帝亦未预立皇太子。……今众皇子学问见识不后于人，但年俱长成，已经分封。其所属人员未有不各庇护其主者。即使立之，能保将来无事乎？……欲立皇太子，必能以朕心为心者，方可立之，岂宜轻举？①

五十三年，康熙接受步军统领隆科多的建议，将畅春园周围汛守之地共六十八处增设马步兵防守，从汉军旗人中选人增补。② 这是对满人普遍不信任的标志——是由皇子们你争我夺而激起的一种疑虑。

五十四年，苏努的侄子、胤禩党成员阿布兰，首告胤礽与正红旗满洲都统公普奇秘密通信（用不显痕迹的矾水写成）。普奇原是胤禔的下属，曾遭过胤礽的鞭打，而现在他显然又转而效忠胤礽。密信由一位医生传递，该医生奉旨为胤礽妻治疗。据密信透露，胤礽要普奇"保举"他当大将军。普奇和

---

① 《圣祖仁皇帝起居注》康熙五十二年二月初二日；《清圣祖实录》卷253，第8～10页。直到此时，朝臣们还认为康熙会重新立胤礽为太子，他们避免招惹胤礽的党羽，担心遭到报复。例如，凌普是胤礽最心腹之人，被流放黑龙江，这时他已秘密潜回北京，但大臣们不敢向皇帝报告，皇帝知道了此事，问刑部尚书为何不将他抓捕审讯。尚书回答："何敢审？"这时，康熙下令捉拿凌普并马上处死。见《圣祖仁皇帝起居注》康熙五十二年二月二十五日。

② 《圣祖仁皇帝起居注》康熙五十年十二月二十日；《清圣祖实录》卷257，第16页。

医生都因此被判秋后斩首。①

康熙五十六年，复辟党再次试图保举胤礽。五十六年十一月，胤礽的忠实支持者、汉大学士王掞密奏皇帝，敦促册立太子。康熙对王的建议十分不满，遂将其奏折搁置宫中。再后来，康熙抱病，一度垂危，八位御史联合条奏，恳请册立太子。他们委婉陈词，请求建储"以分圣忧"。康熙把他们的奏折同样束之高阁。②

一位不知名的耶稣会士，于五十七年从广州写了一封信说，当时盛传康熙认为诸皇子都不称意，将挑选一位元代蒙古人的后裔为太子。这样的谣言可能来自对皇帝的政治策略有误解的大臣之口。不过，此信还值得一引，因为它表明，继承危机不仅为中国人，而且也为外国人所关注。信中说：

> 皇帝抱病，举朝不安，不过尚未引起混乱。此次抱病，皇帝流露出建储之愿望。谁也猜不透他将册立何人为太子。他既不欲册立一位皇子，也不想选择一位汉裔。他认为这两类人性格软弱，没有能力治理国家。此外，他认为，尽管汉、唐、宋、明已灭，尚有千名元代皇室后裔。他这样说，似乎表明很有可能从元朝的后裔中册立一位太子。

---

① 《清圣祖实录》卷266，第5a～b页；*Eminent Chinese of the Ch'ing Dynasty, 1644-1912*, p.925. 普奇是康熙五十七年审讯朱天保时皇帝提到的七位"患疯疾者"中的一个。阿布兰是褚英的玄孙，是胤禩追随者苏努之侄，他后来被发现与隆科多和胤禛关系密切。

② 《清圣祖实录》卷291，第28页。见王掞的奏折（无日期，但无疑是在康熙五十六年十一月），第3件，《文献丛编》，第107～108页。同时，八位御史（包括陈嘉猷、程镰）联名上奏（日期是康熙五十年十一月二十三日），以附和王掞的请求（《文献丛编》，第108～109页）。

接着，传教士又表明了他的怀疑："但是，汉人喜欢这样的选择吗？诸皇子会心甘情愿地放弃与生俱来的继承权吗？"①这可能反映了朝中的看法。

此信的其余部分概述了由于"皇帝对建储举棋不定"，"一位满洲贵要驱使其子上书，敦促皇帝考虑建储之重要以及由此给国家带来的稳定。他还奏请复立胤礽为皇太子"。这指的正是《实录》有详尽记载的朱天保案。

朱天保上奏折之前，在王掞及几位御史受到惩戒后不久，康熙的健康状况由于孝惠皇太后病重而恶化。太后的病使皇帝焦虑，太后的死更使他悲痛不已。结果，康熙在五十六年底（1718年初），血液循环出了毛病。他双脚浮肿，经常昏厥，被迫卧床达两个月之久。康熙自知不久于人世，事先准备好了一份"遗诏"。②

在这样的关键时刻，翰林院检讨、满人朱天保呈上密折，奏请复立胤礽为皇太子，并说胤礽"仁孝"。一些大臣也随之奏请皇帝建储，声称："可命皇太子在皇上左右禀承皇上指示赞襄办理，俟圣躬大安，再亲几务。"③

康熙阅毕朱天保奏折不久，便于五十七年正月二十日（1718年2月19日），对朱天保亲自进行审讯。

---

① P. D'Entrecolles, *Lettres édifiantes et curieuses concernant I Asie, I Afrique et l'Amerique*, III, p. 287.
② 太后之死，见《清圣祖实录》卷276，第8页；皇帝的病情，见《清圣祖实录》卷276，第5a~6b页；遗言，见《清圣祖实录》卷276，第11~16页。
③ 朱天保事件，见《清圣祖实录》卷277，第6~14页；《清史》，第4024页。

皇帝："尔奏折内云二阿哥仁孝，尔何由而知？"

朱天保："臣父朱都纳语及，故得闻之。"

皇帝："尔父行走之时，二阿哥尚无疾病，其学问弓马及一切技能皆有可观。后得疯疾，病发时，即诸事不省，举动乖张。曾背立朕前辱骂徐元梦，即伊伯父及伯叔之子等，往往以不可道之言肆詈。此非疯疾所致乎？尔知之否耶？"

朱天保："臣实不知，冒昧陈奏，理应万死。"

皇帝："尔奏折内云，今二阿哥圣而益圣，贤而益贤，尔何从而知？"

朱天保："皆臣父闻之看守之人。"

皇帝："看守之人何名？"

朱天保词穷，但云"该死！"

皇帝："朕以尔陈奏此等大事，若遣人传问，或将尔有理之言遗漏，故亲加研讯。尔一无知稚子，数语即穷，必有同谋通信之人，可据实供明。"

朱天保："此皆臣父朱都纳同戴保（朱都纳之婿）商议缮本，令臣来奏。"

康熙遂命将朱都纳、戴保锁拿，立即严审。

在等待锁拿两犯之际，康熙指出，宗室中患疯疾者不止一人。他描述了他们的症状："英郡王临阵甚勇，效力甚著，但疯疾一发，即便妄行。……普奇为人总无定准，不可听信。三官保为人闪烁不常。"他还提及一位普通的旗人齐世，据他后来说：

> 齐世秉性不肯安静，有似猕猴。二阿哥甚恶之，呼为猕猴都统。朕以为与猎犬相似。道旁鹑起则逐鹑，蛙出则逐蛙，人所射之野兽反不逐也……每一麋额，即谋欲陷人。①

很快，朱都纳和他的女婿戴保被押到皇帝面前，康熙下令把他们交与皇子、大臣等严审。

翌日，康熙亲审朱都纳及所有卷入此案的人，结果弄清了朱都纳的真实动机，其实既单纯而又典型。他认为，如复立胤礽为太子，他们会得到"富贵"。②然而，所有的案犯都因此受到严惩。朱天保因为在审讯时供出了自己的父亲（虽然这是皇帝逼使他承认的），被判为"不忠不孝"而立即正法。朱都纳及其他一些人"从宽免死"，交与步军统领"永远枷示"。他们的妻子儿女俱送交辛者库成为内务府的官奴。③

同日，诸朝臣缮折具奏，请求皇帝再次考虑太子的职能，以为建储做准备。康熙借此机会再次表明，他对让索额图决定太子礼仪一事追悔莫及。他说："尔等今日为立皇太子之事来奏。前胤礽为皇太子时，一切礼仪皆索额图所定，服用仪仗等物，逾越礼制，竟与朕所用相等。致二阿哥心性改移，行事悖乱。"④

康熙命诸臣就此查核明代《会典》及汉、唐、宋以来典

---

① 《清圣祖实录》卷237，第7a～b、12～13页。
② 《清圣祖实录》卷277，第12页。早在康熙四十年（1701）朱都纳就因"行止不端"被革职（《清圣祖实录》卷204，第21页）。
③ 《清圣祖实录》卷277，第30b页。
④ 《清圣祖实录》卷277，第9～10b页。

礼，详议具奏，以便在册立新皇太子之前，预先制定礼仪。诸臣遵旨，将皇太子仪仗、冠服、一切应用之物及应行礼仪俱查明裁减，定议具奏。康熙认为"所议甚善"。

至康熙五十七年正月（1718年2月），康熙已抱病两个多月，而且没有康复的迹象。他公开承认，他担心胤礽的党羽在他抱病期间乘机行事，用武力使胤礽获释。

复辟派的如意打算迟迟未能实现。直到康熙六十年（1721）初，利用康熙当政六十年的大喜日子，王掞呈上密奏，指出值此六十年（这是自古以来最长的一朝）大庆之际，应复立胤礽为太子。不久，十二位御史（其中三位在五十六年曾与王掞一起奏请皇帝复立胤礽）也联名入奏。康熙由于受其密探王鸿绪密折的影响，公开斥责王掞及诸御史居心叵测，并予以严惩。王掞被判放逐西北，在军中与西蒙古作战（由于王掞年老，由其子王奕清代往）。①

相对来说，康熙对王掞的惩处重于对其他汉御史的惩处，这表明他不能容忍支持胤礽的行为，绝不会再考虑复立他为太子。②

另一位惹人注目的竞争者胤禛，于五十一年之后，也为康熙所厌恶，这主要因为他行为狂妄。当胤礽再度废黜的决定传出，他马上向皇帝奏陈："我今如何行走，情愿卧病不起。"康熙看透了胤禛借以试探自己意向的伎俩，回答说："尔不过

---

① 《清圣祖实录》卷277，第20页；康熙六十年三月王掞奏折，第4件，《文献丛编》，第108页；也见王鸿绪密折，第29件，《文献丛编》，第95页。
② 朝臣也推测皇帝欲立胤礽的儿子作为他的继承人。见《朝鲜王朝实录·肃宗实录》卷59，第25页。

一贝勒,何得奏此越分之语。以此试朕乎?"后来他对大臣说:"伊以贝勒存此越分之想,探试朕躬,妄行陈奏,岂非大奸大邪乎?"①

五十三年底,康熙与胤禵再次冲突,胤禵的政治生涯从而告终。那年康熙继夏季的热河之行后,再次巡幸塞外,并计划由胤禵随驾。胤禵因其母去世二周年祭,未能同行。事毕后本应即赴热河,但他未经请旨,便擅自决定不去,这被视为一种有意的犯上行为(在胤禵党看来,最好避免随皇帝去热河,因为这样便不能自由行动。一次,胤禵曾装病逃避随驾,使康熙十分生气)。②

随后,胤禵再次冒犯皇帝。十一月二十三日(12月29日),即康熙一行驻跸遥亭(北京北面,去热河途中)的次日,胤禵遣太监、随从各一员向他父亲"请安",并送去礼物(两只将死的鹰)。他让使者转告皇帝,他将在汤泉(皇家度假之地,以温泉著称)等候皇帝回京。康熙对此恼怒不已,他认为这是胤禵有意对他加以嘲笑,把他的命运与两只奄奄待毙的鹰连在一起。

皇帝震怒,痛斥胤禵"不孝不义"。他下令将胤禵所遣太监和随从押至御幄前逐一夹讯,令大臣和诸皇子环视。在刑讯中,两人招出胤禵党的主要成员:鄂伦岱和阿灵阿。

三天后,即五十三年十一月二十六日(1715年1月1

---

① 实际上,皇帝直到五十三年十一月二十八日(1715年1月3日)(《清圣祖实录》卷261,第10b~11页)才揭开此胤禵之事。康熙斥责胤禵之事,后来被雍正提出,他将另一发生在康熙四十七年的事情作为胤禵对康熙不孝的证据(《清世宗实录》卷40,第8a~b页)。
② 据秦道然的口供,见《文献丛编》,第14页。

日），康熙在汤泉召见随驾的诸皇子：胤䄉（皇十子）、胤祹（皇十二子）、胤禑（皇十五子）、胤禄（皇十六子）、胤礼（皇十七子）。他痛斥胤禩说，三天前接到将死的鹰时，他因愤怒心悸而几遭不测。他首先说明并不打算立胤禩为太子，因为其母出身微贱，胤禩个人生性阴险："允禩系辛者库贱妇所生，自幼心高阴险。听相面人张明德之言，遂大背臣道，觅人谋杀二阿哥，举国皆知。伊杀害二阿哥，未必念及朕躬也。"

康熙随后解释说，他之所以于四十八年决定释放胤礽，是因为他认为胤禩如当太子比胤礽还要坏："朕前患病，诸大臣保奏八阿哥，朕甚无奈，将不可册立之允礽放出。"他还道出了释放胤礽后的心情："数载之内极其郁闷。允禩仍望遂其初念，与乱臣贼子等结成党羽，密行险奸，谓朕年已老迈，岁月无多，及至不讳。伊曾为人所保，谁敢争执？遂自谓可保无虞。"

然后皇帝宣称："自此朕与允禩父子之恩绝矣。朕恐后日必有行同狗彘之阿哥，仰赖其恩，为之兴兵构难，逼朕逊位而立允禩者。"他语含讥讽地补充说："若果如此，朕惟有含笑而殁已耳！"

他警告诸皇子说："朕深为愤怒，特谕尔等。众阿哥俱当念朕慈恩，遵朕之旨，始合子臣之理。不然，朕日后临终时，必有将朕身置乾清宫而尔等执刃争夺之事也！"

最后，康熙以激烈的言辞抨击了胤禩："允禩因不得立为皇太子，恨朕切骨，伊之党羽亦皆如此。二阿哥悖逆，屡失人心，允禩则屡结人心，此人之险，实百倍于二阿哥也。"

翌日，皇帝再次表明了他对胤禩的担心。他对诸皇子说，他曾将胤禩的乳母及其丈夫雅齐布发配满洲边界，因为他们协助胤禵，但他们违旨潜回北京，因而被正法。胤禵竟敢为此上奏，称雅齐布夫妻被冤。康熙得出的结论是："总之，此人党羽甚恶，阴险已极，即朕亦畏之。将来必为雅齐布等报仇也。"①

康熙五十四年，胤禵再次被贬。他作为贝勒的俸银俸米及其属下人等的俸银俸米俱停。当年年底，他的汉人家庭教师何焯也因与胤禵结党而受贬。在抄何焯家时，查到胤禵给何焯的两封信，足以证明两者结党营私。胤禵之妻未生子，胤禵又不得娶妾，遂将何焯的女儿留在府中由其妻抚养。康熙对此尤为不满。他曾明令禁止满洲王公与汉人有这类私人关系，以防汉族的文人学士卷入皇家事务。②

五十五年九月，康熙获悉胤禵染患伤寒（一位有影响的太监魏珠受贿后向皇帝夸大了他的病情），这激起了他的同情心，遂下令把胤禵释放回府。此后，胤禵时时伪称有病，以图赢得父亲的同情，但未见效果。至此，胤禵显然在储位竞争中已被淘汰。③

因而，胤禵党需要一个新的竞争者。

康熙五十一年（1712）以前，胤祉从未表露过争当太子的意向。但胤礽再次被废黜后，人们认为胤祉是最有希望的候选者。其原因如下。第一，胤褆（皇长子）和胤礽（皇二子）被淘汰后，皇三子胤祉在其余的皇子中地位最高，大臣们推测

---

① 整个事件，见《清圣祖实录》卷261，第8b～10页。
② 《清圣祖实录》卷262，5b页；卷266，第7页。
③ 《清圣祖实录》卷269，第14b～16b、20a～b、22页；卷270，第3页；《上谕内阁》雍正四年六月初三日。

胤祉年长，自可被选为太子。① 第二，康熙曾命胤祉在武英殿修书处监督编纂事宜，后又在蒙养斋率耶稣会教士及中国的科学家辑律吕、算法、历法诸书。其成员包括著名的学者方苞、陈梦雷及何国宗等。在他的主持下，于康熙五十三年完成了重要的《律历渊源》的编纂。② 胤祉担任这一重要职务给人一种印象，即他现在是皇帝所最宠爱的儿子。第三，由于胤祉的文化修养，汉人学者，特别是南方文人和福建各阶层人士（或许包括著名的李光地及其弟子）都很喜欢他。这又提高了胤祉的地位。③

后来，雍正述及，在这段时间内，他的哥哥胤祉"居然以储君自命"。五十七年，当康熙命大臣为未来的太子议定礼仪时，胤祉曾因他们裁减了皇太子仪仗、冠服及应行礼仪而咒骂他们。④

早在四十六年，康熙就曾应邀到胤祉园中进宴。胤祉与父皇间这种亲善交往，被视为他飞黄腾达的征兆，甚至今天的史家也认为这是一种有利于胤祉的象征。然而，皇上与皇子胤禛也有这种关系。实际上，据《实录》所载，正是胤禛在热河行宫首次恭请皇帝幸花园进宴。胤祉只不过欣赏胤禛的主意，亦步亦趋而已。而且同胤禛相比，胤祉的不孝使重视孝行的皇帝不可能选他为太子。二十九年（1690），当康熙看起来病危时，他曾与胤礽一起为之窃喜。三十八年，敏妃死，服丧未百

---

① 《永宪录》，第83页。
② 见 Eminent Chinese of the Ch'ing Dynasty, 1644－1912, pp. 93－95, 235－237, 283－285。
③ 《永宪录》，第83页；《清圣祖实录》卷261，第6b页；《清史》，第3558页；Eminent Chinese of the Ch'ing Dynasty, 1644－1912, p. 285。
④ 这是雍正的说法，见《清世宗实录》卷94，第19b页。

日，胤祉便贸然剃发，为此被降为贝子。①

然而，不论实情如何，胤祉在朝中毕竟颇有威望，在各省则更是如此。由于各省官员得不到准确消息，实情往往被谣言所夸张。发生于康熙五十五至五十六年的孟光祖诳骗案便说明了这种情况。②

当时，诸皇子向他们任省级官员的门下人馈赠礼品是司空见惯的事。这种做法也给皇子提供了向官员们勒索钱财的机会。康熙五十五年（1716年末），一个镶蓝旗人（在《实录》中是"光棍"孟光祖）离京往访各省官员，向他们馈赠礼品，自称是诚亲王（即胤祉）。在他所经过的地区，巡抚和总督恭迎光临，甚至向他行跪拜礼。四川巡抚年羹尧向他馈送"马匹银两"；江西巡抚佟国勷馈送"银两缎匹"。文官武将"隆重"迎接"亲王"，并通过驿站向下一省传递他巡视的消息。全国的官员似乎都相信这个人便是胤祉。

直隶巡抚赵弘燮怀疑这是在行骗，遂密奏康熙。因为按规定，如不经请旨，任何皇子不得擅自离京。③ 康熙接到奏折，

---

① 最早提到胤禛在花园宴请皇帝是在康熙四十六年十一月十一日（1707年12月4日），九天后十一月二十日，皇帝应邀赴胤祉宴请。两次聚会都在北京进行（《清圣祖实录》卷231，第14、16页）。胤禛和胤祉的其他宴请，见《清圣祖实录》卷250，第3页（胤祉）；卷250，第24b页（胤禛）；卷258，第14b页（胤祉）；卷268，第25页（胤祉）；卷269，第6页（胤禛）；等等。胤祉不孝，见《清圣祖实录》卷147，第24页；《清史》，第3557页。
② 孟光祖诳骗一案，见《清圣祖实录》卷271，第11b、17b～18b页；卷272，第11～12b页；卷273，第2页；卷280，第11页。
③ 赵弘燮上奏密折，已派员调查"三千岁游行五省"传言的来源与细节。这个骗子，真名叫孟懿德，在康熙五十六年四月十五日被拿。见赵弘燮档案，无日期，第2件；康熙五十五年十二月十六日、五十六年四月十六日赵弘燮奏折，《宫中档康熙朝奏折》，第720、901页。

立即向各省官员发布谕旨,要求他们将这些行骗行为秘密奏报,并下令务必将"光棍"拿获。孟光祖被拿获后,立即正法。刑部建议,因年羹尧、佟国勤接受礼物并答拜馈送礼物,俱应革职(然而,康熙对年羹尧从宽处理,留任效力。这可能是年羹尧的主子雍亲王胤禛干预的结果。年羹尧呈上密折为自己辩护,奏折满篇谎言。康熙或许受了欺骗,或许考虑到年羹尧在有战略意义的四川地区的重要地位,从而采取了优容的态度)。①

或许因为孟光祖诈骗案损及胤祉的形象,此后,他不再被视为最有希望的太子候选人。当时的一位观察者说,尽管胤祉十分自负,实际上他只不过是"单枪匹马",② 在满汉诸臣之中都没有强大的权力基础。

在诸皇子中,康熙只赞扬过皇四子胤禛"能体朕意"。事实也证明,在处理父子和兄弟关系中,胤禛确实能与皇父分忧,并竭力迎合皇帝的愿望。

胤禛学问渊博,可能胜于其他皇子。他对儒学尤感兴趣,是个博学多识的禅宗信徒。康熙四十二年(1703),在锁拿索额图前四十天,二十五岁的胤禛邀请著名学者阎若璩到王邸,以表示景仰。③

---

① 见五十六年五月二十六日年羹尧奏折,《掌故丛编》,第89b~90页。
② 《永宪录》,第83页。
③ 阎若璩的传记,见 Eminent Chinese of the Ch'ing Dynasty, 1644-1912, p. 908。胤禛与阎的这一见面被一些历史学家解释为胤禛意与南方文人一道形成自己的势力,以便增加夺得储位的胜算(例如,见王锺翰《清世宗夺嫡考实》,《燕京学报》第36期,1949年,第224~225页)。但这种解释只是假想。首先,这一见面是在索额图事件之前——这是皇帝与太子党间的首次公开对立:阎是在1703年5月12日抵达北京,逮治索额图是在6月21日。如前所说,此前,皇帝已从他病危的兄长裕亲王福全那里得到了推荐人选胤禛。阎与胤禛的见面,见张穆编《阎潜丘先生年谱》(1847),第101b~102b、103~107页;《义门先生集》卷7,第9页。

康熙十分欣赏胤禛的书法。许多被称为皇帝御笔的条幅，实际上就出自胤禛之手。从胤禛朱批谕旨的潇洒字体和他一挥而就、广征博引的精深文章来看，他的文学造诣确实是出类拔萃的①（如前所述，胤禩的书法极差，竟使父皇命他天天练习，以图长进）。

康熙称，在胤禛年幼时，他便重视对其进行教育。大部分皇子养于乳母及亲属家，而胤禛却由皇帝亲自抚育。这可能是因为在胤禛幼年时，其母德妃为康熙所宠爱的缘故。虽然康熙在胤禛幼年时，微觉胤禛"喜怒不定"，但是仍下谕旨："喜怒不定"四字恩免记载。②胤禛之所以对禅宗默坐澄心的修持办法有着强烈的兴趣，可能就来自他控制自己感情的决心。

《实录》中有多处记载康熙赞扬胤禛谦和、诚恳、孝义，并能体会父亲的感情。康熙谈过："至其能体朕意，爱朕之心，殷勤恳切，可谓诚孝。"③

有一次，康熙还盛赞他"洵是伟人"，因为他对待胤礽宽宏大量。在胤礽于康熙四十七年（1708）被锁拿前，两兄弟的关系并不和睦。胤礽侮辱胤禛，显然他忌恨胤禛品格高尚，④两者

---

① 据说康熙的书扇等，是由胤禛所书写，见《养吉斋余录》（1896年序）卷3，第3b页。这一旧有的说法得到了宫中档案的证实：康熙四十七年三月初四日给闽浙总督梁鼐奏折的朱批中，有一种根本就不是他的手书；它很像胤禛的笔迹。可以将此梁鼐奏折朱批（影印见《故宫文献》第2卷第2期，1970年，第154页；也见《掌故丛编》，第40页）与胤禛的手书比较（可见《掌故丛编》，第26~33页，或《朱批谕旨》他的序言）。胤禩的书法拙劣，见他给何焯的信，《掌故丛编》，第20页。
② 《清圣祖实录》卷235，第24b~26b页。
③ 《清圣祖实录》卷235，第25页。
④ 《清世宗实录》卷23，第15~16页；秦道然的口供，见《文献丛编》，第14页。

的品性适成明显对照。但是胤禛却一再忍让。据康熙说：前拘禁胤礽时，并无一人为之陈奏。"惟四阿哥性量过人，深知大义，屡在朕前为胤礽保奏。似此居心行事，洵是伟人。"①由于他为胤礽陈奏，康熙甚至怀疑他属胤礽党。正如马国贤神父所述，康熙于五十一年下令将他与胤礽和其他兄弟一道锁拿。②四十七年事件之后，胤禛谨遵父皇旨意，"弟兄之内，亦并无私相往来之处"，以证明他不介入任何党派。③

四十八年，在复立胤礽为太子的当天，康熙晋封胤禛为亲王，而其他皇子，如胤祹、胤祯仅晋封为贝子，胤䄉则保留贝勒，未得进封。胤祹、胤祯为此大为懊恼，胤禛再次恳请将自己的爵位"降一等，他们（胤祹、胤祯）升一等，庶几相安"。④为此，一直到六十一年，诸皇子都尊重（虽然说不上爱戴）胤禛（六十一年康熙去世，兄弟间展开了激烈的斗争）。胤祹先是支持胤䄉，后转而支持胤祯，尽管如此，他也称赞胤禛对被废黜的胤礽所持的高尚态度。⑤

胤禛由于看到皇父对争当太子的兄弟们所持的态度，对加

---

① 《清圣祖实录》卷235，第27b页。
② 此亲眼所见，见 Matteo Ripa, *Memoirs of Father Ripa*, p. 83；关于他的"开释"，见弘旺《皇清通志纲要》，引自王锺翰《清世宗夺嫡考实》，《燕京学报》第36期，1949年，第255页。胤禛也被其父圈禁，可能是因为他私下为胤礽求情，皇帝因此怀疑他可能是太子党的一员。参见《清圣祖实录》卷235，第27b～28页；卷269，第20页。(2013年时，承作者见告：胤禛并没有被圈禁，"开释"这里是专指胤礽。——译者注)
③ 《清世宗实录》卷23，第15页。
④ 《清圣祖实录》卷237，第4b～5b页；秦道然的口供，见《文献丛编》，第14页。
⑤ 胤祹证实胤禛对胤礽的不卑不亢态度，见秦道然的口供，《文献丛编》，第14页。后来当胤䄉被控搞阴谋，胤禛再次向皇帝请求宽恕（《清世宗实录》卷18，第7页）。

入争夺继承权一事始终慎之又慎。但他的一些门下人则不那么谨慎,戴铎即为一例。戴铎是属于胤禛府上的一个旗人。康熙五十二年(1713),他秘密上书胤禛,敦促他改变被动态度,以培植雍亲王府的影响:

> 至于本门之人,岂无一二才智之士?但玉在椟中,珠沉海底,即有微长,何由表见?顷闻奉主子金谕,许令本门人借银捐纳,① 仰见主子提拔人才之至意。更求主子加意作养,终始栽培,于未知者时为亲试,于已知者恩上加恩,使本门人由微而显,由小而大。俾在外者为督抚提镇,在内者为阁部九卿。仰借天颜,愈加奋勉。虽未必人人得效,而或得二三人才,未尝非东南之半臂也。

在"奏折"的结尾,戴铎警告胤禛"保持中立"的危险性:

> 当此紧要之时,诚不容一刻放松也。否则稍为怠懈,倘高才捷足者先主子而得之,我主子之才智德学,素俱高人万倍,人之妒念一起,毒念即生。至势难中立之外,悔无及矣。

胤禛对这封信的答复表明,即使值此关键时刻,他仍持极为谨慎的态度。他说:"语言虽则金石,与我分中无用。我若

---

① 捐纳在康熙朝不仅正式而且很盛行。许大龄:《清代捐纳制度》,1950,第33~35页。

有此心，断不如此行履也。况亦大苦之事，避之不能，尚育希图之举乎？……汝但为我放心，凡此等居心语言切不可动，慎之，慎之。"①

从戴铎的"奏折"和胤禛的回复可以说明两点：第一，迄今为止，胤禛尚需争取朝中和各省官员的有力支持，因为他的随从很少有人身居要津；第二，戴铎的信或许促使他再次考虑他的未来，考虑皇位。他随后的行动表明，尽管他声称对储位不感兴趣，但还是部分地接受了戴的建议。

与此同时，胤禛在皇帝心目中的地位越来越高。康熙五十四年（1715）初在热河陪伴皇帝期间，康熙召胤禛和胤祉筹划讨伐准噶尔的大计。② 胤禛建议采取强硬政策，"用兵扑灭"（皇父同意这一谋略），他的准确判断给康熙留下了深刻的印象。

康熙五十五年，戴铎再度呈书，胤禛的回答表明，他改变了对继承父业的态度。这封密信，是戴铎与他在北京会面商谈过后寄出来的，在那一次的商谈中，胤禛曾委托戴铎代替他将赐给满保的礼物交给满保。满保是胤禛旗下之人，当时为闽浙

---

① 戴铎奏折，第1件，《文献丛编》，第101a～b页。我们仅找到了戴铎的生平片断的信息。他是知州，康熙五十一年升为直隶通判，五十二年升福建道员（他上胤禛第一件奏折是这一时期）；随后是广西按察使；最后康熙六十一年升四川布政使。在胤禛于这一年登上皇位后他遭到清洗。胤禛说他"捏造无影之谈"和"煽惑众听"（参见《圣祖仁皇帝起居注》康熙五十年十二月二十日；《清圣祖实录》卷297，第3页）。他的口供，见《文献丛编》，第110～112页；高其倬档案，第6218号，雍正元年五月十二日雍正皇帝朱批，台北"故宫博物院"。

② 也要求前往的有胤禔、胤祐、胤禑、胤禄、胤礼，见《清圣祖实录》卷263，第18b～19页；以及 Eminent Chinese of the Ch'ing Dynasty, 1644 - 1912, p. 328。

总督；向任高官的门下人馈赠礼物，以换取他们金钱的支持，在诸皇子间这种做法已习以为常。戴铎的"奏折"中说：

> 奴才戴铎谨启主子万福万安。奴才于七月中自杭州起身，于九月到福建任所。所有主子给满保的东西，奴才已秘密交给钱老哥、图巴礼等，令其转与满保，候他给银子时再行启知。

写到这里，戴铎把话题一转，谈及另一件事：

> 奴才路过五夷山，见一道人行踪甚怪，与之谈论，语言甚奇。候奴才另行细细启知。奴才自问愚昧，功名之志甚淡，兼之福建水土不服，染病至今。特启主子，意欲将来告病，以图回京也。谨启。

胤禛的答复流露出他日益增长的帝王欲：

> 我身子好，你好么？接你来信，甚不喜欢，为何说这告病没志气的话？将来位至督抚方可扬眉吐气。若在人宇下，岂能如意乎？天下皆然，不独福建为然也。所遇道人所说之话，你可细细写来。①

戴铎在于康熙五十五年（1716）末上呈的另一封密折中，写出与道人谈话的细节："至所遇道人，奴才暗暗默祝，将主

---

① 戴铎奏折，第3件，《文献丛编》，第101b~102页。

子问他，以卜主子。他说乃是一个'万'字。奴才闻之不胜欣悦。其余一切，另容回京见主子时再为细启知也。"①

胤禛答复说："你如此作事，方是具见谨慎。所遇道人所说之话，不妨细细写来。你得遇如此等人，你好造化。"② 至此，胤禛对储位的兴趣已很明显，这只是对我们来说——而不是对当时的朝臣。因为他并没有采取任何表面上公开的行动，以透露出他内心的改变。

对所有皇位渴慕者来说，康熙五十六年是个关键时刻。戴铎在给胤禛的奏折中说，那年底"都门颇有传言"。③传言的产生源于孝惠太后的不治之症。人们认为，为了向孝惠太后表达孝心，康熙将会选立太子，好让太后在临终前得以见到新立皇储。

不过，所有的推测都集中于那些公开的储位竞争者，而不是默默无声的胤禛。在朝廷中，大臣们认为不可能选胤禛为太子。尽管这种观点失之偏颇，但仍使戴铎焦灼不安，因而他在随后的奏折中向胤禛提出了一些狂妄的建议：

> 奴才数年来受主子高厚之恩，惟有日夜焚祝，时为默

---

① 该奏折开头部分说："奴才戴铎谨启，主子万福万安。奴才在福建衙门甚苦，恰逢巡抚陈璸到任，一切陋规尽行裁革，兼之奴才身体疾病缠绵，屡次告病不准，只得进兵饷二千两求往军前效力，希图进京叩见主子金面，细问一切。"按："万"是"万岁"的简写，这个名词与"皇帝"是同义词。接下来奏折描述了他为何使用一种巧妙的办法以递送奏折给主子（这可能有助于雍正称帝后所建立的奏折传递制度的改进）。他写道："福建到京甚远，代字甚觉干系，所以奴才进土产微物数种，内有田石图书一匣，匣子是双层夹底，将启放于其内，以便主子拆看。"
② 戴铎奏折，第4件，《文献丛编》，第102页。
③ 戴铎奏折，第7件，《文献丛编》，第102页。

祷，静听好音。不意近闻都门颇有传言。奴才查台湾一处，远处海洋之外，天各一方，沃野千里。台湾道一缺，兼管兵马钱粮。若将奴才调补彼处，替主子屯聚训练，亦可为将来之退计。

胤禛批道："你若如此存心，不有非灾，必遭天谴。我劝你好好做你的道罢。"

五十七年底，康熙召李光地上京（自康熙五十五年末，他因病在福建休假）。由于李被视为皇帝主要的谋臣策士，朝臣们推断，皇帝召他来京的目的，必定是要征求他对册立太子的意见。①

在李光地离开福建之前，戴铎去拜访他。他们讨论到册立太子的事情，戴向李提出一项交易的建议。后来戴就此向胤禛禀报说：

近因大学士李光地告假回闽，今又奉特旨带病进京。闻系为立储之事诏彼密议。奴才闻之惊心，特于彼处相探。彼云目下诸王，八王最贤等语。奴才密向彼云："八王柔懦无为，不及我四王爷聪明天纵，才得兼全，且恩威

---

① 《李文贞公年谱》，第71~72页。李光地对于皇帝的影响，通过李光地于康熙五十四年（1715）下半年离开热河行宫避暑山庄之前，皇帝对他的态度可以看出。赏赐他大量荣誉和物品，为他举办告别宴。皇帝为他写诗，要求诸王公以及在朝官员唱和。胤禛，在他父亲身边，也写了首颂扬的诗。宴会上，康熙与李秘密交谈，担心宫殿侍从会听见他与稍微耳背的李光地的谈话，就"手书作答"。这种围绕密谈的神秘光环，无疑增加了李光地的声望。最后，康熙与他"握手为别"——这是皇帝赠予官员的非凡的荣誉（《李文贞公年谱》，第62~64页）。

并济,大有作为。大人如肯相为,将来富贵共之。"彼亦首肯。

这封奏折的其余部分,谈到了胤祉和胤禛对江南文人的搜罗(如杨道升,字文言,是有名的星象家;还有程万策为李光地的门人)。戴铎以此向胤禛说明,其余的储位竞争者是何等不遗余力。

获悉戴铎向李光地提出的交易建议,胤禛震怒,他批道:

> 你在京时如此等言语,我何曾向你说过一句?你在外如此小任,骤敢如此大胆。你之死生轻若鸿毛,我之名节关乎千古。我作你的主子正正是前世了。①

看来奇怪,在人们提出的有可能成为太子的名单中,胤禛从不被公开提及,其实,跟其他皇子比起来,胤禛与皇父的关系最好。在宗室中,他是一个团结的因素。四十八年,康熙为他修了一座花园别邸,名为圆明园〔这便是咸丰十年(1860)英法联军劫掠焚毁的那座著名宫苑的雏形〕。胤禛经常邀请他的兄弟们(包括与他竞争储位的对手)到这座别邸聚会。

康熙五十七年(1718)末,已被任命为抚远大将军并寻求获得储位的胤禵,在出征前,就曾与胤禛多次进宴。应胤禛邀请到此进宴或游憩的其他兄弟,尚有胤禄(皇十六子)、胤祹(皇十二子)、胤祺(皇五子)、胤祥(皇十三子)。胤祉也曾被邀,但他托病婉谢(或许他觉得与胤禛在父皇前争宠

---

① 戴铎奏折,第9件,《文献丛编》,第103页。

太甚)。六十一年(1722),康熙曾三次应胤禛之邀到园中进宴,还有一次,所有的兄弟们(被囚禁的胤礽、胤禔除外)都在胤禛别邸中欢聚一堂。①

看来,胤禛与大多数兄弟都能和睦相处。② 他为团结诸皇子所做出的努力,足以证实他有资格当太子。因而,我们很难接受胤禛的敌人于康熙六十一年后所做的毫无根据的判断(一些20世纪的学者竟然也相信),即在诸皇子中,胤禛最为皇帝所厌恶。倘若如此,为何康熙屡次派他主持重要的祭奠?譬如,康熙六十年和六十一年,皇帝曾谕令胤禛代他于冬至在天坛祀天。③ 这只能表明,康熙对胤禛的诚孝深信不疑。

对复辟派和支持胤祉的人来说,五十七年是不吉利的一年。而在此期间,胤禩党虽不再以胤禵作为谋取储位的竞争者,却找到了一个新的候选者胤祯。不过,胤禩仍为这一党的领袖,他只是退居幕后指挥而已。

康熙五十六年(1717),准噶尔进攻西藏,自此与清朝中央政权处于交战状态。五十七年底,清军严重受挫,为了鼓舞

---

① 《清世宗实录》卷23,第15b页。
② 每年与父亲在热河避暑山庄时,胤禛都赋诗并送给在京的兄弟,以表示对他们的关心。例如《雍正帝御制文集》(1897)卷24,第12a~b页。
③ 例子见《清圣祖实录》卷295,第12页;卷300,第5b页。前面已提到,自从17世纪90年代下半期起康熙就一直很欣赏胤禛的诚孝,开始要求胤禛代他祭祀。五十一年,康熙拒绝了内务府所推荐的显亲王衍潢代他祭祖母陵寝,下令胤禛代祭。他给出的理由是,显亲王"毫无知识",下令"嗣后凡此祭祀及要紧处不必派出"。意思很明白:康熙认为在此等重要场合,胤禛是能够代表他的。见《圣祖仁皇帝起居注》康熙五十年十月二十六日。(查起居注,"衍潢"写作"颜潢";此处是令"胤裪"而不是"胤禛"祭祀。《清代起居注册·康熙朝》第20册,联经出版事业公司,2009,第11031页。——译者注)

士气，康熙命三十二岁的胤祯（皇十四子）以抚远大将军衔任最高统帅率军西征。当他于五十七年离京时，皇帝命诸皇子和满朝文武大臣相送。① 这一殊荣促使人们认为胤祯正在被选为太子。至少胤祯的支持者是这样解释皇帝的行动，因而他们竭尽全力以实现这一目标。②

三十七岁的胤禟（皇九子）是胤祯京城的主要联络人（两者以前曾协力为胤禩谋太子位）。胤祯临行前对胤禟说："这个差使（皇太子）想来是我的了。"胤禟遂向他以前的师傅秦道然透露说："十四爷若得立为皇太子，必然听我几分说话。"③ 胤禟开始公开为胤祯争太子位。他对葡萄牙传教士穆景远（人们认为他对皇帝有一定的影响）说："十四爷现令出兵，皇上看的也很重。将来这皇太子一定是他。"④

尽管胤禟言之凿凿，但是，胤禩党一如往常摸不透皇帝的意向。他们对康熙施加影响的做法，说明他们没有任何把握。首先，他们试图严密监视康熙，据说胤禟厚结太监陈福、李坤，叫他们伺察圣祖喜怒动静。胤禟还力图与有影响的太监魏珠建立友好关系。⑤ 魏珠负责康熙与外廷的联络，甚至诸皇子也不得不请求他向父皇传达信息。

魏珠与胤禩党的关系可追溯到康熙五十五年。那年，正是他夸大了胤禩的病情从而博得了康熙的同情。由于魏珠老练机

---

① 《清圣祖实录》卷282，第10b~11页。
② 《清圣祖实录》卷281，第16b页；卷282，第11页；*Eminent Chinese of the Ch'ing Dynasty, 1644–1912*, p.930。他支持者的猜测，见《清世宗实录》卷44，第30页。
③ 秦道然口供，见《文献丛编》，第3页。
④ 穆景远的口供，见《文献丛编》，第1页。
⑤ 秦道然口供，见《文献丛编》，第4页。

敏，胤䄉恢复了已经停发的年俸。为此，胤䄉向他行跪拜礼以示感谢。①

胤禩为与魏珠拉关系走得更远，他让其子弘晸认魏珠为"伯叔"，因为对太监来说，"父亲"这个词是不适用的。

魏珠及另一位太监梁九功（自康熙幼时，他们便侍奉左右）由于与胤禩党勾结，在康熙去世后，下场十分可悲。②

胤禩党还试图争取李光地和其他汉族学者的支持。康熙四十二年（1703）以来，李光地对康熙决策的影响日益增大。胤礽被废黜后，康熙单独召见李光地商议太子问题。康熙对满洲诸臣的信任骤减，以至满族大学士嵩祝也尽力趋奉李光地，以求他在皇帝面前"称伊之善"。李光地于康熙五十七年逝世后，胤禛继续开展社交，对儒学表示出极大的兴趣，并资助汉族学者。他邀请李光地的弟子程万策当他的文学幕宾，他称程为"先生"。胤禛还成功地把清初的一位著名学者李塨的一些朋友，吸引到他的幕宾班子中。凭借这些关系，胤禛在康熙五十九年和六十年两次向李塨馈赠车马。然而，李塨却拒不接受，并躲藏起来不见胤禛的使者。据说他接到胤禛的邀请后颤抖不已，因为他害怕卷入争夺继承权的任何派别。③

胤禛的眼睛还盯着西南的实力人物、四川总督年羹尧（正是为了此人才于康熙五十九年在四川设立了总督之职）④。年羹尧还是一名大将军，奉命率一支远征军与准噶尔作战。康

---

① 《上谕内阁》雍正四年六月初三日。
② 《清世宗实录》卷45，第18页；《永宪录》，第143页。
③ 嵩祝，见《清圣祖实录》卷268，第18b页。胤禛与李塨，见戴铎口供，《文献丛编》，第103页；以及《李述谷先生年谱》（1730年序）卷5，第25b~26、29页。
④ 康熙年间设四川总督是在五十七年（1718）十月。——译者注

熙五十九年（1720），胤禩党通过葡萄牙传教士穆景远与他拉上关系。胤禟想为他的汉人心腹何图谋一个军前之职。他派穆景远要求年给予照顾。穆景远答应以回赠"西洋物件"为酬谢。

年答应了胤禟的要求，为此得到三四十个小荷包。①

最后，胤祯还雇用了算命先生。康熙五十八年，他邀请陕西人张瞎子判断他当太子的机运。张预言说，他将为未来皇帝。为此，张得到二十两白银的酬金。日后张承认，他向胤祯说了谎，"只是为了得到些银两"。②

当胤祯作为大将军抵达西北前线时，他名声尚好。然而，他在借助于胤禟送的大批金钱树起自己的权威之后不久，便纳贿敲诈，勒索自己的部下。到康熙六十年，他聚敛了足够的财富偿还他的合作者：还给胤禩二十万两白银、胤禟六万两白银。此外，酗酒淫逸成为胤祯在前线生活的一部分。据雍正说，胤禵的这种行为"众皆知之"。③

很可能由于胤祯的敌对者把这些事奏闻皇帝，他于康熙六十年九月二十八日（1721年11月17日）被召回北京"磋商军机"。胤禟认为这是皇帝故意从中作梗，他说康熙"明是不

---

① 年羹尧对于皇帝影响的例子，见五十七年十月初一日年羹尧奏折，《掌故丛编》，第202页；穆景远，见他的供词，《文献丛编》，第1页。康熙起初怀疑年羹尧的忠诚，也怀疑他的行政能力，只是在六十年陛见后，才开始信任他。皇帝对年羹尧的新的信任，可能是年羹尧的主子胤祯着力推荐的结果，见《清圣祖实录》卷256，第8~9页；以及六十一年六月二十二日年羹尧所引康熙的批示，见《掌故丛编》，第219页（参见胤祯写给年羹尧信的影印版，《文献丛编》"图像"，第1页）。

② 张瞎子口供，见《文献丛编》，第5b页。

③ 贿赂，见秦道然口供，《文献丛编》，第3页。向胤禩、胤禟进献，以及沉湎酒色，见《清世宗实录》卷44，第30b页；卷46，第16b页。

要十四阿哥成功，恐怕成功之后，难于安顿"。① 康熙让胤禵在北京一直停留到六十一年四月十五日（1722年5月29日），因而胤禟的解释是合乎逻辑的。② 如若磋商紧急军情，一般说来，不会拖延六个月之久。

康熙决定把胤禵派回前线，这使胤禩党更加不安。皇帝的这一决策似乎表明，胤禵实际上并不是太子的主要候选人。因为，倘若康熙真的选他为继承人的话，就会把他留在身边，而不会在自己日薄西山之际，把他派到数千里之外。

在诸皇子角逐之中，康熙一定看到了立一位有胆略的皇太子的必要性。再者，以前康熙曾斥责支持胤禩的阿哥"行同狗彘"，并可能逼他逊位于胤禩。因而，他几乎不可能册立胤禩的合作者胤禵为太子。

最后，了解康熙对胤禵看法的最重要的线索，是他所奉行的准则与胤禩党泾渭分明。胤禩党的指导思想是"义气"，尤为重要的是秘密活动。这与康熙所信奉的忠孝恰恰相反。早在五十二年（1713），康熙就暗示过，他选太子的唯一标准是"必能以朕心为心"。③ 胤禵当然不是这样的角色。这样一来，谣言日盛。

---

① 召胤禵回北京，见《清圣祖实录》卷295，第6b页；《永宪录》，第28页。胤禟的怀疑，见秦道然口供，《文献丛编》，第4页。
② 《清圣祖实录》卷297，第10页。《永宪录》（第28页）中的日期显然是错误的。
③ 《圣祖仁皇帝起居注》康熙五十二年二月初二日（《清圣祖实录》卷253，第9页）；《国朝耆献类征初编》卷11，第26b～37页。

第五部分　临终决断　　　　　　　　> > >

15 新皇帝

康熙,这位"卓越老迈的皇帝"(如觐见康熙的苏格兰人约翰·贝尔1721年所称)的最后形象,不是一个安闲自若的学者,而是一个行围的猎手。① 行围地点在皇家猎场南苑,这是位于北京西南约10公里处的一大片林区。对康熙来说,作为满人尚武象征的狩猎,其方式已经不得不改变。正如一个多世纪以来,满人所吸收的汉族文化削弱了他们的武功一样,康熙一生的思虑也耗尽了他的生气。然而,直到临终前,他仍竭力体现满人的勇猛。他不能忘却祖母的劝勉,要永远维持列祖列宗的荣耀。

康熙六十一年十月二十一日(1722年10月29日),康熙一行抵达南苑皇家猎场,在他所喜爱的住所下榻。据贝尔所述,这是一座"小巧雅致的建筑,有两道走廊。四周均可通向森林……住所的南边是一条清澈的人工河和几座大鱼塘……离住所不远的地方有上千顶帐篷,这是昨夜大臣和王公们住宿的地方"。

凌晨四时吃早饭,老皇帝于黎明前即准备就绪。狩猎的信号发出后,所有人马"列队站齐……他们穿的猎服,与战场

---

① 《清圣祖实录》卷299,第1b~2b、8、18b、24页;卷300,第1~5页。南苑打猎是在康熙时成为制度的。因此尽管我们对于康熙打猎的描述是建立在贝尔康熙六十年(1721)的记述上,但六十一年的仪式必定同此。见 John Bell, *A Journey from St. Petersburg to Pekin, 1719–1722*, pp. 168–172。早膳的安排,见 John Bell, *A Journey from St. Petersburg to Pekin, 1719–1722*, p. 168。也见《十朝圣训》(康熙)卷5,第2~3b页;卷6,第3b页。

上弓箭在身的骑士和将校们的戎装一样"。皇帝驾临时,可看见他"盘膝"坐在一顶"敞篷轿上"(皇帝已有几年不能骑马),轿子由四人用长杆抬着。皇帝面前放着一管猎枪(不是满人的传统武器)、一张弓和一束箭。

狩猎队伍蔚为壮观。整队人骑马而行,在康熙身后保持着一段距离。进入林中后,"他们以皇帝为中心形成半圆形……紧靠皇帝身旁的是带着猎犬的狩猎能手和驾鹰的驯鹰人"。这些美丽的西伯利亚鹰如同鸽子一样雪白,只是在翅膀和尾部有一两根黑色羽毛。

康熙两侧的人马开始行动,行围开始。康熙先猎野兔。当这些在他面前飞奔的小动物被他一箭射中时,他非常喜悦。然后,他驱鹰在灌木丛和芦苇荡中追猎野鸡、鹧鸪和鹌鹑。下一步是追猎各种鹿(想当年,在木兰围场狩猎时,牡鹿便是他最喜欢的猎物),"他敏捷地用阔边弓箭射杀它们"。只有遇到野猪、老虎这类最危险的猛兽时,他才使用猎枪。两周来,康熙享受着狩猎的乐趣。

十一月初七日(12月14日),他突然患病,遂命随从他打猎的一行把他送回畅春园。《实录》没有记载他患的是什么病,不过,非官方资料提供了一些细节。一位未透露姓名的耶稣会传教士写道,康熙因"寒颤"而病倒;病因系血液凝结,"医治无效"。①另一位耶稣会传教士马国贤神父②则说

---

① P. J. B. Du Halde, *The General History of China*, Vol. 1, p. 497.《永宪录》(第48~49页)中有一条,必定是对此时皇帝在邸抄上刊行的一道上谕的概述:"上不豫。传旨:偶感风寒,本日即透汗。自初十日至十五日静养斋戒。一应奏章,不必启奏。"

② 马国贤不是耶稣会传教士,是布教会传教士。——译者注

康熙的病状是"发高烧"。他认为这不是寻常的病，因为一般说来，在气候突变时，才会引起这种病，而当时北京"天气在逐渐变冷"。①

无论对朝中大臣还是康熙本人来说，他的病都在意料之中。在过去的十几年中，他经常抱怨身体欠佳。四十七年（1708）那场以心律过速为症状的大病，严重地影响了他的身体健康。五十五年底（1717），他头晕频发，形销骨立，从他这个时期的两张肖像画可以看出。康熙一直不愿让人扶助，可是现在他身体虚弱，甚至连走路也不得不靠人搀扶。五十六年（1717），他的双脚发炎变肿，健康状况愈加恶化，来日无多。值此时刻，他当着诸皇子和满汉大臣的面，谈及前文提到的"遗诏"，② 他敦促在场的人把那份"遗诏"作为他最后的谕旨，特别是他所提及的立储大事。最后他明确地说："朕言不再。"

"遗诏"是对诸臣敦促他"立储分理"以应"猝然之变"的答复。其中有三点十分突出。第一，未来的皇帝必须符合两项要求，一是敬天，二是法祖，也就是说必须崇敬上天，仿效父祖。第二，康熙十分清楚不预先立太子的危险性。正如他所说，这样会有"小人"乘猝然之变，拥戴自己支持的皇子。他发誓说："朕一息尚存，岂肯容此辈乎！"第三，他之所以迟迟不立太子，是因为他与原太子胤礽之间有着令人痛苦的经

---

① Matteo Ripa, *Memoirs of Father Ripa*, p. 118. 因为杜赫德的记述也是建立在耶稣会士的报告之上，这两条材料可以互相补充，揭示病情。

② 康熙在他的"遗诏"中提到了他病体的所有症状（《清圣祖实录》卷275，第 5b ~ 13 页）。参见 Matteo Ripa, *Memoirs of Father Ripa*, p. 114（康熙 1721 年疾病）。

历。这使他深信"天下大权,当统于一"。这便排除了立太子以"分理"的可能。因而,直到临终之际,他也不准备表露他的选择。

直到五十八年(1719),康熙虽然抱怨他的健康状况迅速恶化("朕精神气血,渐不如前"),但是他仍警告大臣说,"有不肖之徒"可能趁他衰老体弱,立他们自己的人为太子。①现在六十一年,康熙再次患重病,他心中一定会想,"我死后谁来继承?"

随着病情的恶化,他已经卧床七天,但是仍然矢口不谈建储之事。至此,有希望当太子的诸皇子的情况如下。胤祯在朝中被视为最强有力的竞争者,然而,他却在数千里之外的西北前线。另外,康熙只封他为"大将军王",而他的三个哥哥已被封为亲王。他们是胤祉(皇三子,是有资格成为储君最年长的一位,因为胤禔及胤礽均已被囚禁)、胤禛(皇四子)、胤祺(皇五子)。

跟胤祯一样,胤祺显然也不是皇帝中意的候选者。康熙在患病前一个月,派胤祺到北京东北60多公里外的皇陵,祭奠皇帝的后母孝惠太后。在那关键性的七天中,康熙没有把他召回来(康熙死后他才回到北京),看来皇帝愿让他留在皇陵,继续代他祭祖。② 实际上,胤祺本人及其他任何人都不曾说康熙会选他为太子。

---

① 《清圣祖实录》卷284,第3~4页。
② 胤祺在冬至前奉派往祭孝惠太后陵寝。奉派的日子是六十一年十月初一日(1722年12月9日),而康熙死于六十一年十一月十三日(12月20日)。参见《清圣祖实录》卷299,第8b页;雍正八年(1730)雍正皇帝的谕旨,见《大义觉迷录》卷1,第17页。

这样，太子的候选人便集中在两个人身上，即胤祉和胤禛。如前所述，康熙五十五年发生的孟光祖诈骗案，使胤祉不再被视为名列前茅的候选者，而且他先前与胤礽的关系也无助于他争夺储位。但是，他不可能被选为太子的最重要的原因，还在于他对父亲和已故的敏妃（十三弟的母亲）犯有不孝的行为。

由于胤禛诚孝，关心兄弟，博学多才，看来康熙早就考虑选他为皇太子。康熙六十一年（1722），一份非官方的资料记述说："自六十年两遇万寿，雍亲王皆奏请驾临，奉觞演剧，以祝无疆，天颜每霁，向妃嫔称孝养焉。"① 或许由于有利于胤禵的谣传太盛，几乎没有人把胤禛的孝行与立储联系起来。康熙于得病两天后，命胤禛代行的最后一次使命颇具意义。十一月初九日（12月16日），皇帝派胤禛代他在十一月十五日（12月22日）冬至祀天。大祀之前，必须做一周的斋戒和祷告。作为天子，康熙经常声称只有他一人有权在那一天到天坛祭祀。唯一曾代他行过此祭礼的皇子就是废太子胤礽。后来，当康熙因老病虚弱不能行三跪九叩之礼时，他才让步，命所信任的领侍卫内大臣公马尔赛，于四十七年、五十六年、五十七年和五十九年"恭代"他冬至祀天（康熙尚可做斋戒和祷告）。② 自胤礽以来，康熙之所以不派遣任何一位皇子代他祀

---

① 《永宪录》，第20页。这条材料称雍正是亲王，表明是在康熙六十一年初他向乃父六十九岁生日不久的记述。参见《清圣祖实录》卷297，第3页。
② 任命马尔赛代皇帝行礼，见《清圣祖实录》卷235，第18页（1708年）；卷275，第4页（1717年）；卷282，第1b页（1720年）。另外仅有的一位代皇帝祀天行礼的官员是阿灵阿，也是领侍卫内大臣，在康熙四十八年（1709）（《清圣祖实录》卷240，第13b页）。

天,大概是因为他不愿意表露在选太子方面意属何人。

但是在康熙五十九年(1720),康熙开始表示他的意向。在六十七岁生日之际,他遣胤禛代他到奉先殿祭祖(他驳回了大臣们要求派一名满洲高官代行祭礼的建议)。① 虽然那年皇帝再次派马尔赛代他于冬至在天坛祀天,但到六十年,康熙终于派遣了一位皇子代他祀天。他所挑选的这位皇子就是胤禛。②

到六十一年,重病使康熙更加意识到他与上天的关系,以及神谕对国家、对他个人健康的必要(他一生中屡次证实这种信念,均载于《庭训格言》中),有鉴于此,他再次在冬至派胤禛代他先"诚敬严恪""斋戒",然后到天坛举行祀天礼仪。当胤禛恳求侍奉父皇左右时,康熙宣称祀天最为重要,在他看来,这比胤禛侍奉左右更为重要。③

十一月初十日(12月17日),胤禛三次遣护卫、太监恭请圣安。康熙说:"朕体稍愈。"在以后两天中,胤禛一再请安,都得到同样的回答。

十一月十三日(12月20日)约凌晨两点(丑时),康熙病情突然恶化。他谕令在南郊斋所的胤禛速到畅春园("速至")。康熙没有召60多公里以外的胤祺"速至",更不用说身处西陲的胤禵了。

大约在四时(寅时),康熙把等候在卧室外的胤祉(皇三

---

① 《清圣祖实录》卷291,第22b~23b页。
② 在康熙朝最后两年,任命胤禛代表皇帝,见《清圣祖实录》卷295,第12页(1721年);卷300,第5b页(1722年)。
③ 随后发生的事,见《清圣祖实录》卷300,第5~7页;《东华录》的各条记载与《清圣祖实录》的相同;《东华录》中的这些记载太粗略而无用。

子)、胤祐(皇七子)、胤禩(皇八子)、胤禟(皇九子)、胤䄉(皇十子)、胤祹(皇十二子)、胤祥(皇十三子)以及表兄兼姻兄隆科多召至榻前,① 下达了简要的谕旨:"皇四子人品贵重,深肖朕躬,必能克承大统者,着继朕登基,即皇帝位。"

胤禛大约于八时(辰时)之前抵畅春园,十时左右(巳时)进入康熙的卧室。康熙述说了他日益恶化的病情,这说明他神志清醒,但他没有告诉胤禛已被选为继承者。简短谈话之后,胤禛退到寝宫外恭候。② 那天,胤禛曾三次进入卧室宽慰皇帝。在最后一次,弥留之际的康熙将戴在自己颈上的念珠(这是康熙已故的父亲顺治传给他的)"授雍亲王"。这是从宗教角度承认胤禛获得继承权的象征。然而,康熙仍然没有向胤禛说出他的决定。③

康熙六十一年十一月十三日(1722 年 12 月 20 日)晚八时左右(戌时),康熙皇帝晏驾。直到此时,隆科多④才当着诸皇子的面对胤禛说,你就是新皇帝。

---

① 据胤禛说,在七位年长的皇子被召入寝宫听最后的末命时,四个年幼的皇子在皇帝的寝宫外面。那么缺席的人有胤禔(现在的长子)和胤礽(二子),两人都在监禁中,以及胤祺(五子),前面说过,他身在陵寝。其余的或是已过世或是太年幼而无法宣诏。见《清皇室四谱》卷3;《清史》,第 3555 页。
② 《永宪录》,第 49 页,引自《大义觉迷录》卷 1,第 17a~b 页。
③ 念珠,见《永宪录》,第 49 页。
④ 隆科多的作用,见《大义觉迷录》卷 1,第 16b~17 页。胤禛的继位通过中国商人向日本报道,见《华夷变态》,第 2955 页;另见 P. J. B. Du Halde, *The General History of China*, Vol. I p. 501。

尾　声

　　胤禛继承了帝业，也因之继承了所有的老问题。作为皇帝，雍正不愧为他父亲的继承人。雍正在他十三年（1723～1735）的统治中，澄清吏治，削除朋党，惩治贪风，使康熙朝后期一度即将破产的朝政得以更新，从而建立起一个具有革新特色、极高效率的政府。由于雍正的励精图治，中国在他的继承人乾隆（1736～1795年在位）的统治下，出现了一直持续到18世纪末的繁荣景象。

　　不过，雍正的政绩是以牺牲众多人的生命为代价的。那些野心勃勃的兄弟给雍正造成的威胁，使他有时不得不采取无情的政治手段。在诸兄弟中，胤礽没什么问题，因为康熙已下令将其终身监禁，复辟派的影响也已云消雾散〔雍正对前太子宽待，胤礽在雍正二年十二月十四日（1725年1月27日）临死前对他表示感谢〕。为了博得胤禩的友情，雍正一再给他以荣誉。① 然而，胤禩党依然制造麻烦。大失所望的胤禩及他这一党的兄弟们不甘失败，把对已故父亲的满腔怒气转移到继承了皇位的雍正身上，从而形成了一场新的明争暗斗。雍正恪尽其责，拒不让步，以娴熟的技巧应付一系列的挑战，他有效地利用了奏折制度，调查其兄弟们的敌对行动；为了整顿濒临崩

---

① 胤禛即位后，任命胤禩为亲王，并成为四位总理事务王大臣之一，还给他及其家人其他优渥。在上新皇帝奏折中，胤禩自称"总理事务王大臣廉亲王臣"，见胤禩档案，04623号，无日期。胤禩的传记，见 *Eminent Chinese of the Ch'ing Dynasty, 1644 – 1912*, pp. 926 – 927。

溃的政府,他清除了顽抗不服的兄弟们、有影响的太监及奸诈的大臣。他特别厌恶南方的文人学士,因而他左右的心腹重臣几乎没有一个是通过正规科举考试而加官晋爵的。

这样,雍正在那些早已习惯于康熙宽大政策的诸王大臣和太监中树敌颇多。为了反对新皇帝的锐意改革,他们中伤他的人格,播散他继位"非法"的谣言。不出数年,这一斗争以一场对抗而告终——这场对抗的冲击波扩散到宫外,其波纹随着空间的扩展、时间的推移而越变越大。

雍正篡权之说流传于全国,甚至传到海外(在朝鲜和日本的史料中便有记载)。① 冲击波在扩散的过程中发生了畸变,雍正的形象遂在通俗小说和戏剧中成了一个被妖魔化的反面人物。在中国,20 世纪的作家就此杜撰了耸人听闻的细节和蛮横无理的动机,从而塑造出一个与真人大相径庭的虚构的雍正。对雍正的研究将给人们提供一个大好机会,探索权力和人格之间的奥秘,以及阐明小说与历史之间的关系。

---

① 关于雍正"篡位"最有影响的文章是孟森的《世宗入承大统考实》,见他的《清代史》,第 477~510 页。最早发表于 1934 年,是他的《清初三大疑案考实》所研究三谜案之一。研究雍正继位问题的学者,有的只是用更多的"证据"以支持孟森的论文,比如王锺翰《清世宗夺嫡考实》,见《燕京学报》第 36 期,1949 年;以及近来金承艺的猜测性文章《从允䄉问题看清世宗夺位》和《胤禵:一个帝梦成空的皇子》,分别发表于《中央研究院近代史研究所集刊》第 5 期(1976 年)和第 6 期(1967 年)。胤禛及胤禵集团中他兄弟传记的写作见 Eminent Chinese of the Ch'ing Dynasty, 1644-1912, 基本上是受了孟森论文的影响。笔者将在关于雍正继位问题的单行本中对孟森的论文予以详评。

附　录

中国的朝代

秦朝	公元前 221 ~ 公元前 207 年
汉朝	公元前 202 ~ 公元 220 年
分裂时期	220 ~ 589 年
隋朝	589 ~ 618 年
唐朝	618 ~ 906 年
分裂时期	907 ~ 960 年
宋朝	960 ~ 1279 年
元朝	1260 ~ 1368 年
明朝	1368 ~ 1644 年
清朝	1644 ~ 1912 年

清朝

（在东北）

努尔哈赤时期	1616 ~ 1626 年
皇太极时期	1627 ~ 1643 年

（在北京）

顺治朝	1644 ~ 1661 年
康熙朝	1662 ~ 1722 年
雍正朝	1722 ~ 1731 年

乾隆朝　　　　1736~1795 年
嘉庆朝　　　　1796~1820 年
道光朝　　　　1821~1850 年
咸丰朝　　　　1851~1861 年
同治朝　　　　1862~1874 年
光绪朝　　　　1875~1908 年
宣统朝　　　　1909~1911 年

康熙时期的政府[①]

除了特殊的地区（如东北、新疆和蒙古），康熙时期的中国地方政府是由总督和巡抚管理。总督通常是武职官员，所管不止一个省。巡抚是文职官员，只管一个省。例如，两江总督的辖区，包括了江西和江南（江南由江苏和安徽组成），这三个省各有巡抚。每省巡抚由一位布政使和一位按察使协理。

省分成一些府，府的长官是知府。出于不同的目的，一些府组成不同的道，由道员管理（例如粮道负责征收粮食税）。府分为州或厅，由知州管理，州或厅之下是县。县是地方政府的基础单位，其下再分为城镇和乡村。乡村是由非正式的权力群体，也就是地方"士绅"统治，由拥有功名者、致仕官员以及其他在乡村社会有影响力的人组成。

北京的中央政府由四类衙门组成。（1）内阁，官员是大学士及其属下，负责票拟地方所上的奏疏，同时撰拟并发布谕

---

① 这一部分完全按原书译出，不再做内容和观点上的辨析。——译者和编者注

旨。(2) 六部，负责商议日常政府事务，根据的是则例和先例，这是国家官僚机构的核心；理藩院，与六部地位相等，处理蒙古事务。(3) 非行政机构，比如都察院和大理寺（再加上刑部，组成三法司）、翰林院、钦天监等。(4) 皇帝私属机构，包括管束皇族行为的宗人府、内务府、稽察钦奉上谕事件处、侍卫处，以及负责典礼和具有实际（医疗等）功用的其他机构。

在满人统治之下，政府的一个特色是部院堂官实行满汉复职制。例如，六部的每个部，各有满汉尚书一人，左侍郎一人，右侍郎一人，等等。"内廷"一词，常常在本书出现，是指皇帝以及皇帝的侍从包括太监、侍卫及顾问等在内的生活区域。内阁、六部以及非行政机构都属于"外朝"（皇帝的私属官僚机构，难以归入以上类别）。

康熙的后妃与皇子

康熙有四十位后妃，其中三十位共为他生育五十五个孩子：二十个女儿和三十五个儿子。三十五个儿子中，有二十四个序龄排行，其他的都年幼夭折。在下表中，生育这二十四位皇子的后妃，依照她们的等级地位开列。人们不知这些女人的名字。官方玉牒只给出了谥号和后妃的等级。例如，敬敏，是谥号；皇贵妃，是她的等级，这加在一起成了皇十三子胤祥母亲的名字。皇贵妃是除皇后之外妃嫔中的第一等级；贵妃是第二等级，妃是第三等级，嫔是第四等级。第五子和第二十三子名字的罗马拼音相同，但汉字不同，可以区别清楚。第十四子的原名是胤祯，在胤禛成为皇帝后，胤祯改名为允禵。这个表的资料是《清皇室四谱》（唐邦治辑），1923年在上海出版。①

后妃	所生儿子			
	排行	名字	生卒	年岁
孝诚皇后	2	胤礽	康熙十三年五月初三日至雍正二年十二月十四日（1674年6月6日~1725年1月27日）	51
孝恭皇后	4	胤禛	康熙十七年十月三十日至雍正十三年八月二十三日（1678年12月13日~1735年10月8日）	58
孝恭皇后	6	胤祚	康熙十九年二月初五日至康熙二十四年五月十四日（1680年3月5日~1685年6月15日）	6
	14	胤禵	康熙二十七年正月初九日至乾隆二十年正月初六日（1688年2月10日~1755年2月16日）	68
敬敏皇贵妃（敏妃）	13	胤祥	康熙二十五年十月初一日至雍正八年五月初五日（1686年10月16日~1730年6月18日）	45
温僖皇贵妃	10	胤䄉	康熙二十二年十月十一日至乾隆六年九月初九日（1683年11月28日~1741年10月18日）	59
密妃（王氏）	15	胤禑	康熙三十二年十一月八日至雍正九年二月初一日（1693年12月24日~1731年3月8日）	39
	16	胤禄	康熙三十四年六月十八日至乾隆三十二年二月二十一日（1695年7月28日~1767年3月20日）	73
	18	胤祄	康熙四十年八月初八日至康熙四十七年九月初四日（1701年9月10日~1708年10月17日）	8

---

① 原书皇子的名字用"允"字，下表用"胤"字。十四子原书用"允禵"，下表用"胤禵"。——编者注

续表

后妃	所生儿子			
	排行	名字	生卒	年岁
勤妃	17	胤礼	康熙三十六年三月初二日至乾隆三年二月初二日（1697年3月24日~1738年3月21日）	42
惠妃	1	胤禔	康熙十一年二月十四日至雍正十二年十一月初一日（1672年3月12日~1734年11月25日）	63
宜妃	5	胤祺	康熙十八年十二月初四日至雍正十年五月十九日（1679年2月14日①~1732年7月10日）	54
	9	胤禟	康熙二十二年八月二十七日至雍正四年八月二十七日（1683年10月17日~1726年9月22日）	44
	11	胤䄉	康熙二十四年五月初七日至康熙三十五年七月二十五日（1685年6月8日~1696年8月22日）	12
荣妃	3	胤祉	康熙十六年二月二十日至雍正十年闰五月十九日（1677年3月23日~1732年7月10日）	56
成妃	7	胤祐	康熙十九年七月二十五至雍正八年四月初二日（1680年8月19日~1730年5月18日）	51
良妃	8	胤禩	康熙二十年二月初十日至雍正四年九月初五日（1681年3月29日~1726年9月30日）	46
定妃	12	胤祹	康熙二十四年十二月二十四日至乾隆二十八年七月二十四日（1686年1月18日~1763年9月1日）	79

---

① 应为1680年1月4日。——编者注

续表

后妃	所生儿子			年岁
	排行	名字	生卒	
襄嫔	19	胤禝	康熙四十一年九月初五日至康熙四十三年二月二十三日（1702年10月25日~1704年3月28日）	3
	20	胤祎	康熙四十五年七月二十五日至乾隆二十年正月初九日（1706年9月1日~1755年2月19日）	50
谨嫔	22	胤祜	康熙五十年十二月初三日至乾隆八年十二月二十九日（1712年1月10日~1744年2月12日）	33
敬嫔	23	胤祁	康熙五十二年十一月二十八日至乾隆五十年七月二十七日（1714年1月14日~1785年8月31日）	73
熙嫔	21	胤禧	康熙五十年正月十一日至乾隆二十三年五月二十一日（1711年2月27日~1758年6月26日）	48
穆嫔	24	胤祕	康熙五十五年五月十六日至乾隆三十八年十月二十日（1716年7月5日~1773年12月3日）	58

参考文献

原始资料与实录：评价与解释

下面笔者介绍本书所使用的各种原始资料，以及它们与《清圣祖实录》的关系。在所有这些资料中，奏折是最重要的，内容丰富且数量庞大。最初这些奏折存放在皇宫中，1911年后，它们由北京（1928~1948年称北平）故宫博物院文献馆收藏。1937年，大量故宫博物院的档案，包括奏折、康熙朝以后诸帝起居注，还有许多文献图书，转移至重庆，全面抗战时期（1937~1945）成箱地保存在那里。战后，许多都移至台湾，安置在台北"故宫博物院"。

1. 台北"故宫博物院"档案

台北"故宫博物院"约有三千件康熙朝的奏折（约1/3是请安折，除少数外，其中没有什么实质性内容）。除了康熙朝（1662~1722）奏折外，本书还参考了雍正朝（1723~1735）的一些奏折。台北"故宫博物院"的档案管理人员给康熙朝每份奏折分配两个四位数的编号（如赵弘燮档案：0001-1117），给雍正朝的每份奏折两个五位数的编号（如岳钟琪档案：00001-11728）。一些奏折是无日期的；有些包括了封套，单、地图等附件。

1969年开始，台北"故宫博物院"出版了康熙朝奏折；它们以影印的形式，连载于台北"故宫博物院"的季刊《故宫文献》上。1976年，台北"故宫博物院"将所有的康熙朝奏折出版，以《宫中档康熙朝奏折》为名，共九辑。这包括了《故宫文献》刊出的奏折，还有请安折（全都是汉文的），以及所有的满文奏折和上谕（第八辑和第九辑）。至于这两种出版物所忽略的奏折（数量很少），笔者引用时注明它们的日期（如果有的话）以及索引号。

本书所使用的起居注，包括起居注官记录的御门听政等场合皇帝的谕令，以及皇帝的书面谕旨，这是从其他中央衙署抄送给起居注官的。起居注乃手写，每月装订成册（每年十二册，逢闰年十三册）。台北"故宫博物院"保存有康熙二十九年至四十二年、五十年至五十二年的所有汉文康熙起居注，也包括满文起居注，这是从汉文版翻译而成的，其中康熙十一年至十二年、十四年至十七年、十九年至四十二年，以及五十年至五十二年是完整的。以下年份是不完整的：康熙十年（四册），康熙十三年（一册），以及康熙十八年（七册）。本书引用的只是汉文版。

起居注在文献上至少有两个方面重要性：第一，它补充了《清圣祖实录》的不完备；第二，只要在这两种文献中找到的记述是一致的，那就可以验证《清圣祖实录》的可信。当然，必须小心使用起居注，要参照同时代的文献仔细判断：有时起居注官会误解皇帝的话；有时他们将上谕抄入起居注时也会出错。

2. 北京故宫博物院档案①

1930年初，北京故宫博物院出版了一大批康熙朝官中的原始档案，包括奏折、康熙亲书上谕以及审案的口供。这些材料刊于《掌故丛编》《史料旬刊》《文献丛编》。

宫中档以及内阁的一些档案在20世纪初落到私人手中，它们由罗振玉等人出版。罗振玉编了《史料丛刊初编》《史料丛编》。《史料丛刊初编》（第337~575页）包含康熙朝的起居注（康熙十二年、十九年和四十二年，但非全帙），《史料丛编》包括康熙十年的起居注（也不是全帙）。也有一些清朝档案的目录，可以证明《清圣祖实录》的可信性。例如，在罗振玉的《大库史料目录己编》（1935）中，可以见到一条，名为"降旨皇太子注载档"（第2页第29条）。这一档案时间是康熙四十七年九月，恰是废黜胤礽太子的那个月。它因此切实证实了秦道然的供词，皇帝向胤礽颁谕旨，并命将他的旨意另行收录。

最近，北京故宫博物院出版了曹家的档案史料专辑，名为《关于江宁织造曹家档案史料》（中华书局，1959）。除收录《掌故丛编》《文献丛编》所刊的奏折外，还包括内阁与内务府的有价值档案，其中有六十一年满文奏折的汉译。它还包括康熙五十三年八月十二日的有价值的起居注内容，这是关于皇帝与大学士讨论噶礼弹劾曹寅和李煦的事件。

---

① 即现中国第一历史档案馆档案。——编者注

3. 外文原始资料

外国人所写的康熙朝原始资料，相当于今天所谓的"中国观察家"（China watchers）所写的报告。这些资料包括在中国以及在中国以外的人所写的文献中。《关于亚洲、非洲和美洲的建设性和惊人的信》包括了清廷政府的详细信息，这是由许多耶稣会士寄回欧洲的。马国贤神父的回忆录是对康熙私人生活以及废黜皇太子事件的近距离观察。《朝鲜王朝实录》记录了朝鲜使臣就康熙朝政治和国家的变化向他们国王所做的口头报告。尽管朝鲜承认中国的宗主国地位，并屈从作为"属国"，但它敌视"野蛮"的满洲政权，这些报告重复着有贬康熙朝廷形象的道听途说之词。这里所使用的日本资料《华夷变态》，包括了对前往长崎以中国货物换取日本铜斤中国商人的询问记录。德川幕府赋予位于长崎的通事机构一项职责，要询问来自中国的每一位船主或船长。这些商人基本上是南方人，他们憎恨满洲征服者，因此他们的"商品"中就包含清朝的军事部署的信息、地方志以及皇帝的上谕等。在英文方面，肯特号（船名）的大班1704年对于广州的"皇商"的记述——引自马士的《东印度公司对华贸易编年史（1635～1834）》（牛津，1926～1929）——完全可以证实由皇太子胤礽所带来的、在广州贸易中无处不在的腐败。

4. 其他资料

其他原始资料包括匿名人士的亲历记述，如《圣祖五幸江南全录》，李光地《榕树语录续集》中的私人报告，汤斌《汤子遗书》与何焯《义门先生集》中的家信。最后，《永宪录》包括了编者萧奭抄自邸报的上谕。

这种种一手资料都极具参考价值，展现极具体的细节，暴露了人物的动机，厘清了本书所讲这段历史的主要人物间的关系。然而《清圣祖实录》依然是最基本、最重要的资料。它包含着数不尽的关键文献，并提供了笔者所考察的这段历史的编年线索。

其他所有的资料，或是对《清圣祖实录》的补充，或是证实了它的可信。有人怀疑，《清圣祖实录》中胤礽的所有罪行，出自雍正的捏造，这根本得不到以上种种资料的支持；如果声称肯特号的大班串通雍正以丑化太子，那是荒谬可笑的。至于指控《清圣祖实录》经过雍正的加工改纂，这已由北京故宫博物院档案管理者和历史学家方甦生著文驳斥，他的文章《清实录修改问题》发表在《辅仁学志》（第8卷第2期，收录于李定一、吴相湘编纂《中国近代史论丛》第1辑）。

Attwater, Rachel. *Adam Schall: A Jesuit at the Court of China, 1592 – 1666*. Milwaukee, Brauce Publishing company, 1963; Adapted from the French (Paris, 1936), of Joseph Duhr, S. J. [雷彻尔·阿特沃特：《汤若望：中国宫廷中的耶稣会士》，密尔沃基，布鲁斯出版公司，1963；改编自约瑟夫·迪尔的法文著作（巴黎，1936年）]

Bell, John. *A Journey from St. Peterburg to Pekin, 1719 –*

1722. ed. J. L. Stevenson, Edinburgh, Edinburgh University Press, 1965 [约翰·贝尔:《从圣彼得堡到北京行记（1719～1722）》,史蒂文森编,爱丁堡,爱丁堡大学出版社,1965]

Bouvet, Joachim. *Historie de l'empereur de la Chine*. The Hague, 1699. Citations according to the English translation, *The History of Cang-hy the Present Emperor of China*, by Jodocus Crull. London, 1699 [白晋:《康熙皇帝传》,海牙,1699。本文引用的是约多库斯·克鲁尔的英译本,伦敦,1699]

Brunnert, H. S., and V. V. Halgelstrom. *Present Day Political Organization of China* (trans. A. Belt-Beltchenko and E. E. Morgan. Shanghai, Kelly and Walsh, 1912) [卜内特、哈盖尔斯特洛姆:《当代中国的政治组织》,贝勒成科、墨澜英译,上海,别发洋行,1912]

《圣祖仁皇帝起居注》,台北"故官博物院"藏（含康熙二十九年至四十二年,五十年至五十二年）

《圣祖仁皇帝起居注》（含康熙十二年正月、五月、六月、十月、十一月、十二月,康熙十九年九月,康熙四十二年七月、八月、九月）,收录于《史料丛刊初编》第1册

《查他山年谱》,陈敬璋编,1913。也见《嘉业堂丛书》,1918

《张清恪公年谱》,1738

张逊玉:《种痘新书》增订版,上海,1912

张英:《南巡扈从纪略》(1689),收录于《小方壶斋舆地丛钞》第4册,1877

张玉书:《扈从赐游记》,收录于《小方壶斋舆地丛钞》第4册,1877

张玉书：《平定朔漠方略》（1696），1708

《长芦盐法志》，鲁之裕编，1926

赵绮娜：《清初东北驻防八旗之建置研究》，载《故宫文献》第 5 卷第 1 期，1973 年

赵弘燮档案，无日期，第 2 件，台北"故宫博物院"藏

赵光贤：《清初诸王争国记》，载《辅仁学志》第 12 卷第 1～2 期，1944 年

《振武将军陕甘提督孙公思克行述》，载《史料丛刊初编》下册，第 961～1013 页

陈捷先：《多尔衮称"皇父摄政王"之研究》，载《故宫文献》第 1 卷第 2 期，1969 年

陈捷先：《清朝皇帝的满文本纪》，载《故宫文献》第 3 卷第 2 期，1971 年

陈万鼐：《元明清戏曲史》，台北，1966

郑天挺：《清史研究》，昆明，1936

《程氏族谱四种》，东洋文库本，1895

《江南通志》，黄之隽、尹继善编，1736

《江南闻见录》，台北，1967

《钦定古今储贰金鉴》，殿本，1783；又影印本，台北，1974

《清皇室四谱》，唐邦治辑，4 卷，上海，1923

《清稗类钞》，48 册，上海，最后的序，1917

《清秘述闻》，法式善编，1799

《清圣祖谕旨》，收录于《掌故丛编》

《清史》，8 册，《清史稿》的修订本，台北，1961

《清史稿》，香港，无日期。

《清史列传》，80卷，上海，1928

《清代帝后像》，1册，北京故宫博物院，1935

《朝鲜王朝实录》，国史编纂委员会编，太白山版影印本，汉城，1955~1958

《掌故丛编》，从第十一辑起改名为《文献丛编》。文献馆出版，北京故宫博物院，1928~1929；1964年台北重印本，页码连续排列

《朱批谕旨》，112册，1738；1964年台北重印本，页码连续排列

《清圣祖实录》，300卷，东京，1937

《清世宗实录》，159卷，东京，1937

Doolittle, The Reverend Justus. *Social Life of the Chinese.* 2 vols. New York, Harper & Brothers, 1865; 1966 Taipei reprint used [卢公明：《中国人的社会生活》，上下册，纽约，哈珀兄弟出版社，1865；本书所使用的是1966年台北重印本]

P. J. B. Du Halde. *The General History of China*, trans. Brookes, 4 vols. London, 1741. From the French edition: *Description geógraphique, historique, chronologique, politique, et physique de l'empire de la Chine*, 4 vols. Paris, 1735 [杜赫德：《中华帝国全志》，巴黎，1735；布鲁克斯英译，4册，伦敦，1741]

Ecke, Betty Tseng. Emperor Hui-stung, The Artist: 1082-1136. Ph. D. dissertation, New York University, 1972. For a précis, see *Sung Newsletter*, no. 8, pp. 302-303 (1973) [曾幼荷：《作为艺术家的宋徽宗（1082~1136）》，纽约大学博士学位论文，1972。论文摘要，见《宋史研究通讯》第8卷，1973]

d'Elia, Pascal M. , *Il lontano confino e la tragica morte del P. João Mourão, s. I. , Missionario in Cina, 1681 – 1726.* Lisboa, Agência-Geral do Ultramar, 1963 [德理贤:《流放远方悲惨客死的在华传教士穆景远（1681～1726）》, 里斯本, 海外总社, 1963]

Eminent Chinese of the Ch'ing Period, 1644 – 1912, ed. W. Hummel. Washington, U. S. Government Printing Office, 1943 – 1944 [《清代名人传略》, 恒慕义编, 华盛顿, 美国政府印刷所, 1943～1944]

《方望溪全集》, 四部丛刊本, 上海, 1936

Four Books, trans. and notes by James Legge, New York, Paragon Book Reprint Corp. , 1966 [《四书》, 理雅各英译并注释, 纽约, 佳作再版公司, 1966]

Gamble, Sidney, D. *Ting Hsien: A North China Rural Community.* New York, Institute of Pacific Relations, 1954 [甘博:《定县》, 纽约, 太平洋关系协会, 1954]

Gerbillon, P. P. *The Second Journal of P. P. Gerbillon and Pereyra in Tartary, in 1689.* In Jean B. Du Halde, *A Description of the Empire of China and Chinese Tartary*, 2 vols. London, 1738 – 1741 [张诚:《张诚、徐日升1689年第二次鞑靼行记》, 见杜赫德《中华帝国及中国鞑靼地区的记述》, 上下册, 伦敦, 1738～1741]

Giles, Herbert A. *A History of Chinese Literature.* New York, D. Appleton and Co. , 1923 [翟理斯:《中国文学史》, 纽约, 阿普尔顿出版公司, 1923]

《杭州八旗驻防营志略》, 张大昌编, 台北重印本, 无

日期

Hightower, James R. "Yuan Chen and the Story of Ying-ying", *Harvard Journal of Asiatic Studies* 33：93 – 103（1973）[海陶玮：《元稹与〈会真记〉》,《哈佛亚洲学刊》第 33 卷, 1973 年]

Ho, Ping-ti. "The Salt Merchants of Yang-chou：A Study of Commercial Capitalism in Eighteenth-Century China," *Harvard Journal of Asiatic Studies* 18：130 – 168（1954）[何炳棣：《扬州盐商：十八世纪中国商业资本主义研究》,《哈佛亚州研究》第 17 卷, 1954 年]

萧一山：《清代通史》, 修订版, 5 册, 台北, 1962 ~ 1963

《啸亭续录》, 汲修主人（昭梿）, 3 卷（1817 ~ 1826 年完成）, 上海, 1880

徐乾学：《憺园文集》, 37 卷, 台北, 1971

《徐乾学等被控状》, 收录于《文献丛编》

许大龄：《清代捐纳制度》, 北京, 1950

Hsü, Francis L. K. *Americans and Chinese*. New York, Doubleday, 1970 [许烺光：《美国人和中国人》, 纽约, 双日出版社, 1970]

《大清会典事例》, 1220 卷, 上海, 1899。本书所用是台北重印本（19 册）

《啸亭杂录》, 汲修主人（昭梿）, 10 卷（约 1814 ~ 1815 完成）, 上海, 1880

《（皇清）开国方略》, 柏林, 1926, 郝爱礼（Erich Hauser）译

《皇朝文献通考》, 300 卷, 无出版日期。台北重印本, 页

码连续排列（考4857~7489是"通考"系列）

《徽州府志》，夏銮编纂，16卷，1827

洪业：《阎贞宪先生遗稿五种》，《史学年报》第2卷第5期，1938年

E. Ysbrants Ides. *Three Years Travels from Moscow Over-land to China*. London, W. Freeman. 1706 [伊兹勃兰特·伊台斯：《从莫斯科经陆路抵达中国三年记》，伦敦，弗里曼出版社，1706]

《义门先生集》，吴荫培编，12卷及附录4卷，平江，1909

《热河志》，御制序，1781

《华夷变态》，林春胜、林春笃编，东京，东洋文库，1958~1960

高其倬档案，高其倬，06216号，台北"故宫博物院"

高士奇：《扈从东巡日录》，《小方壶斋舆地丛钞》第1帙，第4册

高士奇：《蓬山密记》，《古学汇刊》第1集第12册，上海，国粹学报社

Kessler, Lawrence D. *K'ang-hsi and the Consolidation of Ch'ing Rule, 1661–1684*, Chicago, The University of Chicago Press, 1976 [劳伦斯·凯斯勒：《康熙与清朝统治的巩固（1661~1684）》，芝加哥，芝加哥大学出版社，1976]

《大清会典》，162卷，1690

《宫中档康熙朝奏折》，9辑（前8辑汉文，第9辑是满文），台北"故宫博物院"，1976~1977。

《康熙御制文集》，4集，台北重印本，1966，页码连续

排列

《故宫文献》，台北"故宫博物院"，从第 1 卷第 1 期（1969 年 12 月）到第 3 卷第 1 期（1971 年 12 月），包括康熙朝所上奏折的影印件。

《客舍偶闻》，收录于《振绮堂丛书》，无出版日期

《故宫博物院院刊》，北平，1935

《国朝耆献类征初编》，李桓编，720 卷及附录 12 卷，1884~1890

Lasswell, Harold D. *Power and Personality*. New York, Viking, 1963 [哈罗德·拉斯韦尔:《权力和人格》，纽约，维京出版社，1963]

Le Comte, Louis Danial. *Meoris and Observation, Topagraphical, Physical, Mathematical, Mechanical, Natural, Civil and Ecclesiastical Made in a Late Journal through the Empire of China*. London, 1697 [李明:《中国近事报道》，伦敦，1697]

Lee, Robert H. G. *The Manchurian Frontier in Ch'ing History*. Cambridge, Mass., Harvard University Press, 1970 [罗伯特·李:《清代的满洲边疆》，马萨诸塞州剑桥，哈佛大学出版社，1970]

Lettres édifiantes et curieuese concernant l'Asie l'Afrique et l'Amerique, published under the direction of De M. L. Aime-Martin. Vol. 3 (China). Paris, Sciete du Pantheon Littertaire. 1843 [《关于亚洲、非洲和美洲的建设性和惊人的信》，艾梅-马丁指导下出版，第 3 卷（中国），巴黎，1843]

《李煦奏折》，北京，1976

李光涛:《清太宗夺位考》,收录于《明清史论集》,台北,1970

李光地:《榕村语录续集》,20卷,1894

《李恕谷先生年谱》,冯辰编,孙锴修订,1730年序

李卫档案,第07722号,台北"故宫博物院"

《李文贞公年谱》,上下卷,1825

《两淮盐法志》,1869

刘诚甫编:《音乐辞典》,上海,1935

Malone, Carroll Brown. *History of the Peking Summer Palaces under the Ch'ing Dynasty*. Urbana, University of Illinois Press, 1934 [卡罗尔·布朗·马隆:《清代北京宫苑史》,厄巴纳,伊利诺伊大学出版社,1934]

Mancall, Mark. *Russia and China: Their Diplomatic Relations to 1728*. Cambridge, Mass., Harvard university Press, 1971 [马克·曼考尔:《俄国与中国:1827年之前的外交关系》,马萨诸塞州剑桥,哈佛大学出版社,1971]

《满汉名臣传》,菊花书室本,90卷,无出版日期

孟森:《明列皇殉国后记》,收录于《明清史论著集刊》,北京,1959

宫崎市定『科举』大阪、1946、138~139頁

宫崎市定『アジア史研究』卷4、京都、1964年

莫东寅:《满族史论丛》,北京,1958

Morse, Hosea Ballou. *The Chronicles of the East India Company Trading to China, 1635-1834*. Oxford, The Clarendon Press, 1926-1928 [马士:《东印度公司对华贸易编年史(1635~1834)》,牛津,克拉伦登出版社,1926~1928]

《内务府满文奏销档》，本文引用：

《庄亲王允禄奏审讯绥和德钻营老平郡王折》，雍正十一年十月初七日，汉文翻译见《关于江宁织造曹家档案》，第192~196页

《内务府等衙门奏曹寅李煦等捐修行宫拟给京堂衔折》，康熙四十四年闰四月初五日，汉文翻译见《关于江宁织造曹家档案》，第30~31页

《内务府总管允禄等奏讯过李煦及赫寿家人为胤禩买女子并送银两情形折》，雍正五年二月二十三日，汉文翻译见《关于江宁织造曹家档案》，第210~213页

《六贝勒等奏查讯曹寅李煦家人等取付款项情形折》，康熙四十七年九月二十三日，汉文翻译见《关于江宁织造曹家档案》，第60~61页

Pireer Joseph d'Orléans. *History of the Two Tartar Conquerors of China*, trans. and ed. the Earl of Ellesmere. London. Hakluyt Society, 1854; reprinted in China, 1939［皮埃尔·约瑟夫·奥尔良：《两个征服中国的鞑靼人的历史》，埃尔斯米尔编辑并英译，伦敦，哈克路特学社，1854；中国重印，1939］

Oxnam, Robert B. *Ruling from Horseback*: *Manchu Politics in the Oboi Regency*, 1661 - 1669. Chicago, University of Chicago university Press, 1975［安熙龙：《马上治天下：鳌拜辅政时期的满人政治（1661~1669）》，芝加哥，芝加哥大学出版社，1975］

《八旗满洲氏族通谱》，80卷，1745

Poe, Dison Hsueh-feng. "Imperial Succession and Attendant Crisis in Dynastic China," *Tsing Hua Journal of Chinese Studies*,

New Series, 8/1-2: 84-153 (1970) [浦薛凤:《中国王朝的帝位传承与立储危机》,《清华学报》新系列,第8卷第1~2期,1970年]

Ripa, Matteo. *Memoirs of Father Ripa*. London, Murray, 1846 [马国贤:《马国贤神父回忆录》,伦敦,穆莱出版社,1946]

Rosso, Antonio Sisto, O. F. M., *Apostolic Legations to China of the Eighteenth Century*. South Pasadena, P. D. and Ione Pekins, 1948 [安东尼奥·西斯托·罗索:《十八世纪罗马教廷派往中国的使团》,加利福尼亚州南帕萨迪纳,P. D. - 约内·帕金斯出版社,1948]

萨孟武:《水浒传与中国社会》,南京,1934

佐伯富『清代塩政の研究』京都、1962

佐伯富「清朝の興起と山西商人」『社会文化史学』1966年3号

Schwartz, Benjamin I. "On Filial Piety and Revolution: China (A Review of Richard H. Solomon's book Mao's Revolution and the Chinese Political Culture)," *Journal of Interdisciplinary History*, 3/3: 569-580 (1973) [史华慈:《论中国的孝道和革命(理查德·索罗门《毛泽东的革命与中国政治文化》书评),《跨学科历史学刊》第3卷第3期,1973年]

单士元:《关于清宫之秀女和宫女》,《故宫博物院院刊》,北平,1935年

商衍鎏:《清代科举考试述录》,北京,1958

《十朝圣训》,康熙朝(1661~1722),60卷;乾隆朝(1736~1795),300卷,台北重印本,1965

《史料旬刊》,40册,北平故宫博物院,1930~1931;

1963年台北重印本，页码连续排列

《史料丛刊初编》，上下册，北平，罗振玉1924年序

《史料丛编》，罗振玉编，旅顺，1935。初集12册，二集6册，包括：

《圣祖亲征朔漠日录》（1696），在初集第1册

《圣祖西巡日录》，在初集第1册

《圣祖仁皇帝起居注》，在初集第1册；二集第7册

Smith, Bradly. and Wan-go Weng, *China: A History in Art*. New York, Doubleday & Co., 1974 ［布莱德利·史密斯、翁万戈：《中国艺术史》，纽约，双日出版公司，1974］

Jonathan D. Spence. *Ts'ao Yin and the K'ang-hsi Emperor: Bondservant and Master*. New Haven, Yale University press, 1966 ［史景迁：《曹寅与康熙皇帝：一个皇帝宠臣的生涯揭秘》，纽黑文，耶鲁大学出版社，1966］

Jonathan D. Spence. *Emperor of China: Self-portrait of K'ang-hsi*. New York, Alfred A. Knopf, 1974 ［史景迁：《中国皇帝：康熙自画像》，纽约，阿尔夫雷德·诺普夫出版社，1974］

《苏州织造李煦奏折》，北平故宫博物院，1937。1964年《文献丛编》重印本包括了这些李煦奏折，删去了最后11页

《苏州府志》，80卷，1748

宋荦：《西陂类稿》，1917

《宋史》，开明书局本，无出版日期

《上谕内阁》，34册，1741，引用时据上谕日期

《大清会典》，100卷，1899

《大义觉迷录》，1730

《大明会典》，1505

《戴铎奏折》，见《文献丛编》

陶君起：《京剧剧目初探》，北京，1963

《汤子遗书》，爱日堂版，1870

《关于江宁织造曹家档案史料》，北京，中华书局，1975

《庭训格言》，雍正皇帝序，1730

曹寅档案，第 2757～2760、2762 号，台北"故宫博物院"

《曹寅奏折》，《故宫文献》第 2 卷第 1 期，1970 年

《东华录》，王先谦编，30 册，上海，1911

《东平州志》，1771

汪景祺：《读书堂西征随笔》，收录于《掌故丛编》

王锺翰：《清世宗夺嫡考实》，《燕京学报》第 36 期，1949 年

汪灏：《随銮纪恩》，收录于《小方壶斋舆地丛钞》第 1 帙第 4 册

《王鸿绪密缮小折》，收录于《文献丛编》

王士禛：《居易录》，见《渔洋三十六种》，无出版日期

王书奴：《中国娼妓史》，上海，1935

《圣祖五幸江南全录》，收录于《振绮堂丛书》初集，汪康年编，无出版社日期

《文献丛编》，北平故宫博物院，1930 年及以后；本书所用是 1964 年台北重印本（2 册）

Wright, Arthur F. "Sui Yang-ti: Personality and Stereotype," in his (ed.) *Confucian Persuasion*. Standford, Stanford University Press, 1960 [芮沃寿：《隋炀帝：人格与模式化形象》，收录于芮沃寿编《儒家信仰》，斯坦福，斯坦斯大学出版社，1960]

Wright, G. N. *China, In a Series of Views , Displaying the Scenery, Architecture, and Social Habit, of That Ancient Empire.* 4 vols. London, Fisher Son & Co., 1843 [赖特:《中华帝国的风景、建筑与社会习俗》,4 册,伦敦,1843]

吴振棫:《养吉斋丛录》,35 卷,包括《养吉斋余录》,10 卷,1896 年序

吴秀良:《南书房之建置及其前期之发展》,《思与言》第 5 卷第 6 期,1968 年

Silas H. L. Wu. "Value Demands and Value Fulfillment: An Approach to the Study of the Ch'ing Emperor-official Relationship," *Ch'ing-shih Wen t'i* (Bulletin of the Society for Ch'ing Studies), 1/8:27-37 (1968) [吴秀良:《价值需求和价值实现:研究清代皇帝与官僚关系的一种方法》,《清史问题》第 1 卷第 8 期,1968 年]

Silas H. L. Wu. *Communication and Imperial Control in China: Evolution of the Palace Memorial System, 1693-1735.* Cambridge, Mass., Harvard University Press, 1970 [吴秀良:《通讯与帝国控制:清初奏折的发展(1693~1735)》,马萨诸塞州剑桥,哈佛大学出版社,1970 年]

Silas H. L. Wu. "Emperor at Work: The Daily Schedules of the K'ang-hsi and Yung-cheng Emperors, 1661-1735," *Tsing Hua Journal of Chinese Studies*, New Studies, 8/1-2: 210-227 (1970) [吴秀良:《工作中的皇帝:康熙与雍正皇帝的日常安排》,《清华学报》新系列,第 8 卷第 1~2 期,1970 年]

Silas H. L. Wu. "A Note on the Proper Use of Documents for Historical Studies: A Rejoinder," *Harvard Journal of Asiatic*

Studies 32: 230-239（1972）［吴秀良：《历史研究中的文献的正确使用问题》，《哈佛亚洲学刊》第32卷，1972年］

山脇悌二郎『長崎の唐人貿易』東京、1964

《扬州府志》，1733

《扬州画舫录》，李斗，北京，1960

《阎潜丘先生年谱》，张穆编，1847

严敦易：《水浒传的演变》，北京，1957

尹继善档案，第02284号，无日期（1723年或1724年上奏），台北"故宫博物院"

殷化行：《西征纪略》，收录于"昭代丛书"第47册

胤禩档案，第04623号，《总理事务王大臣廉亲王臣允禩等奏折》，台北"故宫博物院"

细谷良夫：《清代八旗制度之演变》，《故宫文献》第3卷第3期，1971年

《有关那尔苏（素）的世系及其生平简历史料》，收录于《关于江宁织造曹家档案》附录2

《雍正帝御制文集》30卷，殿本，1897

《永宪录》，萧奭，北京，1959

张采田：《清列朝后妃传稿》，2卷，1929

Zucker, Adolf Eduard. *The Chinese Theater.* Boston, Little Brown, 1925 ［阿道夫·爱德华·朱克：《中国戏剧》，波士顿，小布朗出版社，1925］

索 引

页码为原书边码。

A-mi-ta 阿米达, 80

A-Nu 阿奴, 64

Abdication of K'ang-hsi 康熙退位

    Songgotu's campaign for 索额图谋划, 56~58; implications 牵连, 59; postponement 推迟, 69~70

Ablan 阿布兰, 157

Ajige 阿济格, 25

Alingga 阿灵阿, 72, 139, 142, 143

    in Yin-ssu faction 阿灵阿在胤禩集团中, 163

All Men are Brothers (*Shui-hu chuan*)《水浒传》, 129

Alter of Heaven 天坛, 51

    Yin-chen sent to 派胤禛去天坛, 182~183

Amba Fujin (Ta fu-chin; legitimate wives) 大福晋（正妻）, 23

    of Nurhaci 与努尔哈赤, 23~24

Amur 黑龙江, 61

An, Prince (Yolo; the young Prince) 安亲王（岳乐，年轻的亲王）, 124, 154

An Feng (alias An Erh) 安丰（即安二）, 128

An San (An Shang-jen) 安三（安尚仁）, 128

Analects《论语》, 46, 51

Ancestor worship, episode 祖先崇拜情景, 57~58

Annotated Classic of Filial Piety《钦定孝经衍义》, 51

Archery 射箭，

　　Yin-jeng's skill 胤礽箭法 37~38，47；K'ang-hsi's skill 康熙箭法，180

Asan 阿山，87，92~93，94

Banditry 盗匪

　　reported in the South 报告南方的盗匪，106~107

Banner Garrisons 驻防八旗，137

Banner system 八旗制度

　　adaption of Chinese political system to 运用汉人政治制度，6~7；slavery within 奴仆，7~8

　　Yin-shih's use of 胤禔利用八旗制度，137~138；Russian group in 俄罗斯人，143

Banner units 八旗

　　songgotu's influence 索额图的影响，56；reshuffling of 调整，71~72；in the West 西巡途中，81

Bell，John 汤若望，32，179

Board of Revenue 户部，149

Board of Rites 礼部

　　on Yin-jeng's education 关于胤礽的教育，44；on ceremony of ancestral worship 祖先崇拜典礼，57~58

Bombogar 博穆博果尔，16

Book of Documents，*The* 《尚书》，46

Bordered Red Banner 镶红旗，144

Bouvet，Joachim 白晋，19~20，55~56

Buddhism 佛教，130

　　rebellion by monk 和尚造反，107；and *i-ch'i* 义气，129；Yin-chen a devotee of 胤禛信佛，167

Bureaucracy 官僚

　　support for Yin-ssu 支持胤禩，142~143；memorials from 上奏，153；

regenerated by Yung-cheng 雍正重振官僚制, 185

Calligraphy 书法

    of Kao 高士奇, 40~41; of Yin-jeng 胤礽, 47; of Ch'a Sheng 查升, 82; of Yin-ssu 允禩, 125, 167; of Yin-chen 胤禛, 167

Censorate 都察院

    support of Yin-jeng 胤礽的支持, 157

Central Palace (Chung-kung) 中宫, 22

Ch'a sheng, literary secretary 文学侍从查升, 82, 98, 103

Chamber for the Transmission of Heart (ch'uan-hsin tien) 传心殿, 46

Ch'an (Zen) Buddhism 佛教禅宗, 167

Chang-chou 漳州, 32

Chang Feng-yang 张凤阳, 35

Chang Hsia-tzu ("Chang the Blind"; Chang K'ai) 张瞎子

    fortune-teller 算命先生, 175

Chang Lao Hsien-sheng, alias of Chu Tz'u-huan 张老先生（朱慈焕的化名）, 109

Chang Ming-te 张明德, 130~132, 136, 163

Chang Nien-erh (Chang Chun-hsi) 张念二（张君锡）, 108

Chang Nien-i (Chang Chun-yü) 张念一（张君玉）, 108

Chang P'eng-ko 张鹏翮, 70, 80, 95, 143

    on examination system 科举, 73

Chang Po-hsing 张伯行, 98

Chang T'ing-shu 张廷枢, 152

Chang Ying, tutor of Yin-jeng 张英（胤礽的师傅）, 37, 92

    and K'ang-hsi 和康熙, 42, 43

Chang Yüeh-huai (Chang Hsüeh-lien) 张月怀（张学廉）, 109

Chang Yün-i 张云翼, 85, 87

Ch'ang-ch'un yuan (Garden of Joyful Springtime) 畅春园, 51, 154

Ch'ang-ning 常宁, 18, 118, 150
   in Northern Campaign 北征噶尔丹, 61
Chao Huang-hsieh 赵弘燮, 166
Chao Lang-yü 赵朗玉, 99~100, 102
Chao Shen-ch'iao 赵申乔, 157
Chao-lien, Prince 昭梿（亲王）, 117
Ch'ao-k'o-t'o 巢可托, 151
Chekiang 浙江
   banditry in 盗匪, 106~107; revolts in 造反, 108
Ch'en Fu 陈福, 174
Ch'en Ju-pi 陈汝弼, 93, 129, 151
Ch'en Meng-lei 陈梦雷, 165
Ch'en P'eng-nien 陈鹏年, 92
Ch'en Shih-an 陈世安, 99
Ch'en ch'eng-kung 郑成功, 32
Cheng Ching 郑经, 32
Ch'eng, Prince 诚亲王，见 Yin-chih
Ch'eng, a relative of Fan P'u 程姓之人（范溥的亲戚）, 102~104
Ch'eng Wan-ts'e 程万策, 172, 174
Ch'eng Wei-kao 程维高, 87
Ch'eng-fei, concubine 成妃, 114
Ch'eng-hu, first child of K'ang-hsi 承祜（康熙第一子）, 26
Ch'i-chü-chu kuan（"diarists"）起居注官, 32
Ch'i-ko, alias of Tohoci's son 七哥（托合齐之子的化名）, 150
Ch'i-shih 齐世, 160
Ch'i-shih-wu 齐世武, 152, 153, 154
Chia P'u 贾朴, 102
Chia-jen (household servants) 家人（家仆）, 78

Chiang Huang 江潢, 80

Chiang Hung-hsü 姜弘绪, 98, 100

Chiang-t'ien Temple 江天寺, 43

Chiang T'ing-hsi 蒋廷锡, 76

Chief examiner of metropolitan examinations, Hsiung as 熊赐履作为会试主考官, 73, 76

Chieh-shu, Prince 杰书（亲王）, 35

Ch'ieh-ch'ing Palace 乾清宫, 52, 142

Ch'ien-lung Emperor 乾隆皇帝, 185

Children 孩童

    sale 出卖, 96~97; Fan P'u's part in sale 范溥所起作用, 98~99; Wang Hüng-hsu's reports on 王鸿绪的报告, 99~101, 102~104

Chin dynasty 金朝, 60

Chin-shan Temple 金山寺, 86

Chin-shih (highest degree) 进士（最高功名）, 40

    Ho Cho candidate for 何焯, 76

Ch'in dynasty 秦朝, 48

Ch'in Chih-sheng 秦, 125

Ch'in Tao-jan 秦道然, 127, 128, 173

Ch'in-wang (prince of the blood of the 1ˢᵗ degree) 亲王（宗室第一等爵）, 168, 181

Chinese 汉人

    and Manchu culture 与满文化, 2~3; Southern culture 南方文化, 5~6; conflicts of political system with Manchu 与满政治体制的冲突, 6~7; slavery 奴隶, 7; imperial succession 皇帝继承, 23; 也见 Southern faction, Southern literati

Ching-hsi 景熙, 124, 147

    Tohoci charged by 告发托合齐, 154

Ching-jen Palace 景仁宫, 33

Ch'ing-ming (pure and Bright Festival) 清明节, 57

Ch'ing-shih (*ch'ing History*)《清史》, 76

Chinghis Khan 成吉思汗, 15

Chou Ch'i 周琪, 155

Chou Chin-ch'ao 周进朝, 81

Chou dynasty 周朝, 27

Chou San 周三, 155

Chu San T'ai-tzu (3rd heir apparent of Ming house; Chu Tz'u-huan) 朱三太子（明朝第三太子，朱慈焕）, 27, 84

    revolt 反叛, 108~111; aliases 化名, 109; trial 定罪, 109~110

Ch'ü-jen degree 举人（功名）, 76

Chu-t'ien-pao 朱天保, 159~160

Chu-tu-na 朱都纳, 159, 160

Ch'un-wang (Price of blood of the 2nd degree) 郡王（宗室第二等爵）, 181

Ch'ung-t'o-ling 中拖陵, 63

Ch'ung-cheng Emperor 崇祯皇帝, 108

Civil appointments, Board of 吏部, 177

Classic of Filial Piety《孝经》, 89

Collected Statutes of the Ming《大明会典》, 161

Concubines 妃嫔

    from Yangchow 来自扬州, 5~6; Manchu 满人, 113~114; 汉人 Chinese, 114~116

Confucianism 儒学

    in education of Yin-jeng 胤礽所受教育, 37

Confucianization 儒化

    through South Library 通过南方房, 40; goal of K'ang-hsi 康熙目标, 41

Copper, trade in 铜的贸易, 97~98

Creek of the Precious Pagada (Pao-t'a wan) 宝塔湾, 101

Crown prince (heir apparent) 太子

    naning 册立, 31; principles of educating 教育原则, 32; 也见 Yin-jeng

Cuyen 褚英（褚燕）, 23, 144

Daily lectures (*jih-chiang*) for crown prince 给太子日讲, 32

    in Ming system 明朝, 41

D'Entrecolles, Father P. 殷弘绪神父, 16~17, 120, 145

Donggo 董鄂, 16, 36, 61, 113

Dorgon 多尔衮, 4, 142

    regent 摄政王, 15

Eastern mongols 喀尔喀蒙古, 53

Ebilun, regent 鄂必隆（辅政大臣）, 24, 113, 142

    power of family 家族权势, 72

Education 教育

    of a crown Prince 对太子的教育, 32; K'ang-hsi's part 康熙的作用, 37~51

Eight Banners 八旗, 3

Eleuths 厄鲁特蒙古, 60, 62~63, 169

    forces against 对厄鲁特用兵, 175

Emperor, place in Confucian Ideology 皇帝在儒家思想中的位置, 6~7

Empress, status in relation to succession 皇后在皇位继承中的地位, 23~24

Eunuchs, system copied by Manchus 满人照搬太监制度, 4

Examination system 科举

    corruption 腐败, 73; results denounced by K'ang-hsi 取中结果遭康熙痛斥, 73~74; Ho Cho's failures 何焯落第, 74

Fa-pao 法保, 79

Fan P'u 范溥, 97~99

Wang's reports on 王鸿绪的奏报, 99~101, 102; told of Wang's reports 王鸿绪奏报涉及, 102~104

Fang Pao 方苞, 74~75, 80, 165

Fang-kuan (assistant police magistrate) 坊官（司官的副职）, 148

Father-son relationship 父子关系, 8~91

    of K'ang-hsi and Yin-jeng 康熙和胤礽, 51~58; models 模式, 59~60; during campaign against Galdan 征讨噶尔丹期间, 61~63, 64~65; on 1705 southern tour 康熙四十四年南巡, 85~92; on Southern tour 康熙四十六年南巡, 93~96; deterioration 关系恶化, 104~105; after Mulan hunt 木兰秋狝之后, 116; K'ang-hsi's denunciation of Yin-jeng 康熙公开谴责胤礽, 118~120; K'ang-hsi's policy of appeasement 康熙安抚政策, 151~152; final depositions of Yin-jeng 最终废黜胤礽, 154~155; 也见 Filial piety

Fei (legitimate wife; imperial concubine of 3rd rank) 妃（第三等妃嫔）, 58, 190

Fei-tse ("flying bandits") 飞贼, 131

Feng-yang-ku, General 费扬古（将军）, 61, 62, 63

Feng-hsien tien (Imperial Ancestral Hall) 奉先殿, 46, 57

Feng-t'ien 奉天（盛京）, 144

Feudalism 封建

    of Banner system 八旗制度, 7; power of Yin-jeng 胤礽的权势, 118~119

Filial piety (*hsiao*) 孝, 9

    demonstrated by K'ang-hsi 康熙的表现, 13~14; Great Matrimony as act of 大婚作为孝道, 23; naming of crown prince as 册立太子乃孝行, 32; and death of Great Dowager Empress 与太皇太后去世, 51~52; unification of empire as act of 帝国一统作为孝行, 54; Yin-jeng lack of 胤礽缺少孝, 55~56, 119; Ho Ch'o degree as 何焯功名作为孝, 76; and the Mandate of Heaven 与天命, 93; Yin-chih's lack of 胤祉缺少孝, 165~166, 182; of Yin-chen 胤禛之孝, 167, 182

Flood control 水涝治理

 fake project for 工程闹剧, 94~95

Foot Soldiers of Banners, Office for 八旗步军营指挥官, 148

Forbidden City 紫禁城, 147

Four Books, The 《四书》

 read by Yin-jeng 胤礽所读之书, 37; read by K'ang-hsi 康熙所读, 42

Fu-chün (Prince Yü) 福全（裕亲王）, 18, 71

 victory over Galdan 战胜噶尔丹, 60; in Northern Campaign 北征噶尔丹, 61; and Yin-ssu 与胤禩, 126~127

Fu-la-t'a 傅拉塔, 58

Fu-lin 福临

 son of Hiso-chuang 孝庄之子, 15, 24; 也见 Shun-chih Emperor

Fu-lun 佛伦, 58, 61

Fu-ning-an 富宁安, 151

Fukien province 福建省

 rebellion 反叛, 27

Gabula 噶布拉, 21, 24

Galdan 噶尔丹, 53

 Khalkas attacked by 攻击喀尔喀蒙古, 54; K'ang-hsi's campaign against 康熙征讨, 60~61; defeat 击败, 62~63; resumption of campaign against 恢复征讨, 64; surrender 投降, 65

Gali 噶礼, 2

 mother of 其母, nurse to K'ang-hsi 康熙乳母, 17

Gendarmerie, Division of 步军营, 148

Gerbillion Father P. P. 张诚神父, 54, 55

Grand Canal 大运河, 95

significance 意义，45

Grand Secretariat 内阁

    support for Yin-ssu 支持胤禩，143；support for Yin-jeng 支持胤礽，157

Great Dowry (ta cheng)，大征 22

Green Standard (Chinese forces) 绿营（汉人军队），81，148

Ha Ha Chu tzu (personal attendants) 哈哈珠子（私人侍从），69

Hai-shan, Prince 贝勒海善，118，150

Hall of Grand Harmony (T'ai-ho tien) 太和殿，22，32

Hall of Guaranteed Harmony (Pao-ho tien) 保和殿，46

Hami 哈密，63

Han dynasty 汉朝，90

Hangchow 杭州，4，79，83

    tax protests 抗税，106

Hanlin Academy 翰林院，41，143

    support for Yin-jeng 支持胤礽，157

Happiness of Peace (T'ai p'ing lo)《太平乐》，88

Heroes of the Water Margin (shui-hu chuan)《水浒传》，129，130

Ho Cho 何焯，74，114，124

    recommended to emperor 推荐给皇帝，75；granted degrees 赏功名，76；tutor to Yin-ssu 胤禩的师傅，125

Ho Huang 何煌，75

Ho Kuo-tsung 何国宗，165

Ho T'u 何图，127，128，175

Ho Yü-chu 何玉柱，127，129

Ho-fei, concubine 惠妃，113

Hong Taiji 皇太极，15，24，25；也见 T'ai-tsung Emperor

Hou Fang-yü 侯方域，6

Hsi-er-ta 席尔达，58

Hsi-fu-na 希福纳, 151

Hsiang-pin, concubine 襄嫔（妃嫔）, 115

Hsiao (filial piety) 孝, 9; 也见 Filial piety

Hsiao-chao, Empress 孝昭皇后, 24, 72, 113, 114, 142

Hsiao-ch'eng, Empress 孝诚皇后, first wife of K'ang-hsi 康熙第一任妻子, 22, 24, 25, 32, 113

    death 去世, 26, 27, 119; in dreams 出现在梦中, 139

Hsiao-chung 孝庄, Great Dowager Empress 太皇太后, grandmother of K'ang-hsi 康熙祖母, 9

    and daughter-in-law 与儿媳, 13~14

    life 生平, 15~18, 24; and K'ang-hsi 与康熙, 17~20, 51, 52, 54; role in marriage of K'ang-hsi 在康熙婚姻中的作用, 23~26; and naming of heir 与册立太子, 31~32, 33; contacts with heir 与太子联系, 35; final illness 病笃, 51~52; in visions 在康熙梦中, 54, 60, 139

Hsiao-hui Empress 孝惠皇后, 15~16, 22, 181

    influence as Dowager Empress 身为太后的影响, 35~36; filial of K'ang-hsi toward 康熙的行孝, 61, 62, 95; birthday gifts for 万寿节礼, 71; death 去世, 159, 171

Hsiao-i, Empress 孝懿皇后, 113, 141

Hsiao-k'ang, dowager Empress 孝康皇太后, mother of K'ang-hsi 康熙母亲, 13~15

Hsiao-tuan Empress 孝端皇后, 15, 24

Hsin-yü 心裕, 77

    punishment 惩罚, 78; house-hold in custody of 在家拘禁, 80

Hsiung Tz'u-li 熊赐履, imperial tutor 皇帝师傅, 25~26, 31

    dismissal 去职, 72~73; emperor's distrust of 失宠于皇帝, 73~74, 76, 77, 84, 94; as chief examiner 主考官, 73, 76; resignation 乞休, 77

Hsü Ch'ien-hsüeh 徐乾学, 43, 47, 53, 58, 99

and Ho Cho 与和焯, 74

Hsü Ping-i 徐秉义, 99

Hsü-Yüan-meng 徐元梦, 50, 70

Hsü, Yüan-wen 徐元文, 99

Hsüan-tsung Emperor (Ming Huang) 唐玄宗（唐明皇）, 9

Hsüan-yeh 玄烨, 4, 16, 18; 也见 k'ang-hsi Emperor

Hsün-tsang (being buried with one's deceased husband 殉葬（与死去的丈夫同葬）, 14

Hu-ch'iu 虎丘, 102, 106

Huai River 淮河, 5

Huang Ming 黄明, 102, 106

Huang-kuei fei (imperial concubine of the 1st rank) 皇贵妃（第一等妃嫔）, 114

Hui-tsung Emperor 宋徽宗, 9, 60

Hung-cheng 弘晸, 174

Hung-wu, collapse of tomb 明孝陵塌陷, 110

Hunting at Mulan 木兰秋狝, 112, 116~118

I, Prince 胤祥, 见 Yin-hsiang

I Ching (Book of Chang)《易经》, 50

I-cheng-ch'u (Council of Deliberative Princes and Ministers) 议政处, 141

I-ch'i ("spirit of unswerving loyalty and faithfulness") 义气（始终如一的忠诚和信赖, 129, 176

I-fei 宜妃, 113~114

I-jen (people with supernatural gifts) 异人（有着非凡禀赋之人）, consulted by Yin-ssu 胤禩请教, 130

I-nien, revolt 一念反叛, 107~108

I-sang-a 伊桑阿, 64

Imperial Ancestral Hall (Feng-hsien Hall) 奉先殿, 57

Imperial Ancestral Temple (t'ai miao) 太庙, 21~22, 69, 182
Imperial bodyguard 侍卫, 72, 147
    supporters of Yin-ssu in 胤禩支持者, 141~147
Imperial Buttery 御膳房, servants form 仆人, 69
Imperial City 皇城, Peking 北京, 147
Imperial Clan Court 宗人府, 154~155
Imperial Clansmen 宗室, and Yin-ssu 与胤禩, 144
Imperial household (Nei-wu fu) 内务府, 5, 147
    slaves in 奴隶, 7~8
Imperial Instruction, Supervisorate of 詹事府, 31~32, 41, 44
Imperial Seminars on Classics (Ching-yen) 经筵, 41
Inner (or Tartar) City 内城 (鞑靼城), Peking 北京, 147~148
Japan 日本
    threat of invasion from 来自日本入侵的威胁, 84; rumors of Chinese rebellions in 中国造反的传言, 111; image of Yung-cheng in 雍正形象, 186
Jehol 热河, Inner Mongolia 内蒙古, 69, 94, 102, 112
    Yin-ssu's failure to visit 胤禩未能前往, 162
Jen-tsung Emperor 宋仁宗, 157
Jenner, Edward 爱德华·詹纳, 17
Jesuits 耶稣会士
    in court of K'ang-hsi 康熙宫廷, 37, 165, 80; portrait by 所作画像, 114
Jih-chiang (Daily Lectures) 日讲, 32
Jih-chiang kuan (Daily Lecturers) 日讲官, 32
Jung-fei, concubine (Lady Jung) 荣妃 (妃嫔), 27, 113
Jurched tribe 女真, 3, 60
K'ang-hsi Emperor 康熙皇帝, 1, 6
    background 背景, 3; personality conflict with son 品格上与儿子冲突,

8~9; death of mother 母亲去世, 13~15; relations with grandmother 与祖母关系, 13~15, 17~20, 51~52; accession 即位, 18~19; threat of Oboi to 鳌拜威胁 25~26; and the Three Feudatories 与三藩, 26~27, 37; death of wife 妻子去世, 27; naming of heir apparent 册立太子, 31~34; contacts with heir 与太子关系, 34, 37; relation with consorts 与后宫关系, 36; and Kao shih-ch'i 与高士奇, 41~43; and education of Yin-jeng 与教育胤礽, 44~51; possible abdication 可能让位, 56~58, 59; campaigns against Galdan 征讨噶尔丹, 60~63, 64~65; at Jehol 在热河, 69; punishment of Songgotu group 惩罚索额图集团, 77~81; on Western tour 西巡, 81~82; southern tours 南巡, 83~105; relations with empresses and concubines 与皇后与妃嫔关系, 112~116; at Mulan hunt 木兰秋狝, 116~117; attempt on life 行刺, 117~118; reversal on Yin-jeng 对胤礽态度的反复, 132~137, 138; punishment of Yin-shih 惩治胤禔, 136~137; illness 生病, 136, 138; appeasement of Yin-jeng resumed 安抚胤礽, 145; and Tohoci 与托合齐, 147~155; search for heir 寻找继承人, 156

relations with Yin-chih 与胤祉关系, 165~167; relations with Yin-chen 与胤禛关系, 167~173;

and Yin-t'i 与胤禵, 173~176; death and appointment of heir 去世与任命继承人, 179~183

Kao Shih-ch'i 高士奇, 53, 114

    career 经历, 40~42; and K'ang-hsi 与康熙, 42~43, 79, 84; dismissed 被解职, 56

    recalled 起用, 58; as possible informer against Songgotu 可能是告发索额图之人, 80~81

Jao-tsung Emperor father-son relationship 宋孝宗,父子关系, 59~60

Keng chieh 耿介, 46, 50

Keng-o 耿鄂, 153, 154

Kerlon river 克鲁伦, 61

Khalkas 喀尔喀蒙古, 53

    allies of K'ang-hsi 与康熙结盟, 112, 119

Kiangsu 江苏, 74

    banditry 盗匪, 106~107

Korea 朝鲜

    rumors of Chinese rebellions 关于中国造反者的传言, 111; reports from envoys 使臣的报告, 146; stories of Yung-cheng 雍正的故事, 186

Ku Wen-hsing 顾问行（太监）, 62, 65

Ku Yen-wu 顾炎武, 126

Ku-pei Pass 古北口, 137

Kuang-hsing 广行, 99

K'uei-hsü 揆叙, 77, 129

    in favor of Yin-ssu 支持允禩, 142~143

K'un-ch'ü (opera of the k'un-shan style) 昆曲（昆山腔戏剧）, 96~99

K'un-shan 昆山, 99

K'un-shang-jen 孔尚仁, 6

Kuo hsiu 郭琇, 70, 73

Kwangtung 广东, rebels in 反叛者, 32

Languages 语言, Yin-jeng's skill at 胤礽能力, 37, 46

Lao Chih-pien 劳之辨, 93, 138

Lasswell, Harold d. 哈罗德·拉斯韦尔, 8

Le-te-hung 勒德洪, 53

Li chen-yü 李振裕, 143, 145

Li Hsiang-chün 李香君, 6

Li Hsü 李煦, 81, 87, 93~94, 96

    K'ang-hsi's correspondence with 与康熙通信, 107, 108

Li Jung-pao 李荣保, 145

Li Kuang-ti 李光地, 70, 140

    loyal to K'ang-hsi 效忠康熙, 72, 74, 77; on Hsiung Tz'u-li 论熊赐履, 72~73, 76; on examination system 论科举, 73~74; Ho Cho recommended by 推荐和焯, 74~75, 125; on trip to West 论西巡, 81, 82; conversations with Yin-jeng 与胤礽交流, 134~135; neutrality 中立, 143; and Yin-chih 与胤祉, 165; and Yin-chen 与胤禛, 171~172; and Yin-ssu faction 与胤禩党, 174

Li k'un 李坤, 174

Manchu 满人

    and Chinese culture 与汉文化, 2~3; conquest by 征服, 3, 4, 37; sinification 汉化, 3~8

    imperial succession among 皇位继承, 23; language 语言, 46; ordered beaten by Yin-jeng 胤礽下令挞辱, 116, 118; distrust of 不信任, 157

Mandate of Heaven 天命

    endangered for K'ang-hsi 警示康熙, 93; and sale of children 卖少年男女, 97; omens related to 预兆, 106, 109, 110~111

Mencius《孟子》, 48

Meng Kuang-tsu 孟光祖, 166, 182

Metropolitan Banners 京营八旗, 137

Mi-fei 密妃, 见 Wang, Lady

Min-fei 敏妃, 71

Ming dynasty 明朝, 3

    copied by Manchus 满人照搬, 4; system of imperial succession 皇位继位制度, 24, 31; imperial education under 皇帝教育, 41~42; revolt in name of 打着明朝旗号的反叛, 107

Ming History《明史》, 58, 126

    errors 错误, 77

Ming Haung Emperor 唐明皇, 89

Ming Imperial Tomb 明帝陵, 31

Mingju 明珠, 6, 25~26, 27, 35, 81, 128

    dismissal 解职, 40, 53, 56; leader of Northern Faction 北党首领, 44; feud with T'ang Pin 与汤斌宿怨, 45, 49~51; in Northern campaigns 北征噶尔丹, 61, 64; Yin-t'ang and heir of 胤禟与明珠后嗣, 129

Mongols 蒙古人

    conquest of China 征服中国, 3; uprising in North 北方起义, 31; language 语言, 46

Mourao, Jean (João Mourão), 穆景远（穆敬远）173, 175

Mu-tan 穆丹, 107~108, 109

Mulan, hunt at 木兰秋狝（狩猎）, 112

Na-erh-su, Prince 郡王讷尔素（那尔素）118

Na-ts'ai (presents sent to bride's home as part of betrothal ceremony) 纳彩（送礼品到新娘家，是订婚仪式步骤之一）, 21

Nagasaki 长崎, 111

Nan-yuan 南苑, imperial hunting park 皇家狩猎场所, 136, 179

Nanking 南京, 27, 110

Nerchinsk, Treaty of 尼布楚条约, 53

New Manchus 新满洲, 131

Nien Keng-yao 年羹尧, 166, 175

Ninghsia 宁夏, 61

Ningpo 宁波, 83, 111

North China, tensions with south 中国北方与南方的紧张关系, 4~5

Northern Faction 北党, 44

Nuptial Cup (*ho-chin yen*) 合卺宴, 22

Nurhaci 努尔哈赤, 3, 142, 144

    choice of successor to 选择继承人, 23~24

O-fei 鄂飞, 142

O-k'u-li 俄库里，80

O-shan 鄂缮，153

Oboi 鳌拜，4，142

 as regent 辅政大臣，18，23，54；contest over emperor's marriage 皇帝婚姻问题的竞争，24~26

Olondai 鄂伦岱，72，141，143

 emperor's dislike of 失宠于皇帝，141~142；in Yin-ssu faction 胤禩党，163

Opera 戏剧

 K'ang-hsi's interest 康熙感兴趣，87，88，89；spread 传播，96；as imperial entertainment 款待皇帝，101

Outer (or Chinese) city 外（汉人）城，Peking 北京，147，148

Overseers, office of the 内管领，7

Pa-hun-te 巴浑德，141

Palace for Fast and Prayer (Chai-kung) 斋宫，183

P'an Ch'ao-en, Captain 守备潘承恩，85

P'an Lei 潘耒，126

Pao-ch'eng （"success guaranteed"；infant name of Yin-jeng）保成（胤礽的小名），27

Pao-i (bond servant) 包衣，7

 as royal wet nurse 作为皇室乳母，16；Yin-shih's control of 胤禔控制，138

Pao-kuo Temple 报国寺，40

Pao-ting 保定，75

Peach Flower Fan, The (*T'ao-hua shan*) 《桃花扇》，6

Pei-le (prince of the blood of the 3rd degree) 贝勒（宗室第三等爵），136，162，168

Pei-tzu (price of the blood of the 4th degree) 贝子（宗室第四等爵），168

Peking 北京

　　metropolitan examination 京师科举考试, 76; banners stationed in 旗人驻扎, 137~138; administrativedivisions 行政划分, 147~148; reorganization 重组, 148

P'eng P'eng 彭鹏, 70, 73

Po chu-i 白居易, 89

Po-erh-pen 颇尔盆, 142

Power, attitudes toward 对权力的态度, 8~9

Privy Purse of the Imperial Household (*kuang-shan k'u*) 内务府库房（广善库）, 100, 101

Psychology, of K'ang-hsi's relation to son 康熙与儿子关系的心理, 8~9

Pu-erh ha-su-t'ai 布尔哈苏台, 117

P'u-ch'i, Prince 普奇（公）, 118, 157, 160

Punishments, Board of, Asan head of 阿山（刑部尚书）, 94~95

Regent, Yin-jeng as 胤礽身为监国, 61~63, 64~65

Ripa, Father 马国贤神父, 112, 115, 154, 168, 180

Roadway Office 街道厅, 148, 149

Romance of the Palace of Eternal Life (*Ch'ang-sheng tien ch'uan-c'i*) 《长生殿传奇》, 89, 96

Romance of the Three kingdoms (*San-kuo yen-i*) 《三国演义》, 129

Russia 俄罗斯

　　as threat on north 对北方的威胁, 37; negotiations with 谈判, 53

Russian banner companies 俄罗斯佐领, 143

Sa-pu-su 萨布素, 62

Salt merchants 盐商

　　emperor entertained by 款待皇帝, 87, 88, 90, 101; purchases of children 购买少年男女, 102

Salt monopoly 食盐垄断, 5

revenue from 收入, 97

San-kuan-pao 三官保, 160

San-kuo yen-i (*Romance of the Three kingdoms*)《三国演义》, 129

School for imperial Princes (Shang-shu fang) 上书房, 70

Se-leng 嵩楞, 136

Secret palace memorials 密折, 81; 也见 Wang Hung-hsü

Sha-mu-ha 沙穆哈, 57~58

Shan-hai Pass 山海关, 6

Shang Chih-lung 尚之隆, 142

Shansi 山西, 81, 82

Shao-hsing, revolt 绍兴造反, 108

Sheng-yuan (licentiate) 生员, 40

Shensi 陕西, 81

Shih shih-lun 施世纶, 80

Shih-men 石门, 99

Shih-tsu Emperor (Shun-chih) 清世祖 (顺治), 157

Shu-chi-shih (scholars)《儒林外史》, 77

Shu-ch'i 舒起, 149, 155

Shu-lu 舒辂, 93

Shui-hu chuan (*All Men Are Brothers*)《水浒传》, 129

Shun-chih Emperor 顺治皇帝, 3~4, 14, 15, 18, 24, 61, 108~109, 142, 157

and Wu San-kuei 与吴三桂, 26; Empress of 皇后, 35~36, 113

Sian 西安, 81

Sin jeku (*Hi-che-k'u*; slaves) 辛者库 (奴隶), 7~8, 34, 163

Sinification 汉化, 3~8

in imperial succession 皇帝继位, 23; hastening of 加速, 31

Slavery 奴隶, Banner vs Chinese 旗人与汉人, 7~8

Smallpox 天花, 16~17

"Song of Everlasting Regret, the" 长恨歌, 89

Songgotu 索额图, 25~26, 123, 142, 149

    influence on Yin-jeng 影响胤礽, 34~35, 44, 56~58, 161; and HsiungTz'u-li 与熊赐履, 39, 72~73; patronage of Kao 赞助高士奇, 41; favored by K'ang-hsi 康熙宠爱, 51~56; campaign for emperor's abdication 劝康熙退位, 56~58, 64, 70; in campaigns against Galdan 参与抗击噶尔丹, 61, 63, 64; events leading to arrest 导致被捕的事件, 77~80, 127; group around 聚结一批人, 79~80, 153; death 之死, 80, 117

Songgotu's Residence Is Searched (opera)《搜索府》, 80

Soni 索尼, 21, 24, 53, 142

Soochow 苏州, 4

    home of Ho Cho 何焯的家, 74, 76; emperor in 皇帝, 79, 86, 87, 88, 95; sale of Children 出卖少年男女 102, 127; banditry 盗匪, 106; revolt 造反, 108

South China 中国南方

    tensions with North 与北方的紧张关系, 4~5; culture 文化, 5~6; tensions engendered 所带来的紧张关系, 6~8; 也见 Southern literati

South Library 南书房, 40

    staff 人员, 42, 43, 74, 75

Southern Faction 南党, 44

    and downfall of Mingju 与明珠的垮台, 53; decline in influence 影响衰退, 56; challenged by Ho Cho 何焯的挑战, 74

Southern literati 南方文人

    and south Library staff 与南书房人员, 43; loyalty 忠心, 83; Yin-ssu's use of 胤禩利用, 125~126; and Yin-chih 与胤祉, 165

Southern Sung 南宋, 59

Southern tours of K'ang-hsi 康熙南巡, 83~105
    reasons for 原因, 83~84; tour of 1705 康熙四十四年南巡, 84~93;
    presents during 贡礼, 86~87; entertainment during 款待, 87, 88~89;
    cost 开销, 88; tour of 1707 康熙四十六年南巡, 93~101
Ssu-ko 四格, 81
Ssu-k'u (controller) 司库, 149
Ssu-kuan (police magistrate) 司官, 148
Ssu-ming mountains 四明山, 83
    rebels in 造反, 108
Succession, imperial 皇位继承, Manchu vs Chinese 满人与汉人, 23
Sui dynasty 隋朝, 48, 89
Sui Yang-ti Emperor (Yang Kuang) 隋炀帝（杨广）, 89, 90
Sun Ch'i-feng 孙奇逢, 46
Sun ssu-k'o, General 孙思克将军, 63
Sung dynasty 宋朝, 9
Sung Lao 宋荦, 81
Sunggayan 顺安颜, 141, 145
Sungkiang 松江, 86
Sunu 苏努, 144
Ta-t'a-ha 达哈他, 46
    attacks on 攻击, 50
Tai To 戴铎, 168
    memorials to Yin-chen 上胤禛奏折, 168~172
Tai-Pao 戴保, 160
T'ai Lake 太湖, 83
T'ai-chou 泰州, 102
T'ai-tsang 太仓, 99
T'ai-tsu Emperor (Nurhaci) 清太祖（努尔哈赤）, 144, 157

T'ai-tsung Emperor (Hong Taiji) 清太宗（皇太极）, 3, 15, 24, 157

T'ai-yuan 太原, 81

Taiwan 台湾, 41

    held by Ming loyalists 忠于明室者占领, 27; conquered 统一, 37; revolt in 造反, 94

T'ang dynasty 唐朝, 9, 89

T'ang Pin 汤斌, 74, 118

    head of tutors 总师傅, 44~47; relations with Mingju 与明珠关系, 45, 49~51; criticized by K'ang-hsi 康熙批评, 48~50; transfer and death 调离并去世, 50

T'ang-ch'un 汤泉, 162, 163

T'ao-hua shan (The Peach Flower Fan)《桃花扇》, 6

Tao-yuan district 桃源县, 79

Taoism 道家, 130

    i-ch'i in 义气, 129

Tchao, modo 昭莫多, 62, 63

Te-ch'eng-ko 德成格, 100, 101

Te-chou 德州, 78

Te-fei 德妃, 36, 113, 167

Te-ki-le 德格勒, 49~50

Theater 戏剧

    K'ang-hsi's interest in 康熙感兴趣, 87; costs 开销, 88

Three Chinese Battalions 巡捕三营, 148, 149

Three Feudatories, Rebellion of 三藩之乱, 4, 26~27, 109

    successes 成功, 32; end 结束, 37

Tibet, invasion of 入藏, 173

Tien-shih ("palace test") 殿试, 76

Ting-fei 定妃, 114, 149

T'ing-li ("let [Yin-jeng] carry on the government") 听理（让胤礽理政），61

To-ch'i 多奇，58

To-la River 土拉河，62

Tohoci (To-ho-ch'i; T'ao-ho-ch'i) 托合齐（陶和气），114，142，153
supporter of Yin-jeng 胤礽的支持者，147；power 权势，147~150；extortion by 敲诈，150~151；K'ang-hsi's intervention for 康熙干预，151；dismissal 解职，152；trial 审判，153~155；death 之死，155

Tombs of Filiality 孝陵，31，94

Ts'ai Sheng-yüan 蔡升元，79，145

Ts'ao Yin 曹寅，17，84，88，92，94
correspondence with 通信，107，110

Tsewang Araptan 策妄阿拉布坦，64

Tso Pi-fan 左必蕃，88

T'ung Han-ch'en 董汉臣，48~49

T'ung family, threat 佟家威胁，140~141

T'ung Kuo-jang 佟国勷，166

T'ung Kuo-kang 佟国纲，56，72

T'ung Kuo-wei 佟国维，64，113，145
influence 影响，72
Yin-ssu backed by 支持胤禩，140~141

T'ung-ch'eng School 桐城派，74

T'ung-pao 佟宝，80

T'ung-pin 通嫔，114

Tz'u-ning (Palace of Loving Kindness and Tranquility) 慈宁宫，14

Ula Nara 乌拉那拉，24

Unification of empire 帝王统一
as act of filial piety 作为孝行，54；precondition of abdication 前提退位，

60; and defeat of Galdan 击败噶尔丹, 65

Upper Three Banners 上三旗, 137~138

Value approach to human behavior 研究人行为的价值观, 8~9

Verbiest, Ferdinand 南怀仁, 71

Veritable Records (of the Ch'ing) (清朝《实录》), 55

Wang, Lady (Mi-fei) 王氏（密妃）, 112~113, 114~115

Wang Hao 汪灏, 76~77

Wang Hsi 王熙, 49, 53

Wang hung-hsu 王鸿绪, 43~44, 77, 147
 dismissed and recalled 解职与起用, 56, 58; as secret informant 密报者, 73, 93, 118; investigations by 所做调查, 95~97, 128, 150; first report 第一次报告, 99~101; second report 第二次报告, 102~104; third report 第三次报告, 104; subjects of other report 其他报告主题, 104; Yin-ssu supported by 支持胤禩, 143; dismissed 解职, 145

Wang I 王懿 151, 153

Wang i-ch'ing 王奕清, 161

Wang Lao Hisen-sheng (Old Gentleman Wang), alias of Chu Tz'u-huan 王老先生，朱慈焕的化名, 109

Wang Shan 王掞, 93, 99, 158, 161

Wang shih-chen 王士禛, 38

Wang Shih-yüan, alias of Chu Tz'u-huan 王士元，朱慈焕的化名, 109

Wei Chu 魏珠, 174

Wei-wu 威武, 36

Wen Emperor 汉文帝, 90

Wen-hsi 温僖皇贵妃, 114

Wen-hua Hall 文华殿, 46

Weng Shu-yüan 翁叔元, 74

Weng-o-li 翁俄里, 80

Western monglos 漠西蒙古, 37, 53, 161

    threat to K'ang-hsi 威胁康熙, 54, 60; invasion of Tibet by 入藏, 173

Works, Board of 工部, 73

Wu San-kuei 吴三桂, 6

    rebellion 反叛, 26~27; appeasement 平定, 40

Wu Ts'un-li 吴存礼, 101

Wu Ch'eng ("five cities"): five districts of Peking 五城（北京五区）, 148

Wu-erh-chan 吴尔占, 124

Wu-i tien (Hall of non-Ease) 无逸殿, 51

Wu-ko 五哥, 100, 101

Wu-k'o-shan 吴克善, 15

Wu-ying Hall 武英殿, 165

Ya-ch'i-pu 雅齐布, 164

Ya-t'u 雅突, 136

Yang Ch'i-lung 杨起隆, 27

Yang kuei-fei 杨贵妃, 89

Yang Kuo-wei 杨国维, 124

Yang Tao-sheng (Wen-yen) 杨道升（文言）, 172

Yangchow 扬州, 4, 5, 83, 127

    new economic class 新经济阶层, 5; women 女人, 5~6; emperor in 皇帝, 88, 90, 101; corrupting influence 腐败影响, 89

Yangtze River 长江, entertainment for emperor on 款待皇帝, 88

Yangtze River delta 长江三角洲, anti-Manchu resistance in 反满抵抗, 4~5

Yao-t'ing 遥亭, 162

Yellow River 黄河, conservation project 保护工程, 77, 83

Yen Jo-chü 阎若璩, 167

Yen Liu 严鎏, 100

Yin-chen (4th son; Yung-cheng Emperor) 胤禛（四子；雍正皇帝）, 36,

77, 79, 127, 154

in campaign against Galdan 从征噶尔丹, 64; at jehol 在热河, 69; favored by K'ang-hsi 康熙宠爱 71, 113; Yin-jeng in custody of 看守胤礽, 120, 133; relationship with K'ang-hsi 与康熙关系, 165, 167~173; candidate for throne 竞争皇位人, 181~183; at emperor's deathbed 皇帝临终, 183; as emperor 做皇帝, 185~186

Yin-ch'i (5th son) 胤祺（五子）, 36, 114, 135, 154, 172

candidate for throne 竞争皇位, 181~182, 183

Yin-chieh (18th son) 胤祄, 112, 114

illness 生病, 116; death 之死, 118

Yin-chih (3rd son) 胤祉, 36, 55, 69, 11

unfilial conduct 不孝举动, 71; on Western tour 西巡, 81, 82; Yin-jeng helped by 帮助胤礽, 136; candidate for heirship 竞争皇储, 165~167, 172, 181, 182; at emperor's deathbed 皇帝临终, 183

Yin-hsiang (13th son; Pricece I) 胤祥（十三子；怡亲王）, 37, 71, 77, 114

on Western tour 西巡, 81, 82; on Southern tour 南巡, 88; favored as heir 受垂青有太子望, 124; and Yin-chen 与胤禛, 172; at emperor's deathbed 皇帝临终, 183

Yin-jeng (2nd son) 胤礽, 1, 182

personality 品格, 8; birth 出生, 26, 27; named crown prince 册立太子, 31, 32; education 教育, 32, 44~51; investiture 册立仪式, 32~34; early childhood 孩提, 34~37; late children 少年, 37~38; father-son relationship 父母关系, 51~58; and songgotu 与索额图, 56~58; as regent 监国, 61~63, 64~65; at Jehol 在热河, 69, 77; in incident of "base characters" "匪人"事件, 69~70; on trips to South 去南方途中, 77~79, 83, 84, 90~91, 93; and Kao shih-ch'i 与高士奇, 80~81; and songgotu plot 与索额图阴谋, 81; and Shasi governor 与山

西巡抚,82; political interference 政治干预,92~93; involvement in purchase of children 卷入购买少年男女,95~105; implicated in Wang's reports 王鸿绪报告暗指,99~104,143; at Mulan hunt 在木兰狩猎,112,116; deposed as heir apparent 太子被废黜,118~120; I-ch'i used against 义气,129~130; assassination plot against 被人行刺阴谋,130~131,163; supposed madness 被认为疯疾,133,134~135,136,138; reemergence 再现,138,145,163; reinstated as heir 再立为太子,145~153; arrest 被抓,154; deposed 废黜,154~155,181; restoration urged 敦促复辟,156~162; and Yin-chen 与胤禛,167~168,185

Yin-li (17th son) 胤礼,163

Yin-lu (16th son) 胤禄,163,172

Yin-shih (1st son) 胤禔,35,36,113

in campaign against Galdan 从征噶尔丹,63,64; called rebellious 被称作叛逆,71; guard to K'ang-hsi 护卫康熙,117; Yin-jeng in custody of 看守胤礽,120,132; and Yin-ssu 与胤禩,123; plot revealed to emperor by 向皇帝告发,131; confinement 圈禁,136,137,145,181; as military threat 军事威胁,137~138

Yin-ssu (8th son) 胤禩(八子),8,36~37,114

Ho Cho tutor to 师傅何焯,75; aspirant to throne 期冀皇位,118,123~131; arrest 被抓,135; deprived of rank 夺爵,136,145; recommended as heir apparent 举为太子,138; nomination refused 公举被拒,140; kinder treatment 和善对待,145; renewed contention for throne 重新竞争皇位,162~165; faction 党,173,175,185; at emperor's deathbed 皇帝临终,183

Yin-t'ao (12th son) 胤裪,37,114,149,63,72,183

Yin-t'i (14th son) 胤禵,113,162

supporter of Yin-ssu 支持胤禩,123,127,130~131,135~136,174,

176; as contender for throne 竞争皇位, 156, 172, 175, 181, 183; rank 爵位, 168; and Yin-chen 与胤禛, 172; as generalissimo 作为大将军, 173, 175

Yin-tso (6th son) 胤祚, 36, 113

Yin-tz'u (11th son) 胤禌, 37, 114

Yin-wei (20th son) 胤祎, 115

Yin-wu (15th son) 胤禑, 114, 163

Yin-yu (7th son) 胤祐, 36, 114, 154, 183

Ying, Prince 英郡王, 160

Yolo (Prince An) 岳乐 (安亲王), 124

Yü, Princ 裕亲王, 见 Fu-chüan

Yü Kuo-chu 余国柱, 45

and T'ang Pin 与汤斌, 48; dismissal 解职, 53

Yü-chu-erh 玉柱儿, 129

Yu-yung ("jade chrysalis"; female① prostitute) 玉蛹 (男妓), 100, 101

Yuan dynasty 元朝, 3, 158

Yuan-ming yuan 圆明园, 172

Yung-an pai-ang-a 永安拜昂阿, 116, 117

Yung-cheng Emperor 雍正皇帝, 2, 7, 165, 185~186; 也见 Yin-chen

Yung-fu 永福, 129

Yung-shou 永寿, 129

---

① 似应为 male。——编者注

译后记

　　吴秀良教授的这部著作于 1979 年由美国哈佛大学出版社出版，属于"哈佛东亚书系"第 91 种。1988 年中国社会科学出版社出版了中译本《康熙朝储位斗争记实》，译者是张震久、吴伯娅。这次出版，由董建中翻译了注释，以及前言、几点说明、附录、参考文献、索引等内容。吴秀良校阅了译文。原书受资料、时代所限，书中描述的史事不可能毫无错误。译者和编者订正了明显的错误和笔误，但无法检查所有问题，特此说明。

　　吴秀良是美国波士顿学院历史系教授。译者张震久是河北师范大学教授，吴伯娅是中国社会科学院古代史所研究员，董建中是中国人民大学清史研究所副教授。

　　感谢郑庆寰热心促成本书的出版，感谢陈肖寒在编辑工作上的辛勤付出。

图书在版编目（CIP）数据

通往权力之路：康熙和他的继承人 /（美）吴秀良著；张震久，吴伯娅，董建中译. -- 北京：社会科学文献出版社，2021.7

书名原文：Passage to Power: K'ang-hsi and His Heir Apparent, 1661 – 1722

ISBN 978 – 7 – 5201 – 8320 – 8

Ⅰ.①通… Ⅱ.①吴… ②张… ③吴… ④董… Ⅲ.①康熙帝（1654 – 1722）- 家族 - 研究 Ⅳ.①K820.9

中国版本图书馆 CIP 数据核字（2021）第 087358 号

通往权力之路：康熙和他的继承人

著　　者 /	〔美〕吴秀良
译　　者 /	张震久　吴伯娅　董建中
出 版 人 /	王利民
责任编辑 /	李期耀　陈肖寒
出　　版 /	社会科学文献出版社·历史学分社（010）59367256 地址：北京市北三环中路甲 29 号院华龙大厦　邮编：100029 网址：www.ssap.com.cn
发　　行 /	市场营销中心（010）59367081　59367083
印　　装 /	三河市东方印刷有限公司
规　　格 /	开本：889mm × 1194mm　1/32 印张：9.25　字数：215 千字
版　　次 /	2021 年 7 月第 1 版　2021 年 7 月第 1 次印刷
书　　号 /	ISBN 978 – 7 – 5201 – 8320 – 8
著作权合同 登 记 号 /	图字 01 – 2021 – 3268 号
定　　价 /	79.00 元

本书如有印装质量问题，请与读者服务中心（010 – 59367028）联系

▲ 版权所有 翻印必究